RECHERCHES

SUR

LES MODIFICATIONS

DE L'ATMOSPHÈRE,

CONTENANT l'Histoire critique du Baromètre &
du Thermomètre, un Traité sur la construction de
ces Instrumens, des Expériences relatives à leurs
usages, & principalement à la *mesure* des *Hauteurs*
& à la correction des *Réfractions moyennes;*

AVEC FIGURES:

DÉDIÉES

A MM. de l'Académie Royale des Sciences de Paris.

Par J. A. DE LUC, Citoyen de Genève, Correspondant des
Académies Royales des Sciences de Paris & de Montpellier.

NOUVELLE ÉDITION.

TOME SECOND.

Sunt aliquot quoque res, quarum unam discere causam
Non satis est.

LUCRET. De naturâ rerum, Lib. VI.

A PARIS,

Chez la Veuve DUCHESNE, Libraire, rue Saint-Jacques.

M. DCC. LXXXIV.

Avec Approbation & Privilège du Roi.

TABLE
DES CHAPITRES
CONTENUS
DANS LE SECOND VOLUME;
ET DE LEURS DIVISIONS,
SECONDE PARTIE.

Expériences fur la conftruction & l'ufage du Baromètre & du Thermomètre.

a ij

Fin de la Table du second Volume.

SECONDE

SECONDE PARTIE.

EXPÉRIENCES

SUR LA

CONSTRUCTION ET L'USAGE

DU BAROMÈTRE

ET DU THERMOMÈTRE.

CHAPITRE PREMIER.

*Moyen de faire des Baromètres qui se tiennent à
la même hauteur dans le même lieu, & dont
la marche soit uniforme.*

340. Tous les Baromètres, expriment la
pesanteur de l'air; mais tant de causes se joi-
gnent à celle-ci pour déterminer la hauteur
du mercure, & leurs combinaisons varient si
fort, que si l'on n'écarte pas celles dont on ne
peut développer les effets d'une manière fixe

*Les instru-
mens qu'on
nommoit
Baromètres,
n'étoient
que des Ba-
roscopes.*

Tome II.   A

& certaine, la plupart des Baromètres auront un langage particulier; & une même hauteur du mercure ne correſpondra pas toujours à un même poids de l'Atmoſphère.

Les Baromètres ordinaires ſont rarement d'accord entr'eux.

341. Lorſque je fis des Baromètres pour la première fois, je remarquai qu'ils ſe tenoient preſque tous à des hauteurs différentes, quoique conſtruits en apparence de la même manière. Cette obſervation ayant été faite avant moi, je n'en fus pas ſurpris; mais j'eus lieu de l'être quand je m'apperçus que leurs rapports ne ſe conſervoient pas les mêmes, ſoit en les laiſſant dans le même état, ſoit en les vuidant & rempliſſant à diverſes fois.

Et ne conſervent pas les mêmes rapports en tout tems.

Cette imperfection des Baromètres que l'expérience venoit de m'apprendre, fut la principale cauſe de l'attention que je donnai à ces inſtrumens, & l'origine de tous mes travaux ſur cette matière. Une première découverte en facilite de nouvelles; on marche d'abord à grands pas, & quand les difficultés ſe préſentent, on eſt ſollicité aux plus grands efforts, par le regret de perdre le fruit de ſes peines, & la difficulté de renoncer aux eſpérances qui naiſſent toujours des premiers ſuccès.

Baromètres purgés d'air par le feu.

Lorſqu'on fait bouillir le mercure dans un Baromètre, il devient ordinairement lumineux.

342. J'avois déjà fait bien des tentatives pour découvrir les cauſes de la différence de rapport des mêmes Baromètres en divers tems, lorſque je vis pour la première fois ces Italiens qui travaillent en verre, faire bouillir le mer-

cure dans les tubes, pour rendre les Baromètres lumineux quand on les agite dans l'obf-
curité.

343. Ce Phénomène dont je n'avois encore alors qu'une connoiffance imparfaite, attira mon attention : je fis bouillir le mercure dans mes Baromètres, ils devinrent prefque tous lumineux. J'ai rapporté dans la I. PARTIE de cet Ouvrage (86 & *fuiv.*) mes recherches fur la caufe de ce phénomène, afin de ne pas arrê-ter ici l'attention de mes Lecteurs fur un objet qui ne tient pas effentiellement à la bonne conftruction du Baromètre : je n'y don-nai pas moi-même beaucoup d'attention d'a-bord ; j'en fus détourné par un effet plus important de l'opération du feu fur mes Ba-romètres ; elle fit difparoître en grande partie les différences de hauteur que j'avois remar-quées entr'eux jufqu'alors.

344. On peut fe repréfenter l'état des Ba-romètres avant cette opération, en rempliff-fant d'abord un tube de quelque liqueur for-tement colorée : fi l'on y verfe alors du mer-cure, la liqueur lui fera place ; mais elle laiffera fur le tube un enduit que fa couleur rendra vifible ; & lorfqu'on redreffera le Ba-romètre, la portion de liqueur qui étoit atta-chée au haut du tube s'écoulant peu-à peu, formera une couche fenfible au-deffus du mer-cure, mais elle s'appliquera de nouveau con-tre les parois, lorfqu'on inclinera le Baro-mètre.

345. Plufieurs expériences prouvent que l'air s'attache à la furface des corps. Tous

tres fluides, s'attache à la ſurface des corps ſolides. ceux qu'on met dans l'eau ſous le récipient de la machine du vuide, ſe couvrent au premier coup de pompe d'une quantité de bulles d'air, & cette première ébullition eſt preſqu'entièrement produite par la dilatation d'une couche d'air qui tapiſſe les corps ſolides quoiqu'ils ſoient plongés dans l'eau.

Celui qui tapiſſe l'intérieur des tubes agit par ſon élaſticité pour faire deſcendre le mercure. 346. L'air doit donc produire à bien des égards, dans les Baromètres, les mêmes effets que la liqueur dont j'ai parlé : mais il y a cette différence eſſentielle, qu'étant un fluide élaſtique, il s'en échappe du mercure même lorſque le vuide ſe fait; cette portion ſe joint à celle qui ſe détache des parois du tube, & le tout enſemble agit par ſon reſſort pour preſſer le mercure & le faire deſcendre.

Il produit la plus grande partie des différences de hauteur dans les Baromètres ordinaires. 347. C'eſt de-là que proviennent principalement les grandes différences qu'on remarque entre les Baromètres dont l'air n'a pas été chaſſé par le feu; différences dont les rapports varient, & qui peuvent avoir lieu dans le même tube, quand on le remplit à diverſes fois.

Idée de cette différence fournie par le calcul. Pour concevoir l'effet que peut produire l'air renfermé au ſommet du Baromètre, rappelons-nous cette propoſition démontrée par Boyle (244) & par Mariotte (247), que *les dilatations de l'air ſont en raiſon inverſe des poids dont il eſt chargé ;* d'où découle cette autre propoſition, que *les volumes d'une même quantité d'air ſont proportionnels aux poids qui la compriment.* Je ſuppoſe que dans un Baromètre, dont la colonne de mercure ſe tient à deux pouces au-deſſous de l'extrémité ſupé-

rieure du tube, la quantité d'air qui s'eſt raſſemblé dans cet eſpace abandonné par le
mercure, ſoit équivalente à $\frac{1}{4}$ de ligne d'air
condenſé par le poids de l'Atmoſphère &
meſuré dans le tube. Cet air occupe un eſpace qui eſt à $\frac{1}{4}$ de ligne, comme 96 à 1,
(2 pouc. $= \frac{96}{4}$ de lig.) ; ainſi, par le principe
ci-deſſus, il reſte chargé de la 96me. partie du
poids de l'Atmoſphère qui eſt en équilibre
avec lui, & qui par conſéquent ne pèſe pas
ſur le mercure : la colonne de ce liquide qui
eſt ſoutenue par le reſte du poids de l'Atmoſphère, n'a donc que les $\frac{95}{96}$ de la hauteur
qu'elle auroit s'il n'y avoit point d'air renfermé dans le tube au-deſſus d'elle ; & ſi le
poids de l'Atmoſphère eſt équivalant à celui
de 28 pouces de mercure, la colonne de ce
Baromètre n'aura que 27 p. 8 l. $\frac{1}{2}$, c'eſt-à-
dire, qu'elle différera de 3 l. $\frac{1}{2}$ de la colonne
d'un Baromètre qui ſera parfaitement purgé
d'air. Il ſemble d'abord que, pour diminuer
cette différence, il ſuffiroit de prendre des
tubes plus longs, afin que l'air occupât un
plus grand eſpace ; que par exemple, dans
un Baromètre dont le *vuide* ſeroit de 4 pouces, la différence ne ſeroit que d'1 l. $\frac{3}{4}$,
qu'elle ſeroit réduite à 1 lig. ſi le *vuide* étoit
de 7 pouces, &c. Mais, outre que ces différences, & de bien plus petites, ſont impor-
tantes, à meſure que l'étendue du *vuide*
augmente dans un Baromètre, il s'échappe
de l'air, tant du mercure que de la couche
qui tapiſſe le tube, tellement qu'il s'en faut
de beaucoup, que la diminution de la diffé-

rence produite par l'air renfermé fur la hauteur de la colonne du Baromètre, diminue proportionnellement à l'augmentation de l'étendue du *vuide*.

Explication des variétés

348. Il eft aifé de concevoir quelles peuvent être les caufes des différences qu'on remarque dans la hauteur de divers Baromètres, & dans celle du même Baromètre rempli à diverfes fois : car 1°. l'enduit d'air qui tapiffe les tubes intérieurement, n'eft pas toujours également denfe, ni d'une même épaiffeur ; la nature de leurs furfaces, celle des faletés dont elles peuvent être plus ou moins couvertes, produifent à cet égard de grandes différences. 2°. Quand on chaffe l'air d'une manière auffi arbitraire que par l'introduction du mercure dans un tube, on peut en laiffer plus une fois qu'une autre. 3°. Le mercure lui-même peut en être chargé différemment. 4°. Le reffort de l'air eft augmenté ou diminué par des caufes accidentelles, & fur-tout par l'humidité ; de forte qu'en divers tems & en différens lieux, celui qui refte dans un même tube peut être plus ou moins élaftique. 5°. Enfin, l'influence de la chaleur fur les Baromètres varie fuivant les cas dont je viens de faire mention.

Il faut écarter toutes les caufes dont on ne peut mefurer les effets.

349. Mais s'il eft facile de comprendre que toutes ces caufes produifent réellement les différences dont il s'agit, il eft très-difficile, & peut-être même impoffible, de les reconnoître dans chaque cas particulier lorfqu'elles font réunies, & de déterminer la quantité d'effet de chacune d'elles féparément. La der-

nière, seule, je veux dire la chaleur, étant indépendante des combinaisons dont j'ai parlé, peut être soumise à des règles, pourvu qu'on ait soin d'écarter toutes les autres causes.

Effets de la chaleur sur les Baromètres.

350. On a pensé depuis long-tems que la chaleur doit influer sur les Baromètres ; mais ce qu'on a dit jusqu'à présent sur cette matière, ne l'a pas suffisamment éclaircie, parce qu'on ne s'est pas fondé sur des expériences directes. Il étoit naturel de juger que le mercure étant dilatable par la chaleur comme tous les autres corps, n'est pas toujours d'une égale pesanteur spécifique ; & que par conséquent, à poids égal de l'Atmosphère, la colonne du Baromètre doit être plus ou moins longue, suivant le dégré de chaleur dont elle est affectée : mais la route qu'on a suivie pour déterminer les effets de cette cause, a produit de grandes erreurs. On a cherché simplement, quelle est la proportion dans laquelle le mercure se dilate pour une augmentation de chaleur donnée, & l'on a transporté au Baromètre ce qui ne pouvoit convenir qu'au mercure considéré en lui-même, ne réfléchissant pas que sa dilatabilité se combine avec d'autres causes, pour produire l'effet dont il est question : c'est ce qu'on a pu voir dans le récit que j'ai fait ci-devant de ces expériences (105 à 111).

Tentatives pour corriger les effets de la chaleur sur le Baromètre.

351. Dans la plûpart des expériences qu'on a faites sur la dilatabilité du mercure par la

Il falloit faire des recherches sur le

Baromètre même.

chaleur, on a employé des tubes ou d'autres vâses de verre qui font dilatables par la même caufe ; c'eft ce que prouve l'abbaiffement inftantané des Thermomètres au contact de l'eau bouillante : ainfi dans ces expériences, la dilatation du mercure étoit modifiée par celle des vâfes. D'un autre côté, le mercure avoit un point d'appui fixe, & par conféquent ne pouvoit s'étendre que vers l'endroit où il n'étoit pas retenu. Il n'en eft pas de même dans le Baromètre, la dilatabilité du tube ne s'y combine point avec celle du mercure ; la différence de pefanteur fpécifique de ce liquide eft la feule qui puiffe influer fur fa hauteur au-deffus du *niveau*, celle du volume n'y entre pour rien. De plus, la dilatabilité du mercure eft modifiée dans le Baromètre par deux caufes ; la première eft la monture qui porte l'échelle fur laquelle la chaleur agit (362). La feconde eft l'air, dont il refte toujours un peu dans le tube, & fur lequel on ne peut autre chofe que de le réduire fûrement à une quantité toujours égale, par le moyen qu'on verra bientôt (359) : or cet air, qui dans le Baromètre occupe le haut du tube, agit néceffairement pour empêcher le mercure de s'élever quand la chaleur le dilate. Il falloit donc opérer fur le Baromètre même pour connoître l'effet qu'y produit la chaleur ; & fi l'on avoit fuivi cette méthode, elle auroit conduit fort loin vers la perfection de cet inftrument.

Différence d'effets de la chaleur fur les Baromè-

352. Dès que j'eus obfervé la grande différence de hauteur des Baromètres purgés d'air par le feu, & de ceux qui ne le font pas, je

compris que la chaleur devoit agir diverſement ſur ces deux eſpèces de Baromètre. Quelques expériences générales me prouvèrent d'abord que ma conjecture étoit fondée ; mais je fus obligé d'attendre l'hiver pour approfondir ce phénomène, afin d'avoir avec facilité de grandes différences de température.

353. Lorſque le tems fut propre à mes obſervations, je plaçai dans une chambre pluſieurs Baromètres des deux eſpèces ; & après avoir obſervé le point où ils étoient dans l'air naturel, j'échauffai la chambre par dégrés autant qu'il me fut poſſible. Je vis alors monter uniformément les Baromètres purgés d'air par le feu, tandis que les autres deſcendoient, mais ſans aucun accord ; il y en eut même un qui ne fit preſqu'aucune variation. Je fis enſuite diſſiper la chaleur ; alors les Baromètres qui étoient montés régulièrement, redeſcendirent de la même manière ; tandis que les autres remontèrent diverſement comme ils étoient deſcendus, & ne ſe trouvèrent plus à la fin de l'expérience dans les mêmes rapports où ils étoient au commencement.

354. Je reconnus par cette première épreuve, qu'il falloit abandonner l'idée de ſoumettre à des corrections pour la chaleur, les Baromètres qui n'étoient pas purgés d'air par le feu, puiſqu'il auroit fallu chercher une règle particulière pour chaque Baromètre de cette eſpèce.

Je tournai donc mes vues ſur les autres. Mais avant de rapporter mes expériences ſur ce ſujet, il éſt bon de détailler ce qui ſe paſſe

Mais on le peut pour ceux qui sont purgés d'air par le feu.

lorsqu'on fait bouillir le mercure dans un tube; on sentira mieux ensuite la nécessité de cette méthode en général, & comment en particulier elle rend les Baromètres susceptibles de corrections pour la chaleur.

Influence de l'opération du feu dans les Baromètres, sur les variations que la chaleur y produit.

Choix des tubes où l'on veut faire bouillir le mercure.

355. Pour qu'un tube soit propre à cette opération, il ne faut pas que le verre soit trop épais; car il seroit sujet à se rompre. Quelque précaution qu'on puisse prendre, il est difficile que le verre soit échauffé, & par conséquent dilaté en même tems à-peu-près au même dégré dans toute son épaisseur; & cependant si cela n'est pas, le verre se rompt infailliblement. D'ailleurs quand le verre est épais, le mercure soulevé par l'ébullition se refroidit plus promptement dans la portion du tube qui n'est pas échauffée; & retombant ensuite dans celle qui est exposée à l'action du feu, il la refroidit brusquement dans l'intérieur; ce qui produit en un instant une multitude de fêlures. Il faut donc pour plus de sûreté n'employer que des tubes dont l'épaisseur n'excède pas demi-ligne. Si le tube étoit trop étroit, l'air n'en sortiroit pas aisément, & les mouvemens du mercure n'y seroient pas assez libres: le diamètre le plus convenable est de deux lignes & demie à trois lignes intérieurement.

Détail de cette opération.

356. Lorsqu'on veut faire bouillir le mercure, on doit remplir le tube de maniére que

l'extrémité fcellée étant en bas, il y ait en haut un efpace vuide d'environ deux pouces; fans quoi il fortiroit du mercure pendant l'ébullition. Il faut avoir enfuite des charbons ardens dans un réchaud, placé fur le bord d'une table, en forte que toutes les parties du tube puiffent être fucceffivement expofées à l'action du feu en paffant obliquement fur le réchaud. On préfente d'abord au feu le bout fcellé du Baromètre, qu'on approche peu-à-peu jufqu'à ce qu'il foit dans la flamme. Quand le mercure commence à s'échauffer, il fe tapiffe au contact du verre d'une infinité de petites bulles d'air, qui fe réuniffant enfuite deviennent affez groffes pour s'échapper vers la partie élevée du tube; mais elles difparoiffent prefque totalement, lorfqu'elles atteignent les endroits qui ne font pas encore échauffés; & ce n'eft qu'après un grand nombre de femblables émigrations, qu'elles parviennent à s'échapper à caufe du volume qu'elles acquièrent en fe réuniffant. Au bout d'un certain tems, qui varie fuivant le dégré de chaleur & la quantité du mercure, l'ébullition commence. Le mercure s'agite alors violemment, & frappe contre le tuyau & contre lui-même d'une manière qui fait craindre, lorfqu'on n'y eft pas accoutumé, que le tube ne fe rompe. Dès que le bouillonnement a commencé, il eft facile de l'entretenir d'un bout à l'autre du tube, en le faifant paffer fucceffivement dans la flamme.

Quand le mercure s'élance par l'ébullition, fa chaleur dilate l'air dans la partie du tube où il s'élève. Cette couche d'air fe convertit

en une infinité de petites bulles imperceptibles, qui donnent au mercure une couleur
d'un gris blanchâtre dans l'inftant où le mercure refte fufpendu, & qui fe diffipent en
grande partie lorfqu'il retombe : de forte que,
pendant les ofcillations du mercure, on apperçoit une viciffitude de reflexions qui forment une forte de chatoïement.

La plus grande de partie de l'air qui fort du Baromè-tre vient de la furface interne du tube.

357. La plus grande partie de l'air qui
fort du tube dans cette opération, fe détache
des parois du verre : & ce qu'il y a de très-
remarquable à cet égard, eft que lorfque cette
couche d'air a été une fois détachée d'un tube,
& que le mercure, ayant pris fa place, y a féjour-
né quelque tems, on peut vuider le tube,
laiffer rentrer l'air, & remettre du nouveau
mercure qui n'a pas bouilli, fans que l'air
s'attache au verre : c'eft ce que j'ai reconnu
par deux obfervations ; premièrement quand
on fait bouillir le nouveau mercure, il ne
commence point comme celui qui l'a précédé, par fe couvrir de cette grande quantité
de petites bulles d'air : cependant l'opération
eft femblable dans les deux cas, puifque dans
l'un & dans l'autre, l'air qui rempliffoit d'abord
le tube, eft remplacé par du mercure qui n'a
pas bouilli. Il faut donc que ces petites bulles
foient produites dans le premier cas par une
couche d'air qui tapiffoit le tube, & qui étant
une fois chaffée par le feu pendant que le
tube eft plein de mercure, ne fe rétablit que
bien lentement. La feconde obfervation, qui
eft une fuite naturelle de la première, eft que
la hauteur du mercure dans un Baromètre

Il ne s'atta-che que len-tement à cet-te furface, quand une fois il en a été chaffé.

vuidé & rempli comme je viens de le dire, observée avant de le faire bouillir, diffère peu de sa hauteur après l'ébullition. Je conjecture de-là, que les tubes neufs, ou ceux qu'on n'a pas employés depuis long-tems, sont tapissés dans l'intérieur de particules impalpables de poussière & d'humidité (*a*), autour des-

---

(*a*) Il paroîtra peut-être extraordinaire à ceux qui ne connoissent pas les Verreries, que des tubes neufs puissent être tapissés intérieurement de poussière & d'humidité ; mais ils n'en seront pas surpris quand ils sauront comment se font les tubes de verre ; c'est ce que je vais dire en faveur de ceux qui n'ont pas eu occasion de l'apprendre plutôt. Il faut d'abord remarquer pour l'objet qui occasionne cette digression, que le sol des Verreries est recouvert d'une couche de cendres fines & mouvantes, que l'action du feu fait continuellement sortir des fourneaux, & qu'on laisse à dessein pour que les pièces de verre qui peuvent tomber par accident soient moins exposées à se rompre. Lorsqu'on veut faire des tubes, on range sur ces cendres, dans l'endroit le plus vaste & le plus commode de la Verrerie, un certain nombre de pièces du bois destiné au fourneau, paralleles les unes aux autres, & distantes d'environ trois pieds ; ce bois doit servir à recevoir les tubes. Le Verrier prend ensuite dans son creuset, au bout d'une sarbacane de fer, une masse de verre de la grosseur d'une petite boule à jouer, il l'arrondit en la faisant tourner assez rapidement dans une pièce de bois creusée pour cet effet & remplie d'eau ; la chaleur renfermée dans cette masse de verre est telle, que l'eau ne la refroidit pas sensiblement ; elle ne fait qu'empêcher que le bois ne se brûle, & que le verre ne s'y attache. Pour faire tourner la masse de verre, le Verrier fait rouler sa sarbacane entre ses mains : en d'autres ouvrages, il la fait rouler avec une main sur sa cuisse ; c'est-là son tour ; l'autre main façonne le verre ; des cizeaux & des pincettes sont presque tous ses outils. Après qu'il a bien arrondi la masse de verre destinée à faire les tubes,

quelles il se forme de petites Atmosphères qui
se dilatent par la chaleur, & que le verre a

---

il souffle dedans par la sarbacane, plus ou moins, suivant
l'espèce de tube qu'il veut faire. Pour des Thermomètres
à mercure une bulle de demi-pouce suffit ; pour ceux du
Baromètre il la faut beaucoup plus grosse. Quand tout
est prêt pour la dernière opération, le Verrier se fait aider
par un Manœuvre, qui attache à la masse de verre, par
le point diamétralement opposé à la sarbacane, une
branche de fer garnie à son extrémité d'un peu de verre
fondu ; aussi-tôt ces deux hommes se mettent à courir en
arrière & en sens contraire, le long des pièces de bois dont
j'ai parlé, le Verrier ayant toujours la sarbacane à la bouche, & l'œil sur le long tuyau qu'il forme, pour le main-
tenir dans la grosseur qu'il souhaite. Ce tuyau vient bientôt trop long pour être soutenu par la sarbacane & la
branche de fer, d'autant plus que les Ouvriers se baissent
autant qu'ils peuvent pour éviter que le tube ne se cour-
be ; il repose alors sur les pièces de bois ; c'est-là l'usage.
Si l'on fait des tubes de Baromètres dont le diamètre soit
d'environ trois lignes, le tube total pourra se trouver de
20 à 25 pieds ; on le feroit même plus long s'il étoit nécessaire, en prenant une masse de verre plus grosse ; si
ce sont des tubes de Thermomètres, on en peut faire
près de 50 pieds en un seul bout. Les extrémités de ces
longs tuyaux ne sont ordinairement d'aucune utilité,
parce qu'elles sont trop en cône ; les meilleurs tubes sont
ordinairement au milieu.

Je viens maintenant à la cause de l'introduction de la
poussière & de l'humidité dans les tubes destinés à des
Baromètres. Dès que le long tuyau est fait, le Verrier
& son Manœuvre le rompent chacun de son côté, &
alors il se trouve ouvert par les deux bouts ; son extrême
chaleur diminue bientôt par l'augmentation de sa surface ; à mesure qu'elle diminue, l'air intérieur se condense,
& l'air voisin s'y introduisant pour le remplacer, porte
avec lui les cendres qui voltigent continuellement, &
l'humidité si l'air est alors humide. Mais ce qui contribue
le plus à cette introduction, c'est l'impatience des Ou-

lui-même de petites cavités à sa surface où l'air s'insinue. On voit distinctement ces espèces d'Atmosphères autour des petits corps étrangers qui se trouvent quelquefois engagés entre le verre & le mercure, & qui disparoissent par l'ébullition. L'opération du feu dissipe donc les particules impalpables de poussiere & d'humidité avec leurs Atmosphères; elle chasse aussi l'air des petites cavités de la surface du verre; & quand on vient à ôter le mercure, l'air extérieur ne pouvant circuler librement dans le tube, parce qu'il est scellé par un bout, n'y transporte que bien lentement un nouvel enduit semblable à celui que le feu & le mercure ont chassé.

358. En faisant bouillir le mercure de plusieurs Baromètres, on observe une grande différence dans la quantité d'air qui s'en échappe. Souvent aussi l'on voit des bulles d'eau monter avec l'air en forme d'écume. L'intérieur de quelques tubes se ternit, & d'autres deviennent plus brillans qu'ils n'étoient avant de passer par le feu. J'ai dit ci-devant que tous les Baromètres ainsi préparés se tiennent à-peuprès à la même hauteur, & par cela même

Les effets du feu ne sont pas semblables dans tous les Baromètres.

---

vriers, qui, pour avancer plus promptement leur ouvrage, & avec des mains accoutumées au feu, coupent les tubes pendant qu'ils sont encore très-chauds, & les laissent quelquefois reposer tout ouverts sur les cendres. C'est donc une chose très-utile que de laisser totalement refroidir le long tube avant de le couper pour en faire de plus courts; & j'ai remarqué une différence sensible de netteté dans ceux pour lesquels j'ai fait prendre cette précaution.

les différences qu'on observe dans la hauteur des Baromètres dont le mercure n'a pas bouilli, sont correspondantes à la diversité des phénomènes, qui accompagnent l'opération du feu; ces différences vont quelquefois jusqu'à huit lignes.

359. C'est donc le plus ou le moins d'air renfermé dans le mercure, & entre le mercure & les parois du tube, de même que le plus ou le moins d'humidité & d'autres corpuscules introduits avec l'air dans les Baromètres, qui occasionnent la différence des effets que la chaleur produit sur eux, ainsi que la diversité de hauteur, entr'eux, & dans le même Baromètre rempli à diverses fois. Quant à celui dont j'ai parlé ci-devant (353), sur lequel la différence de température influoit très-peu, il est probable que son mercure contenoit plus d'air que celui des autres Baromètres qui n'avoient pas été purgés par le feu, ou qu'il y avoit moins d'air à son sommet; en sorte qu'il se faisoit une compensation entre la pression de l'air renfermé dans la partie supérieure du tuyau & la dilatation des bulles d'air contenues dans le mercure.

360. Je reviens aux Baromètres purgés d'air par le feu. Le mercure pendant qu'il bout, ayant toujours sensiblement le même dégré de chaleur (*a*), il dilate l'air d'une manière

---

(*a*) La nécessité d'un même dégré de chaleur pour que l'air soit toujours dilaté au même point, entraîne nécessairement celle de faire bouillir le mercure dans le tube même. Il ne suffit donc pas de le faire bouillir séparément dans un

uniforme,

uniforme, & chasse par conséquent tout ce qui excède le volume qu'il en peut contenir dans cet état ; il expulse aussi l'humidité & les autres corpuscules hétérogènes, qui, étant plus légers que lui, s'échappent pendant qu'il est agité, & viennent au haut du tube, où ils forment une espèce de scorie, qu'on enlève ; après quoi on achève de le remplir.

Le mercure se purifie.

361. Si l'on redresse alors le Baromètre lentement & sans secousses, le mercure se tient totalement suspendu, & il ne descend à son niveau relatif au poids de l'atmosphère, que quand on secoue le Baromètre. Il arrive aussi, quand l'air n'est pas également chassé de toute la partie supérieure du tube, qu'il se fait une séparation dans la colonne du mercure ; de manière qu'il en reste plusieurs pouces suspendus au sommet du tube, & que le vuide se fait au-dessous. L'air n'est jamais entièrement expulsé des Baromètres mêmes où le mercure reste totalement suspendu ; la théorie le dicte, & l'expérience le démontre ; car lorsqu'on a fait abbaisser le mercure, & qu'on le ramène ensuite vers le sommet en inclinant le Baromètre, on y apperçoit une petite bulle, & l'adhésion ne se fait plus, à moins

Adhérence du mercure au tube après l'opération.

Il y reste toujours un peu d'air.

---

vâse & de l'introduire ensuite dans le tube bien chaud, comme M. *Musschembroek* l'enseigne (Essais de Physique *in*-4°., *Leyde*, 1751, page 639) ; car la chaleur décroissant très-rapidement dans les fluides qui cessent de bouillir, il n'est pas possible de s'assurer que le mercure introduit dans les tubes sera toujours au même dégré de chaleur, sur-tout en combinant sa chaleur propre avec celle du tube.

que par des secousses vives & réitérées, on n'oblige cet air à rentrer dans le mercure; ce qui rétablit entre le mercure & le verre un contact suffisant pour tenir de nouveau la colonne suspendue. Mais la petite quantité d'air qui reste dans les Baromètres ainsi construits, étant toujours sensiblement la même (360), il est possible alors de trouver une règle fixe pour corriger les influences de la chaleur dans leurs variations; c'est ce qui m'a réussi, comme on le verra dans la suite.

Cependant on peut estimer les effets de la chaleur sur ces Baromètres.

Expériences pour déterminer l'effet que produit la chaleur sur les Baromètres purgés d'air par le feu.

Expériences faites en Hyver pour déterminer l'effet de la chaleur sur les Barom. purgés d'air par le feu.

362. Je profitai du même hyver pour faire les expériences nécessaires à la découverte de la règle dont je viens de parler; & pour cet effet, je plaçai dans un cabinet plusieurs Baromètres les uns auprès des autres; je les accompagnai de trois Thermomètres de mercure bien d'accord, gradués suivant la division de M. de *Réaumur*, & placés l'un au haut, l'autre au milieu, & le troisième au bas des Baromètres. Tous ces instrumens étoient sur des *montures* de sapin; ce que j'indique, parce que les divisions étant fixées sur les montures, la dilatation ou la condensation de celles-ci entre pour quelque chose dans l'effet total. Il est donc convenable d'employer toujours la même matière pour avoir des résultats uniformes; & le sapin doit avoir la préférence, parce qu'étant composé, comme le fil de Pite, de fibres

Le sapin est très - propre aux montures des Baromètres & des Thermomètres.

ligneuses fort droites , la chaleur ni l'humidité ne l'affectent point sensiblement dans le sens de sa longueur (*a*).

363. Quand les Thermomètres étoient d'accord , je marquois le point où ils se tenoient & la hauteur des Baromètres. Après quoi j'échauffois le cabinet de manière que les Thermomètres fussent toujours d'accord ; & j'observois de nouveau lorsque la chaleur étoit parvenue au plus haut dégré que je pouvois produire. J'avois un Baromètre dans une chambre où la température ne changeoit pas sensiblement ; je l'observois au commencement & à la fin de l'expérience ; & s'il s'étoit fait quelque changement dans le poids de l'Atmosphère pendant sa durée , j'en tenois compte dans le résultat.

364. Ayant réitéré plusieurs fois la même opération , & trouvé les résultats à - peu-près semblables , je fus assuré que tous mes Baromètres avoient une marche sensiblement égale & proportionnelle aux variations des Thermomètres. Ce premier point déterminé , je rassemblai toutes mes observations , & j'en tirai cette conséquence générale ; que *par une augmentation de chaleur , capable de faire monter le Thermomètre depuis le point de la glace*

(*a*) J'ai une expérience qui indique qu'une pièce de sapin de 3 pieds de long, 3 pouces & demi de large , & 1 pouce d'épaisseur, dont les fibres sont bien droites , s'est allongée d'un quarante-quatrième de ligne, du tems le plus sec au tems le plus humide, pendant l'Été de l'année 1764.

pilée jusqu'à celui de l'eau bouillante, la hau-
teur du Baromètre augmenteroit de six lignes
précisément; ce qui me conduisit à une division
du Thermomètre, qui exprime cette Loi d'une
manière fort commode.

Échelle d'un Thermomètre propre à représenter la correction à faire sur le Baromètre pour les différences de chaleur.

365. En divisant par quatre les lignes du Baromètre, on subdivise très-aisément à la vue ces quarts de ligne en quatre autres parties qui font des 16mes; or 6 lignes font $\frac{96}{16}$; on peut donc diviser en 96 parties égales l'intervalle compris entre l'eau dans la glace, & l'eau bouillante sur le Thermomètre, & alors chacune de ces parties correspondra à $\frac{1}{16}$ de ligne dans la hauteur du Baromètre (*a*). Il est nécessaire d'employer à cet usage des Thermomètres de mercure, afin que leurs variations soient aussi exactement proportionnelles qu'il est possible, aux changemens que la chaleur occasionne dans les Baromètres.

Expérience faite en Eté pour le même sujet.

366. Pour reconnoître d'autant mieux si ma division étoit propre à l'usage auquel je la destinois, je voulus faire une nouvelle expérience à des températures différentes par elles-mêmes. Je demeure dans une rue en pente, & j'ai une cave assez profonde, pour que sa température soit, en certains tems, très-différente de celle qu'on éprouve en plein air. Je plaçai dans cette cave en Eté, deux Baromètres que j'y mis parfaitement d'accord; la température indiquée par le Thermomètre étoit au 14me. des dégrés

---

(*a*) On verra dans le Chapitre suivant la raison générale de changer l'échelle du Thermomètre, quand les échelles ordinaires font trop incommodes.

dont j'ai parlé, ou à $\frac{14}{96}$ au-deffus de l'eau dans la glace ; j'y laiffai quelqu'un pour obferver, & je me tranfportai avec l'un des Baromètres & un Thermomètre, dans une maifon au-deffous de la mienne, où j'avois déterminé par le nivellement un point, qui correfpondoit horifontalement avec le fond de ma cave : la température de cette maifon fe trouva au 22me. des dégrés dont je viens de parler, & le Baromètre fe tint demi-ligne plus haut que celui de la cave auquel je le comparois. La chaleur augmenta, le Thermomètre marqua un dégré de plus, & le Baromètre monta d'$\frac{1}{12}$ de ligne. Le Thermomètre de la cave qui n'avoit point fait de variation, étoit donc en ce moment là, plus bas de 9 dégrés que celui de la maifon dont j'ai parlé, & les Baromètres différoient de $\frac{9}{12}$ de ligne ; ce qui confirma parfaitement mes expériences précédentes.

Elle confirme celles qui avoient été faites en Hyver.

367. Il eft évident que fi, dans cette obfervation, on n'avoit pas égard à la différence de température, celle des Baromètres indiqueroit une différence de hauteur affez confidérable entre des lieux qui étoient cependant fur le même niveau. On verra dans la fuite, que cette différence feroit d'environ 45 pieds.

Preuve de la néceffité d'une correction fur le Baromètre, pour la différence de chaleur.

Lorfque j'entrepris les obfervations relatives à la diminution de poids de l'Atmofphère occafionnée par l'élévation des lieux, j'avois déjà fait la plus grande partie des expériences que j'ai rapportées jufqu'à préfent ; & leur réfultat m'avoit appris qu'aucun de ceux qui s'étoient occupés de cette matière avant moi, n'avoit pu éviter de grandes erreurs faute d'inftrumens convenables. Je dois fans doute aux précautions que je viens d'indiquer les fuccès que j'ai obtenus ; mais j'étois encore bien éloigné de connoître toutes les difficultés de cette entreprife. J'appercus dès le commencement de mes obfervations un grand nombre d'obftacles, dont plufieurs dépendoient encore du Baromètre lui-même ; je commencerai par ceux-ci, & je les détaillerai dans l'ordre qu'exige la matière.

Précaution nécessaire pour que le Thermomètre indique la température du Baromètre.

368. Puifque la chaleur produit fur les Baromètres des effets affez fenfibles, pour qu'on doive néceffairement en tenir compte, & que le Thermomètre fert à cette correction, il faut que ces deux inftrumens ne foient pas plus échauffés l'un que l'autre. C'eft cependant ce qui arrivoit dans mes premières expériences. La boule du Thermomètre qui n'occupe qu'un très-petit efpace, doit indiquer la température du Baromètre ; mais la chaleur du corps & celle du foleil ne fe diftribuoient pas avec affez d'égalité pour produire des effets correfpondans fur l'un & fur l'autre ; & je reconnus bientôt que mes obfervations n'étoient pas correctes. Je fus donc obligé, pour éviter ce défaut effentiel, de porter la boëte qui renfermoit ces deux inftrumens, fufpendue par une courroie ; & d'avoir un parafol pour la tenir conftamment à l'ombre, foit dans la route, foit lorfque je voulois obferver.

Il ne fuffit pas que les Baromètres foient dans des températures fem-

369. J'éprouvai dans la correction des effets de la chaleur une autre difficulté, qui demande quelque attention pour être bien conçue. J'avois trouvé (364) qu'une augmentation de

chaleur indiquée par 96 dégrés de mon Thermomètre faifoit monter le Baromètre de 6 lignes ; mais alors la colonne du Baromètre avoit 27 pouces ou à-peu-près. Lorſque je vis cette colonne s'accourcir à meſure que je montois, je compris bien qu'un dégré de mon Thermomètre ne devoit plus correſpondre à $\frac{1}{16}$ de ligne dans la hauteur du Baromètre ; mais penſant d'abord qu'il n'y avoit point de correction à faire lorſque la température étoit ſemblable pour les Baromètres de la plaine & de la montagne, je crus qu'une ſimple proportion devoit ſuffire, pour trouver la correction dûe à ce changement de hauteur dans le Baromètre : je me trompois alors ; en voici la démonſtration.

370. Je ſuppoſe deux Baromètres, dont l'un eſt poſté ſur une montagne & ſe tient à 14 pouces, pendant que l'autre eſt au pied à 28 pouces, & que la température eſt pour tous deux à — 40 de mon Thermomètre ; il n'y auroit point de correction à faire dans ce cas, ſuivant mon premier raiſonnement. Suppoſons maintenant que la température change, & que les Thermomètres ſoient à + 40 ; la chaleur étant encore égale dans les deux ſtations, il n'y auroit par la même raiſon rien à corriger. Cependant de l'une à l'autre ſuppoſition, la colonne de 28 pouces ſe feroit allongée de 5 lignes pour 80 dégrés de variation du Thermomètre ſur mon échelle. tandis que la colonne de 14 pouces n'auroit augmenté que de 2 lignes & $\frac{1}{2}$ ou environ ; en ſorte que le Baromètre de la montagne ſe tiendroit réelle-

ment trop bas de 2 lig. $\frac{1}{2}$ relativement à celui de la plaine, fans qu'on pût reconnoître cette erreur par une fimple proportion ; parce que d'un côté, à température égale, tout paroît exact ; & que de l'autre, ne connoiffant pas les dernières limites de la chaleur, on ne peut partir d'un point où elle ne diminue plus.

Il faut nécef-fairement ra-mener tou-tes les obfer-vations à une tempé-rature fixe.

371. Voici le nœud de cette queftion : il eft vrai dans un certain cas, qu'à *température égale aux deux poftes où l'on obferve, on ne doit point faire de correction fur la hauteur des Baromètres ;* par exemple, fi l'on n'obfervoit que dans une température déterminée & commune aux deux poftes, le mercure étant toujours au même dégré de condenfation, fa hauteur dans le Baromètre feroit toujours proportionnelle au poids de l'atmofphère. Ce cas-là eft très rare, & s'il falloit l'obtenir immédiatement, il y auroit bien peu d'obfervations utiles : cepen-dant c'eft à cette forme qu'il faut les ramener toutes, en choififfant une certaine tempéra-ture pour terme fixe ; mais ce dégré de cha-leur étant une fois déterminé, fi le Thermo-mètre en indique un autre au moment où l'on obferve, on ne peut fe difpenfer de corriger la hauteur des Baromètres, lors même que la temperature eft égale aux deux poftes. Je me ferai mieux comprendre en expliquant la mé-thode à laquelle j'ai été conduit par cette théorie.

Choix de cette tempé-rature qui devient le zéro du Ther. dans ce cas.

372. La première chofe à décider étoit le dégré de chaleur que je devois choifir pour terme commun & conftant, au-deffus & au-deffous duquel les corrections devoient fe faire ;

il me parut que la température qui correspond
à la huitième partie de la distance entre les
points fixes du Thermomètre, à compter depuis *l'eau dans la glace*, étoit la plus convenable, parce qu'étant probablement la moins
éloignée de toutes les observations prises ensemble, s'il y a quelque erreur dans ma division du Thermomètre relativement à son but,
elle doit influer par cela même le moins qu'il
soit possible.

373. L'échelle de ce Thermomètre étant
divisée en 96 dégrés entre les points fixes
(365) la huitième partie de cette échelle en
montant, correspond au 12ᵉ. dégré; j'ai placé
le *zéro* à ce point, au-dessus duquel je compte
les dégrés en *plus*, & au-dessous en *moins*.
Ainsi dans ce Thermomètre, *l'eau bouillante*
est à + 84, & *l'eau dans la glace* à — 12. Ces
indications suffisent pour construire ce Thermomètre, & la Fig. 2 de la Pl. V, dans laquelle
je l'ai représenté accompagné de l'échelle de
Fahrenheit, & de celle d'un Thermomètre à
mercure divisé en 80 parties, qu'on nomme
de M. de Réaumur, servira à indiquer sans
calcul les points de ces deux dernières échelles
auxquels correspondront les températures dont
j'aurai occasion de parler dans la suite.

Construction de l'échelle.

374. Le Thermomètre étant divisé de cette
manière, chacun de ses dégrés représente,
comme je l'ai dit, des seizièmes de ligne sur
la hauteur d'un Baromètre dont la colonne
est de 27 pouces; il sert aussi pour toute longueur de colonne par une simple proportion;
un exemple suffira pour le faire comprendre.

Utilité de cette cons-truction.

Exemple. Je ſuppoſe de nouveau les deux Baromètres placés, l'un ſur une montagne où le mercure ne ſe ſoutient qu'à 13 $\frac{1}{2}$ pouces, & l'autre au pied de cette montagne où il ſe tient à 27 pouces. Si les deux Thermomètres ſont à 0, il n'y a point de correction à faire ; mais s'ils ſont tous deux à — 16, je dois ajouter à la hauteur obſervée du Baromètre au pied de la montagne $\frac{16}{16}$, ou 1 ligne ; & pour celui du ſommet, je dois dire, comme 27 pouces ſont à $\frac{16}{16}$ de ligne, ainſi 13 $\frac{1}{2}$ ſont au nombre de ſeizièmes que je dois ajouter à la colonne de 13 $\frac{1}{2}$ pouces, ce qui fait $\frac{8}{16}$. Ainſi je n'ajouterai que $\frac{8}{16}$ à la hauteur du Baromètre obſervé ſur la montagne, pour la même température qui m'a fait ajouter $\frac{16}{16}$ à celui de la plaine : ſi les dégrés du Thermomètre ſont en *plus*, il faut faire des ſouſtractions dans le même ordre. J'applique la même règle à tous les cas, tant pour les températures égales, que pour celles qui ſont différentes ; il n'y en a qu'un ſeul qui n'exige point de correction, c'eſt celui où les deux Thermomètres ſont à *zéro*. Par ce moyen on ramène les obſervations à un terme fixe, ce qui produit le même effet que ſi le mercure des Baromètres étoit toujours au même dégré de condenſation. J'ai ſuivi cette méthode dans la plupart de mes obſervations ; mais j'en ai trouvé depuis une beaucoup plus commode, fondée ſur le même principe, dont je rendrai compte en donnant la deſcription de mon Baromètre. (490 & ſuiv.)

Réflexions sur la LIGNE DE NIVEAU dans le Baromètre.

375. J'ai dit précédemment que tous les Baromètres purgés d'air par l'ébullition du mercure, se tiennent *à peu près* à la même hauteur dans le même lieu ; mais cela n'est point encore suffisant : j'ai vu même deux Baromètres de cette espèce qui différoient de deux lignes. Ce phénomène m'a embarrassé pendant long-tems ; & ce n'est qu'après bien des tentatives inutiles, que je suis parvenu à la découverte de deux causes qui se combinent pour produire ces différerces. Je serai obligé d'entrer ici dans des détails qui paroîtroient peut-être minutieux, si je ne faisois observer qu'un seizième de ligne représente environ 5 pieds de hauteur, & que pour peu qu'on s'écarte de l'exactitude, il est très-facile de se tromper d'un & de plusieurs seizièmes.

Il ne suffit pas que les Baromètres soient purgés d'air par le feu pour être d'accord.

376. La première des causes d'erreur que je viens d'annoncer, se trouve dans la fixation du point d'où l'on doit partir, pour mesurer la hauteur du Baromètre. Lorsqu'on prend la surface du mercure pour terme, il en résulte plusieurs inconvéniens. D'abord on ne peut comparer cette surface avec le commencement de la division, qu'en plaçant l'œil à une certaine distance, & par cela même, pour peu que l'œil soit hors du plan de cette surface, il se forme une parallaxe qui peut causer une erreur notable, en sorte qu'on ne peut que très-difficilement parvenir à quelque exacti-

Difficulté de fixer la ligne de niveau.

On peut se tromper quand on prend la surface du mercure pour base.

tude. D'ailleurs on voit le mercure au travers des parois du vâse qui sert de réservoir, & qui, par sa figure, occasionne ordinairement des réflexions & des réfractions ; souvent même il est sale intérieuremenr. Toutes ces causes augmenrent la difficulté & induisent en erreur.

377 Ces inconvéniens, qui sont bien connus, font qu'en général on ne compte l'élévation du mercure, que depuis le point où il abandonne le réservoir pour former la convexité ordinaire de sa surface. Mais cette méthode est sujette à de plus grandes erreurs que la précédente ; car la convexité du mercure, dont la partie inférieure est quelquefois plus basse d'une ligne & demie que la surface supérieure, peut être nulle en certain cas, & même cette surface peut devenir concave.

Plus encore en la fixant au point où le mercure abandonne e réservoir.

378. Cette variation de forme dépend principalement de celle des vâses : quand les bords du mercure se trouvent dans la portion d'un réservoir évâsé qui prend en cet endroit la forme d'un cône renversé ou d'un verre à boire, la convexité du mercure est d'autant plus considérable, que les côtés du cône font plus inclinés : elle l'est moins, quand les côtés du réservoir sont parallèles : si la surface du mercure correspond à un point, où le réservoir prend la forme d'un cône droit, sa convexité diminue encore ; elle devient nulle même, à une certaine inclinaison des côtés : & si leur prolongement forme au sommet du cône un angle obtus (dont je ne détermine pas le dégré) la surface du mercure devient concave.

Ce point varie suivant l'inclinaison des côtés du vâse.

379. Lors donc que l'échelle du Baromètre

Les Baromè-

prend fon origine au bas de la convexité, on a le plus fouvent une certaine quantité de mercure au-deffus de ce point, qui pèfe fur la colonne fans que l'on en tienne compte. Or comme cet excédent de poids varie autant que la forme des réfervoirs, deux Baromètres divifés de cette manière ne peuvent paroître à la même hauteur, que quand le bord du mercure fe trouve correfpondre à des inclinaifons femblables dans l'un & dans l'autre. *tres à réfervoir ne peuvent être d'accord que par une inclinaifon femblable de ces côtés.*

380. D'ailleurs, quand on agite les Baromètres, ce qui eft inévitable à l'égard de ceux qui font deftinés au tranfport, la pellicule que produit toujours le mercure expofé à l'air, s'attache contre les parois du vafe qui le contient; & comme cet enduit a plus d'affinité avec le mercure, que le verre ou la matière quelconque du réfervoir, il s'en approche davantage; la convexité de fa furface diminue par cela même, & fans aucun autre changement, fon bord fe trouve alors plus élevé qu'il n'étoit, lorfqu'on a fixé le commencement de la divifion. Il peut arriver le contraire, fi le mercure fe falit fans qu'il fe forme un enduit mercuriel contre les parois du réfervoir; car ces parcelles de faleté, étant environnées d'air, le mercure eft plus écarté du verre, & la convexité de fa furface devient plus confidérable. Dans l'un & l'autre cas, le verre n'eft plus affez tranfparent, ni le bord du mercure affez régulier, pour qu'on puiffe décider précifément le point où correfpond ce bord fur la monture du Baromètre. Les réfervoirs font par conféquent une fource d'erreurs; en *Les faletés qui s'attachent au mercure font encore une fource d'erreur.*

voici une autre qu'il n'eft pas moins effentiel d'examiner.

Effet de l'inégalité de diamètre des tubes.

On a négligé
l'effet de la
différence de
diamétre des
tubes.

381. C'eft un Phénomène connu de tous les Phyficiens, que le mercure s'abbaiffe au-deffous du *niveau* dans les tubes étroits, tandis que tous les autres fluides s'élèvent dans les mêmes cir-conftances. Mais plufieurs obftacles ont empê-ché jufqu'à préfent de reconnoitre l'influence de cette caufe fur la hauteur du mercure dans les Baromètres de différentes formes. J'ai rap-porté dans la I . PARTIE de cet ouvrage (101 & *fuiv.*) les recherches qu'on avoit déja faites fur cet objet, lorfque je commençai à m'occu-per des Baromètres. On a vu qu'aucun des Phyficiens qui ont donné des Règles pour me-furer les Hauteurs avec cet Inftrument , n'ont fait attention à cette circonftance. Peut-être auffi que cette caufe d'erreur m'auroit échappé, fi je n'avois obfervé pendant longtems des Ba-romètres de toutes fortes de figures, avec un grand defir de trouver les raifons de leurs dif-férences.

Obfervation
fur ce fujet :
les Baromè-
tres fans ré-
fervoir fe
tiennent
plus haut que
les autres.

382. J'avois remarqué plufieurs fois, que les Baromètres dont le tube étoit plus étroit, fe te-noient affez généralement plus bas ; mais cela ne m'apprenoit encore rien de fixe , parce que cette règle avoit des exceptions dont j'ignorois la caufe. J'en étois à ce point, lorfqu'un jour, cherchant à connoître en quelle proportion le volume du mercure augmente par la chaleur, j'en ôtai affez d'un de mes Baromètres, fem-

blable à la *Fig.* 3. de la Pl. I., pour que le niveau, d'où l'on doit compter la hauteur de la colonne, fut abbaiffé dans la portion du tube qui
foutenoit le réfervoir, c'eft-à-dire de *b* en *d*,
& par conféquent dans le haut de *a* en *c*. Mon
but n'étoit d'abord que de mefurer l'allongement réel de la colonne totale, qui fe trouvoit
alors dans un fimple tuyau recourbé; mais
quelle fur ma furprife, lorfque je vis la colonne
de mercure foutenue par le poids de l'Air dans
ce Baromètre, devenir plus longue par ce changement feul. Cette remarque me fit abandonner mon premier objet, dans lequel j'avois peu
d'apparence de fuccès, à caufe de l'inégalité de
diamètre des tubes : Je fis la même opération à
tous mes Baromètres, & je trouvai que la colonne foutenue par l'atmofphère, étoit de-
venue plus longue dans tous, fans exception.

383. La propriété du mercure, dont j'ai
fait mention ci-devant, me vint alors dans l'efprit, & je formai un plan d'expériences, pour
en démêler l'effet dans les Baromètres. J'en fis
pour cet effet plufieurs avec des tubes fimplement recourbés, de diamètres différens; &
comme la plupart n'étoient pas d'un calibre
égal, je les courbai de manière, qu'aux uns la
partie la plus large étoit en-haut, & qu'elle
étoit en-bas aux autres; je fis auffi fouffler une
boule au fommet d'un de ces tuyaux.

384. Tous ces Baromètres ayant été purgés
d'air par le feu, je les obfervai attentivement,
& je trouvai, 1°. que les Baromètres faits d'un
fimple tuyau recourbé par le bas, dont la partie fupérieure étoit plus large que l'inférieure,

se tenoient plus élevés que ceux d'une figure contraire : 2°. Que les Baromètres à reservoir se tenoient inégalement plus bas que les précédens : 3 . Que le Baromètre, au sommet duquel étoit une boule, se tenoit plus élevé que tous les autres, quand la partie supérieure de la colonne de mercure atteignoit la cavité de la boule ; & cela d'autant plus que le mercure y parvenoit à une plus grande hauteur, tellement que, lorsqu'il étoit arrivé à *l'horison* de la boule, il se tenoit deux lignes plus haut que dans les tubes qui avoient un réservoir en bas : 4°. Les seuls Baromètres, dont le tube étoit d'un diamètre à peu près égal, se tenoient entr'eux à la même hauteur. 5°. Enfin les inégalités causées par les reservoirs disparoissoient, soit quand l'extrémité inférieure du mercure se trouvoit dans la portion de tube qui est au dessous du réservoir ; soit même quand le reservoir étoit totalement rempli, & que le mercure, le surpassant, remontoit dans le col de cette espéce de bouteille, parce qu'alors les diamètres des deux tubes étoient sensiblement égaux. Je dois prévenir que dans ces expériences, je commençois à compter la hauteur des colonnes depuis la surface du mercure dans le bas. J'ajouterai en passant que, lorsque le mercure parvenoit dans la boule qui étoit au sommet d'un de ces Baromètres, tout s'y passoit sensiblement, pour les différences de convexité & de concavité de sa surface, comme dans les réservoirs où l'air communiquoit ; c'est une preuve entre bien d'autres que l'arrondissement des bords du mercure n'est point occasionné par la pression de l'air, mais

que

Les Baromètres dont le tube est un siphon d'égal diametre, sont seuls d'accord.

que ce phénomène rient à l'attraction ou à quelqu'autre cause différente de l'air grossier.

385. J'entrepris aussi quelques expériences pour chercher à connoître, par une règle fixe, la hauteur que doit avoir la colonne de mercure en un même lieu, dans des Baromètres de figures données ; mais je trouvai tant de variétés, que désespérant de parvenir à une règle fixe, ou du moins ne présumant pas que l'utilité de cette règle fut proportionnée au travail, je me contentai de savoir positivement, que les Baromètres faits d'un tube recourbé par l'une de ses extrémités & de diamètre égal d'un bout à l'autre, sont les seuls dont la hauteur au-dessus du Niveau représente immédiatement celle de la colonne de mercure soutenue par le poids de l'Atmosphère ; & que par conséquent ils se tiennent tous à la même hauteur. Mais ils sont sujets à un inconvénient dont je dois avertir, parce qu'il m'a déconcerté pendant longtems.

On ne peut déterminer généralement l'effet des autres formes de Baromètres sur la hauteur du mercure.

386. Dans les Baromètres à branches d'égal diamètre, il faut toûjours une échelle à chaque branche ; car lors même que le diamètre du tube est parfaitement égal d'un bout à l'autre, les effets que produit la chaleur sur le mercure, empêchent qu'on ne puisse connoître la variation totale de hauteur de sa colonne, en doublant la variation observée à l'une de ses extrémités. Or comme la branche d'en-bas communique avec l'air extérieur, le mercure se couvre d'une pellicule qui s'attache au tuyau dans ses variations ; il n'est plus alors dans une liberté suffisante, & l'irrégularité de sa surface, de même que la diminution de transparence du tube, empêchent

Les Baromètres à branches d'égal diamètre sont sujets à un inconvénient.

de bien déterminer sa hauteur: en sorte que par la combinaison de tous ces obstacles, on peut se tromper de près d'un quart de ligne, même avant que la cause soit assez sensible pour s'en défier. Cependant l'inconvénient dont je parle étant une fois connu, il cesse par cela même d'être un obstacle à la régularité des opérations, parce qu'il est facile de nettoyer *Remède.* la branche inférieure; j'en indiquerai le moyen dans la suite (484). Mais j'avoue que les Baromètres de cette espèce seroient incommodes pour des observations journalières relatives aux changemens de poids de l'Atmosphère dans le même lieu. Quoique ces observations ne soient pas entièrement de mon sujet, je ne laisserai pas d'en dire un mot.

Remarques sur l'effet que produisent les défauts du Baromètre dans les observations ordinaires.

Trois objets dans les observations du Baromètre sédentaire. 387. On peut se proposer trois choses dans les observations du Baromètre sédentaire. La première, & la plus générale, regarde ses prédictions pour le beau ou le mauvais tems. La seconde est relative à l'étendue de sa variation dans le climat qu'on habite. Enfin on peut avoir pour but de comparer son élévation moyenne, ou chacune de ses variations, avec des observations correspondantes en d'autres lieux.

Il est rare qu'on puisse s'entendre quand on parle de la hauteur du Baromètre. 388. Le grand usage qu'on fait actuellement des Baromètres prouve combien on s'intéresse à ces objets : & cependant on peut dire avec vérité qu'on ne s'est point encore entendu sur cette matière comme on ne s'entend pas encore sur les dégrés de chaleur, quoiqu'on ait des Thermomètres.

389. Trois chofes s'oppofent à ce que les Baromètres ordinaires foient comparables; 1°. Les diverfes manières de les remplir : 2°. Leur diverfité de figure : 3°. La différente tempérarure de l'air qui les environne. Je vais indiquer les erreurs qui réfultent néceffairement de ces différences dans l'ufage ordinaire du Baromètre.

Caufes de la diverfité d'expreffion à cet égard.

390. Il eft certain d'abord qu'on ne dit rien de fixe lorfqu'on parle de la hauteur des Baromètres dans l'ufage le plus général ; puifque par les trois caufes que je viens d'indiquer, ils peuvent fe tenir plus haut les uns que les autres, indépendamment du poids de l'Atmofphère. Cela eft fi vrai dans la pratique, qu'on ne fait prefque comment s'exprimer lorfqu'on veut parler du Baromètre relativement au tems qu'il fait ou qu'il doit faire ; la plupart de ceux qui l'obfervent ne comptent fur fes prédictions, qu'après leurs propres expériences fur les points de fa hauteur qui correfpondent à un certain état de l'air : encore peut-on fe tromper malgré cette précaution, quand la température du lieu varie, parce qu'alors le Baromètre monte ou defcend, fans qu'il arrive de changement dans le poids de l'Atmofphère.

On s'entend peu quand on parle du Baromètre relativement à fes préfages.

391. C'eft principalement dans les extrêmes de la variation du Baromètre , qu'on peut faire de plus grandes erreurs. Dans fes grands abbaiffemens il fait ordinairement chaud, & fes plus grandes élévations font en hyver. Or quand le Baromètre baiffe extraordinairement en Eté, fi celui qu'on obferve n'eft pas purgé d'air par le feu , il eft trop bas, parce que l'air renfermé dans le haut de tube étant dilaté par la cha

On peut fe tromper beaucoup fur l'étendue de variation du Baromètre.

leur, & trouvant un point d'appui au ſommet, il fait deſcendre le mercure, plus que celui-ci ne tend à monter par ſa dilatation. Si le Baromètre au contraire eſt bien purgé d'air, il ſe tient trop haut, parce que le mercure étant fort dilaté, ſa peſanteur ſpécifique diminue, & le poids de l'Atmoſphère en ſoutient une plus longue colonne. La même cauſe agit, mais d'une maniére oppoſée, lorſqu'on obſerve une élèvation extraordinaire des Baromètres en Hyver; ceux qui ſont pas purgés d'air par le feu ſe tiennent alors plus haut qu'ils ne ſeroient en Eté, & les autres ſe tiennent plus bas : la différence de chaleur des appartemens influe auſſi ſur la hauteur du mercure. Ainſi deux perſonnes qui auront obſervé dans le même tems & avec la même exactitude, pourront s'écarter de trois ou quatre lignes, ſur l'étendue de la variation du Baromètre dans leur Pays. Je l'ai trouvée, par exemple, de 20 lignes à Genève, en corrigeant par le Thermomètre mes obſervations faites avec des Barometres purgés d'air par le feu; ſans cette correction je ne l'aurois trouvée que de 18 lignes & demie, tandis que les Barometres ordinaires pourroient indiquer 22 lignes.

De même que dans la comparaiſon des Barom. placés en divers lieux.

392. Enfin, lorſqu'il s'agit d'obſervations correſpondantes, il eſt plus eſſentiel encore d'avoir une règle fixe pour la conſtruction des Baromètres; ſans cette précaution, on peut ſe donner bien de la peine inutilement. Tout ce que j'ai dit juſqu'à préſent le prouve aſſez, ſans que je m'étende davantage ſur cette matière.

Il eſt néceſſaire que les Obſerva-

393. Il eſt donc abſolument néceſſaire de convenir d'une méthode générale, par le moyen

de laquelle on ſoit aſſuré d'écarter tout ce qui eſt arbitraire, & dont on puiſſe faire uſage partout. Je crois qu'on pourroit ſe ſervir utilement de celle que je vais indiquer.

394. 1°. Il faut néceſſairement que tous les Baromètres ſoient purgés d'air par le feu.

2°. On doit avoir auprès du Baromètre, un Thermometre de mercure, dont le *zéro* ſoit à la 8ᵐᵉ. partie de l'eſpace compris entre l'eau dans la glace & l'eau bouillante, la diſtance de *zéro* à l'eau bouillante diviſée en 84 parties égales, & la diviſion prolongée à volonté au-deſſous de *zéro*. Chacun de ces dégrés repréſentera alors des 16ᵐᵉˢ de ligne à corriger ſur le Baromètre aux environs de 27 pouces; & lorſqu'on voudra faire une obſervation exacte, il faudra retrancher de la hauteur trouvée, ou lui ajouter autant de 16ᵐᵉˢ de ligne qu'il y aura de degrés au-deſſus ou au-deſſous de *zéro*. Par ce moyen on ſaura toujours préciſément, à quelle hauteur l'Atmoſphère ſoutient le mercure dilaté par un dégré de chaleur determiné. Si dans le lieu où ſe font les obſervations, le Baromètre ſe tenoit à une hauteur trop éloignée de celle de 27 pouces, ſur laquelle j'ai réglé la diviſion de mon Thermomètre, on pourra faire les corrections requiſes par la méthode que j'ai indiquée ci-devant (374); ou s'il s'agiſſoit d'obſervations fréquentes, on pourroit conſtruire une échelle particulière dont on proportionneroit les dégrés à la hauteur moyenne du Baromètre dans le lieu où doivent ſe faire les obſervations; c'eſt-à-dire qu'on diviſeroit l'intervalle compris entre le *zéro* & l'*eau bouillante*, ſur le Thermomètre en un nombre de parties qui ſeroit à 84, comme la hauteur moyenne du Baromètre dans de lieu de l'obſervation ſeroit à 27 pouces.

Etalon pour placer l'échelle uniformément à tous les Baromètres.

3°. Il reſte à trouver quelqu'expédient pour avoir des Baromètres dans leſquels on évite la difficulté de connoître la hauteur de la colonne depuis un point fixe, & l'erreur qui réſulte des différentes formes des réſervoirs, ſans tomber dans l'inconvénient que la ſaleté occaſionne dans les Baromètres à branches égales; voici le moyen que je propoſe pour cela. Il faudroit que tous ceux qui font des Baromètres, euſſent une ſorte d'*étalon*, qui ſeroit un Baromètre fait d'un tube égal d'un bout à l'autre, & recourbé par le bas. J'indiquerai dans la ſuite la manière de placer l'échelle dans cette conſtruction (485.) Il faudroit auſſi, que les réſervoirs des Baromèttres qu'on voudroit régler ſur celui-là euſſent un diamètre aſſez grand, pour que les variations de hauteur du mercure fuſſent inſenſibles dans le bas. On les placeroit auprès de l'*étalon*, après avoir nettoyé ſa branche inférieure; & lorſqu'ils ſeroient à la même température & dans une poſition verticale, on mettroit ſur les Baromètres à régler, une échelle de deux ou trois pouces ſuivant les climats, diviſée en lignes & ſubdiviſée en quarts de ligne, en la fixant de manière que ces Baromètres indiquaſſent ſur leur échelle, la même hauteur qu'indiqueroit l'*étalon*. Par cette opération ſeule, ils repréſenteront tous & conſtamment la vraie hauteur de la colonne de mercure que le poids de l'Atmoſphère peut tenir en équi-

libre au moment de l'obfervation. Ceux dont
la profeſſion eſt de faire des Baromètres pourroient très-aifément adopter cette méthode
(*a*); mais comme il y en a peu dont on puiſſe
attendre un certain dégré d'exactitude, il conviendroit au moins, que les amateurs des expériences de Phyſique euſſent un ſemblable
étalon, auquel leurs amis pourroient avoir recours pour fixer l'Echelle ſur leur Baromètre.

Je reviens à mon ſujet, & comme il faut apporter dans les obfervations relatives à la meſure des Hauteurs, des précautions plus grandes que pour les autres uſages du Baromètre,
je continuerai à traiter cette matière.

De l'Echelle du Baromètre.

395. On peut attribuer quelquefois aux Baromètres des défauts qui procèdent de la manière de meſurer leur échelle & des meſures
mêmes. Lorſqu'on ſe ſert d'un compas, comme
on le fait à l'ordinaire, pour placer l'Echelle
d'un Baromètre, on n'eſt point aſſuré de la fixer

Il ne con-
vient pas de
meſurer le
Baromètre
au compas.

(*a*) C'eſt-là mon but dans un Avis que je me propoſe de diſtribuer à tous les Faiſeurs de Baromètres qui
paſſent à Genève ; il contient, en quatre pages *in-4°.*,
tout ce qu'il y a d'eſſentiel dans la conſtruction de l'*étalon*, la manière d'appliquer l'échelle aux Baromètres ordinaires, & l'uſage du Thermomètre pour corriger les
effets de la chaleur ſur la hauteur du mercure. Je ferai
parvenir auſſi ces inſtructions, autant que je le pourrai,
dans les Villes principales où la Phyſiqce eſt cultivée,
afin que les Amateurs ſoient en droit d'exiger des Artiſ-
tes, qu'ils conſtruiſent leurs Baromètres ſuivant cette
méthode.

convenablement, parce que les pointes du compas s'enfoncent plus ou moins, & même s'écartent, suivant la nature & la disposition des parties qu'elles rencontrent sur la monture.

Il est difficile de trouver des mesures exactes.

396. Mais un autre inconvénient qu'il est plus difficile d'éviter, c'est l'inégalité des mesures. J'ai peu vu de *pieds* parfaitement égaux, même dans les étuis d'instrumens qui nous viennent de Paris, lorsqu'ils ne sont pas du même Artiste. C'est-pourquoi, ne sachant auquel donner la préférence, je priai une personne qui a des relations avec M. *de Mairan*, de me procurer par son moyen un *pied de Roi*, parfaitement égal à celui dont il a fait usage pour déterminer avec tant de soin la longueur du pendule qui bat les secondes. Lorsque j'eus cette mesure authentique, j'en fis une de 27 pouces, en marquant cette distance par deux points sur des pièces de léton incrustées dans une régle de sapin : je pris une autre pièce du même bois, où je fixai deux pointes, de manière qu'elles correspondoient exactement aux deux points de l'autre règle ; & avec ces mesures qui ne varient pas sensiblement, j'ai déterminé depuis d'un seul coup l'étendue de 27 pouces sur mes Baromètres.

Précautions prises pour éviter ces deux causes d'erreur.

Dégré de perfection du Baromètre décrit : causes des défauts qui lui restent.

Les Barom. construits suivant la méthode précédente sont d'accord

397. Par tous les procédés que j'ai décrits jusqu'à présent, je suis enfin parvenu à faire des Baromètres qui se tiennent pour l'ordinaire à la même hauteur dans le même lieu ; mais

j'avoue qu'il manque encore quelque chofe pour atteindre à une exactitude conftante ; car il m'eft arrivé de voir des Baromètres, qui pour l'ordinaire font d'accord, s'écarter quelquefois un peu de cette uniformité, fans qu'il y ait de caufes apparentes de ces exceptions. Il ne s'agit, à la vérité, que d'un feizième de ligne, rarement d'un huitième, dont l'un eft quelquefois plus haut, d'autres fois plus bas que l'autre, à différentes hauteurs abfolues.

398. Quoique ces différences foient peu confidérables relativement à celles que j'obfervois au commencement de mes expériences, je n'ai pas laiffé de porter encore mon attention fur ce qui peut les occafionner, & j'ai cru reconnoître que l'imperfection des tubes en eft prefque la feule caufe. J'ai remarqué principalement, que la furface du mercure n'eft pas toujours horifontale dans le vuide ; j'ai obfervé même quelquefois, que fon inclinaifon produifoit un quart de ligne de différence fur la hauteur d'un des côtés de la colonne comparé avec le côté oppofé, & cela dans des tubes, en apparence auffi parfaits qu'ils puiffent l'être. Il eft probable que la différence de poli ou de netteté de la furface interne du tube, peut-être même la différence de nature, d'épaiffeur ou de figure du verre, contribuent à produire cette différence dans la hauteur des bords du mercure. Quoi qu'il en foit, on comprend aifément que, fi cette caufe agit en fens contraire dans deux Baromètres dont l'échelle eft femblablement

pour l'ordinaire.

Les différences font variables & n'excèdent pas un huitième de ligne.

La furface fupérieure du mercure n'eft pas toujours horifontale.

Caufes probables de cet effet.

Influence de cette inclinaifon du mercure fur fa hauteur.

placée, elle peut produire une différence d'un feizième & même d'un huitième de ligne dans leurs hauteurs comparées, fans que l'œil puiffe appercevoir que la furface du mercure n'eft pas horifontale. Il femble d'abord qu'on peut remédier à cet inconvénient, en mettant une échelle de chaque côté du tube : mais lorfque j'ai voulu le faire, je n'ai pu décider généralement quelle étoit celle des hauteurs obfervées qui étoit correcte, c'eft-à-dire, fi je devois toujours compter fur la plus grande ou fur la moindre hauteur; principalement quand il ne s'agiffoit pas de comparer deux Baromètres, ce qui eft le cas le plus ordinaire. En forte que cette méthode augmentant les difficultés & le travail, fans produire un avantage certain, j'ai cru devoir l'abandonner : je ne décide point cependant qu'elle foit abfolument inutile.

Autre influence probable.   399. Outre ce que je viens d'expofer fur ce fujet, tiré des obfervations immédiates, on peut encore conjecturer, que puifqu'il y a des caufes capables de tenir un des bords du mercure trop abbaiffé ou trop élevé relativement au point où le haut de la colonne s'arrêteroit horifontalement par le poids de l'Atmofphère fi ces caufes n'agiffoient pas; il peut arriver auffi dans certains cas, que cette colonne s'arrête en tout trop haut ou trop bas, relativement au même point, dans quelque partie d'un tube qui a cependant en apparence toutes les conditions requifes pour faire un bon Baromètre. C'eft là fans doute la raifon de ce que j'ai dit ci-deffus, que deux

Baromètres qui font d'accord pour l'ordinaire, peuvent quelquefois différer d'un feizième, & même d'un huitième de ligne ; & que cette différence varie de manière, que celui qui étoit d'abord le plus haut, peut devenir le plus bas, quand la hauteur abfolue du mercure vient à changer.

400. Il paroît delà, que la petite différence qui fe trouve encore entre les Baromètres conftruits avec toutes les précautions que j'ai indiquées jufqu'à préfent, peut être attribuée à celle qu'il y a prefque toujours entre les tubes ; & que s'il étoit poffible d'en avoir dont la matière fût homogène, l'épaiffeur égale, furface également nette & polie partout, & le diamètre égal d'un bout à l'autre, on verroit difparoître toutes ces petites inégalités.

Les différences qui fubfiftent entre ces Barom. viennent fans doute des tubes.

Remarques *fur les Baromètres deftinés au transport.*

401. Les Baromètres confervent toujours le dégré d'uniformité dont je viens d'indiquer les limites, lorfqu'ils reftent dans un même lieu ; mais il n'en eft pas de même quand on les porte fréquemment fur les montagnes, fans prendre quelques précautions. Car alors, comme il faut que le mercure rempliffe le tube dans le tranfport, & qu'il s'abbaiffe plus ou moins fuivant la hauteur où l'on obferve ; une partie de celui qui eft contenu dans la grande branche, paffant dans la petite pendant l'expérience, & retournant dans la grande

Les Baromètres qu'on obferve fréquemment fur les montagnes reprennent un peu d'air.

pour le tranſport, il porte de proche en proche des particules d'air juſqu'au ſommet. Cet
inconvénient eſt bien plus grand encore dans
les Baromètres à réſervoir que dans ceux à
branches uniformes; parce que le mercure
étant plus balotté, il s'imprègne d'air plus
aiſément; & retournant dans le tube lorſqu'on
l'incline, il y en introduit une plus grande
quantité (*a*).

Il s'en élève auſſi de l'in-térieur du mercure dans le vui-de.

402. Je dois rappeller auſſi ce que j'ai dit
précédemment (361), que dans un Baromètre qu'on vient de faire bouillir, le mercure
reſte ſuſpendu au ſommet du tube, & comme
collé au verre; mais que cette adhéſion n'a
plus lieu lorſque le mercure s'eſt une fois
détaché, à cauſe de l'air qui s'élève dans le
vuide. Ainſi, plus le mercure deſcend, plus
il s'élève d'air; & ces différences ſont toujours nuiſibles à l'uniformité. C'eſt le cas des
Baromètres qu'on porte ſur les montagnes; le
mercure s'y abbaiſſe plus qu'à la plaine; &
comme ils reſtent dans cet état pendant l'obſervation, l'air a le tems de s'échapper dans
le haut, & ils perdent ainſi leur accord avec
ceux qui n'ont pas changé de place. C'eſt
l'expérience qui m'a fait connoître les deux
inconvéniens dont je viens de parler; mais
heureuſement j'ai preſque toujours eu ſoin de

(*a*) L'introduction d'air dont je parle ici, ne ſe fait pas
par bulles viſibles & telles qu'on puiſſe les appercevoir au
ſommet du tuyau lorſqu'on y ramène le mercure en inclinant le Baromètre; mais le mercure s'imprègne d'air,
& le Baromètre ſe rapproche peu-à-peu de l'état où il
étoit avant qu'on l'eût purgé d'air par le feu.

comparer mes deux Baromètres en partant & au retour, & je tenois compte de ces variations avant d'en ſoupçonner les cauſes. Lorſque je les découvris, elles avoient produit un quart de ligne d'abbaiſſement dans mon Baromètre portatif : je le rétablis dans ſon premier état, en faiſant rebouillir le mercure.

403. Pour prévenir ce dérangement dans la ſuite, je pompai l'air de la petite branche, ſimplement avec ma bouche, & par ce moyen je fis abbaiſſer le mercure dans la grande branche, juſqu'à ce qu'il fût réduit à 20 pouces au-deſſus du niveau : je le tins un moment dans cet état, & l'ayant laiſſé remonter, je le trouvai d'environ $\frac{1}{12}$ de ligne plus bas qu'auparavant. Je pris note de ſa différence avec celui auquel il devoit être comparé dans mes obſervations ; & depuis lors, j'ai été fort attentif à ne faire deſcendre le mercure du ſommet de ce Baromètre, que fort lentement, & ſeulement pour des expériences utiles : au moyen de ces précautions, il a conſervé juſqu'à préſent ſa correſpondance avec les autres.

Précaution à prendre pour obvier à cet inconvénient.

404. Il réſulte de tout ce que j'ai dit précédemment, qu'on ne peut faire avec ſuccès les expériences relatives à la meſure des hauteurs, ſans avoir un Baromètre bien conſtruit ; & qu'en même tems il eſt très-difficile de le conſerver dans cet état en le portant ſur les montagnes. La moindre inattention, le plus petit accident, peut donner paſſage à l'air pour entrer dans le tube, & même occaſion-

Néceſſité d'un moyen pour contenir le mercure dans les Baromètres qu'on tranſporte.

ner la perte du Baromètre ; car si le mercure frappe au sommet avec trop de force, il le rompt infailliblement : il est donc nécessaire d'employer quelque moyen pour le renfermer dans le tube lorsque le Baromètre n'est pas en expérience, & cela n'est pas aisé : j'ai vu plusieurs Baromètres dans lesquels on s'étoit proposé ce but, sans y parvenir convenablement. Il faut bien des précautions pour contenir un liquide aussi actif que le mercure, & les effets de la chaleur augmentent encore la difficulté. On entreprendroit vainement de lui fermer toute issue lorsqu'il se dilate ; & même quand on en viendroit à bout, ce seroit aux dépens du tube qu'il romproit certainement. Il est vrai qu'on peut, sans risque, pour la conservation du Baromètre, laisser au mercure les moyens de s'échapper quand il se dilate ; mais sa condensation est très-nuisible, parce qu'en cet état il n'est pas gêné dans le tube, & les secousses de la marche lui prêtant des forces, il agit alors avec plus d'efficace pour sortir de sa prison. Ce qu'il y a de plus à craindre dans ce cas-là, c'est que l'air ne s'introduise pour occuper la place qu'abandonne le mercure condensé, & que par quelque mouvement, il ne parvienne au haut du tube. Or presque tous les Baromètres portatifs que j'ai vus, ont un réservoir qui contient plus ou moins de mercure, ce qui les met précisément dans le cas des Thermomètres ; c'est-à-dire, que la condensation qui se fait dans le réservoir, devient fort sensible dans le tube. J'eus le bonheur de soupçonner cet inconvénient dès que je pensai

à me procurer un Baromètre portatif : je cherchai donc à contenir le mercure dans un simple
tuyau, afin de diminuer autant qu'il étoit poffible les effets de fa condenfation. J'y fuis
parvenu de plufieurs manières, que je décrirai
dans la fuite.

De la pofition du Baromètre quand on obferve ;
& de la manière d'obferver.

405. Il refte encore une chofe à laquelle il
me paroît qu'on n'a pas fait une attention
fuffifante, c'eft la pofition du Baromètre quand
on l'obferve. Je conviens que s'il eft dans une
chambre, ou près d'un batiment dont les
murs & prefque tout ce qui les accompagne
ne préfentent que des lignes horifontales &
verticales, notre œil accoutumé à juger du
parallélifme & des angles droits, nous fervira
paffablement fans aucun fecours. Mais il n'en
eft pas de même à la campagne ; on ne trouve
ordinairement pour placer fon Baromètre, que
des rochers, des arbres, des terreins différemment inclinés ; point de lignes verticales ni
horifontales, pas même dans les cabanes ; tout
au contraire favorife l'illufion. Cependant,
fi le Baromètre eft incliné, fa hauteur obfervée eft trop grande ; & j'ai fouvent éprouvé,
que cette différence peut être d'un quart de
ligne, fans qu'on s'en apperçoive. Il faut donc
néceffairement que le Baromètre foit accompagné d'un *à plomb*, fi l'on veut obferver avec
exactitude (*a*).

____

(*a*) On penfera peut-être qu'il eft aifé de fuppléer
au défaut d'*à-plomb*, en prenant la moindre hauteur

On doit avoir quelque moyen commode de poser le Baromètre à-plomb.

A cette précaution qu'on ne peut omettre sans s'exposer à des erreurs presque inévitables; il faut en ajouter une autre, pour prévenir les effets de la paresse, qui sollicite puissamment lorsqu'on est fatigué. Outre que le Baromètre doit être à plomb quand on l'observe, il faut encore qu'il soit très-solide; pour qu'on puisse, en le frappant, exciter dans le tube des vibrations qui repoussent le mercure, & l'empêchent de se fixer ailleurs qu'au point où il doit se

---

qu'on observe, lorsqu'on cherche à situer le Baromètre verticalement. C'est le moyen qu'employa M. *le Monnier* dans ses observations sur les montagnes d'*Auvergne*, (MERID. VERIF. *Observations d'Histoire Naturelle*, pag. CLXXiij). Mais cette méthode est sujette à des inconvéniens presqu'inévitables. L'adhésion du mercure au tube ne lui permet pas de se mouvoir avec assez de liberté, pour qu'il se conforme exactement aux différentes inclinaisons du Baromètre, sans être aidé par des secousses; & ces secousses ne servent à rien, si le Baromètre n'est pas fixé solidement (406). Ainsi, pour chercher la moindre hauteur du mercure, il faut fixer solidement le Baromètre à chaque fois qu'on change sa position; ce qui produit un tâtonnement long & ennuyeux. Et de plus, comme l'inclinaison du Baromètre peut se faire en tout sens, on peut, sans s'en appercevoir, l'incliner en avant ou en arrière, tandis qu'on cherche à le ramener à la perpendiculaire de droite à gauche ou dans le sens opposé, & réciproquement; ce qui empêche de s'assurer qu'on a trouvé la *moindre hauteur*. On sera moins sûr encore lorsqu'on emploiera des Baromètres à bouteilles; car, par un effet de la forme de cette espèce de réservoir qui contient le mercure, sa moindre hauteur dans le tube n'est pas dans la position verticale, mais à un certain dégré d'inclinaison, d'autant plus grand, que le cône qui fait la bâse de ces bouteilles est plus obtus.

soutenir

foutenir par le poids de l'atmofphère (*a*). Or comme on a peu de commodité dans les montagnes pour affujettir le Baromètre, la fatigue, & quelquefois même la néceffité, obligent à des obfervations défectueufes, fi l'on n'a pas quelque moyen aifé d'y pourvoir. C'eft ce que j'ai éprouvé dans le commencement de mes expériences, & qui m'a fait imaginer une machine dont je donnerai la defcription. (503 & *fuiv.*)

407. Il faut néceffairement avoir l'œil à niveau de l'extrémité de la colonne de mercure lorfqu'on obferve, pour éviter une parallaxe, qui feroit rapporter cette extrémité trop haut ou trop bas fur l'échelle. On y parvient aifément en faifant attention à l'image de l'échelle réfléchie par le tube : car de toutes les lignes réfléchies, il n'y en a qu'une qui paroiffe horifontale ; c'eft celle qui eft à niveau de l'œil. Et comme toutes ces lignes réfléchies deviennent fucceffivement horifontales à mefure que l'œil change de pofition, il eft aifé de l'élever ou de l'abbaiffer jufqu'à ce que la ligne à laquelle on rapporte le haut de la colonne de mercure, paroiffe horifontale.

J'ai eu pour but dans ce Chapitre d'indiquer clairement les moyens par lefquels je fuis parvenu à connoître *la vraie hauteur de la colonne de mercure, d'une température donnée, qui fait*

Il faut avoir l'œil à niveau du mercure lorfqu'on obferve.

Moyen aifé d'y parvenir.

Conclufion de ce Chapitre.

(*a*) Il faut commencer à frapper le tube affez fortement pour ébranler le mercure, & continuer pendant quelques fecondes, mais en affoibliffant les coups, afin que la diminution de preffion du mercure occafionnée par fon mouvement horifontal dans les premières fecouffes, puiffe ceffer avant qu'il fe fixe totalement.

équilibre avec le poids de l'atmosphère chaque fois qu'on observe le Baromètre. C'étoit le seul moyen de rendre comparables les observations faites en divers lieux ; & d'en tirer ainsi les avantages que la Physique en attend depuis l'invention du Baromètre, sans les avoir encore recueillis.

Cette considération même n'est pas la seule qui exige l'uniformité des Baromètres : on verra dans la suite que, pour mesurer les hauteurs avec exactitude par le moyen de cet instrument, il ne suffit pas d'avoir, en deux stations différemment élevées, des observations simultanées faites avec des Baromètres semblables ; mais qu'il faut encore que ces Baromètres soient semblables à un Baromètre donné, qui aura servi à déterminer les coëfficiens des formules par lesquelles on devra calculer les différences de hauteur du mercure.

Il étoit donc important de ne rien négliger dans la détermination de tout ce qui concerne le Baromètre ; afin qu'on pût le construire semblablement par-tout, & l'observer avec les mêmes précautions.

CHAPITRE SECOND.

Du Thermomètre.

AVERTISSEMENT.

J'AVOIS d'abord composé ce Chapitre dans un plan abrégé, & uniquement relatif à mes expériences sur le Baromètre. Il étoit lié avec les autres Chapitres par la suite des numéros, & par des renvois. Quelques doutes sur certaines expériences que j'avois recueillies dans les ouvrages de divers Physiciens ; de nouvelles vues, & sur-tout les conseils de MM. de la Condamine & de la Lande, m'ayant engagé à étudier le Thermomètre avec plus d'attention ; j'entrepris des recherches & des expériences, qui m'ont conduit bien plus loin que je ne l'avois prévu.

Ce Chapitre ayant acquis ainsi beaucoup plus d'étendue ; les numéros qu'il renfermoit originairement, ont été en trop petit nombre pour qu'on pût trouver aisément les matières indiquées par les renvois, ou par la Table. Si j'avois rapproché les numéros, en les mettant en plus grand nombre dans ce Chapitre, il auroit fallu les changer dans tout le reste de l'Ouvrage : ce qui eût été fort pénible, à cause des renvois, & de la Table des matières déja faite. Je me suis donc déterminé à conserver le même nombre de numéros primitifs ; mais en les subdivisant. Par exemple : le Nᵒ. 408, le premier de ce Chapitre, est divisé en trois parties, distinguées par

D ij

les lettres a, b, c, *ajoutées à ce* numéro. *Il en est de même des suivans dans tout ce Chapitre.*

D'autres additions moins considérables, faites çà & là, pendant le long-tems que cet Ouvrage est resté sur le métier, ont produit entre quelques numéros *une distance plus grande qu'elle n'étoit originairement. Je n'avois pas d'abord songé à l'expédient des subdivisions.*

Le Thermo-
mètre fait une
partie essen
tielle du Ba
romètre.

408 *a.* **P**UISQU'IL faut nécessairement avoir égard aux effets de la chaleur sur le Baromètre, pour que cet instrument nous indique le poids de l'air d'une manière uniforme, le Thermomètre en devient une partie essentielle, & doit l'accompagner dans toutes les observations dont on veut tirer quelque usage.

Il est encore
nécessaire à
un autre
égard dans
les expérien-
ces sur le
poids & sur
la densité de
l'air.

408. *b.* Mais quoique cette fonction du Thermomètre dans les expériences sur le poids & sur la densité de l'air, soit assez importante pour m'obliger à traiter de sa construction, comme de celle du Baromètre même, on verra dans la suite que le premier de ces instrumens remplit dans ces expériences une fonction plus importante encore : en un mot, que, sans des Thermomètres exactement comparables, il faudroit renoncer à la mesure des hauteurs par le Baromètre.

Il l'est aussi à
la mesure
des réfrac-
tions, inti-
mément liée
à ces expé-
riences.

408 *c.* Je dirai encore ici par anticipation, que les principes d'où découle cette manière de mesurer les hauteurs, sont immédiatement applicables à la théorie des *réfractions*, qui importe si fort à la partie la plus universellement

utile des observations astronomiques, celle qui
consiste à prendre les hauteurs des astres; &
que par conséquent un Thermomètre exact,
est d'une très-grande importance dans l'Astronomie.

Je n'indique ces usages particuliers du Thermomètre, que parce qu'ils sont relatifs à mon
objet principal. L'utilité de cet instrument est
trop bien connue, pour que je doive m'étendre
sur cette matière, qui d'ailleurs a été supé-
rieurement traitée dans les *Leç. de Physf. expérim.*
de M. *l'Abbé Nollet* (a).

Il est utile à bien d'autres égards assez connus.

J'ai étudié cet instrument avec le même soin
que le Baromètre, & je ne l'ai pas trouvé plus
parfait. C'est ce que je vais montrer dans ce
Chapitre.

Réflexions sur l'état actuel du Thermomètre.

409 *a*. Je n'entreprends pas l'histoire générale du Thermomètre dès son origine; on la
trouve dans les ouvrages de divers Physiciens
(*b*). Il me suffira dans mon but d'en rapporter

Le Thermomètre est encore très-imparfait.

(*a*) Troisième Édition, Tome IV, page 384 &
suivantes.

(*b*) (*Dissertations sur la chaleur*, de M. *Martine*,
imprimées à Paris chez *Jean-Thomas Hérissant*, en 1751,
en un petit volume *in-12*). Je me contenterai de rapporter une note de cet Auteur, qui montre l'embarras
où il s'est trouvé, lorsqu'il a voulu remonter à l'o-
rigine du Thermomètre. « Cette invention, dit-il *page*
» 2, est attribuée à *Drebbel* par ses Compatriotes,
» (Boerhaave *Chim.* Tom. I. page 152-156, & Muss-
» chenbroeck *Tentam. experim. Acad. del cimento*, addit.

les principales époques, lorsque j'examinerai les diverses questions relatives à cet instrument. Mais il est une conséquence générale de cette histoire, que je dois présenter ici : c'est que l'invention du Thermomètre, belle en elle-même, perfectionnée par les plus grands Physiciens, est encore très-éloignée de nous procurer les avantages qu'on avoit droit d'en attendre.

Erreurs qui sont résultées de la diversité des constructions.

409 *b.* Tous ceux qui ont approfondi cette matière, auront remarqué, qu'un grand nombre d'observations se trouvent inutiles, par la différence des Thermomètres, & par leurs défauts.

» page 8 ; *Essai de Phys.* § 946. Fulgentio (*Vie du*
» *Père Paul*, page 158) en fait honneur à son Mai-
» tre , le *Père Paul Sarpi* , ce grand Oracle de la
» République de Venise. Il est vrai qu'on avoit alors
» la manie d'attribuer à cet homme célèbre presque
» toutes les découvertes curieuses de son siècle. Vin-
» cenzio Viviani (*Vie de Galilée* , page 67) parle
» de *Galilée* comme Inventeur des Thermomètres ;
» mais on sait jusqu'à quel point il portoit la véné-
» ration pour la mémoire de son illustre Maître , (voyez
» l'*Histoire de l'Académie des Sciences* , 1703 , pages
» 169, 175, 176, 180). Ce n'est qu'après leur mort
» qu'on a attribué à ces Savans la gloire de cette in-
» vention. Mais *Santorius* (*Comm. in Galen Art. Med.*
» pages 736, 842 ; *Comm. in Avicenn. Can. Fen.* 1 ,
» pages 22 , 78 , 219,) s'en déclare lui-même l'Inven-
» teur. *Borelli* , (*de mot. animal.* 11 prop. 175 ,) & *Mal-*
» *pighi* , (*oper. posth.* pag. 30 ,) s'attribuent aussi chacun
» le mérite de cette découverte. Et les Académiciens
» de Florence ne doivent pas être soupçonnés de par-
» tialité en faveur d'un Savant de l'École de Padoue ».
On peut voir aussi une Histoire abrégée du Thermomètre dans les *Leçons de Physique Expérimentale de M.*
l'Abbé Nollet, troisième Édition, Tome IV , page 386.

MM. *Martine* (*a*) & *Micheli du Creſt* (*b*) ſont parvenus à expliquer diverſes obſervations de chaleur, & à rectifier nos idées ſur d'autres, en déterminant quelques points correſpondans ſur les Thermomètres qui avoient été employés dans ces obſervations. Mais quelque ingénieuſes que ſoient leurs recherches, les réſultats ne ſont que de foibles probabilités : & le ſeul avantage qu'on remporte de la lecture de ces ouvrages, c'eſt de ſe défier d'un grand nombre d'obſervations, ſur l'exactitude deſquelles on ne formoit aucun doute.

409 *c*. Il reſte donc un pas très-important à faire dans la conſtruction du Thermomètre ; pas difficile, parce qu'il exige la réunion des idées : c'eſt de choiſir la meilleure conſtruction ; de l'admettre généralement, & d'abandonner totalement les autres. C'eſt vers ce but que j'ai principalement dirigé mes recherches. Je me propoſe aujourd'hui de préſenter aux Phyſiciens des réflexions & de nouvelles expériences, qui contribueront peut-être à leur prouver la néceſſité d'une conſtruction unique, & à les déterminer dans le choix.

Il ne ſera vraiment utile, que lorſqu'on ſera convenu d'une ſeule conſtruction.

De la matière du Thermomètre.

410 *a*. L'augmentation de volume des corps par l'augmentation de la chaleur, eſt le moyen

La dilatation des fluides a toujours été regardée comme la meilleure meſure de la chaleur.

(*a*) *Diſſertations ſur la chaleur* citées ci-deſſus, page 48 à 64.

(*b*) *Recueil de Pieces ſur les Thermometres & Barometres, par l'Auteur d'un Thermometre univerſel,* Bâle, 1757, en 74 pages *in*-4°., page 29 à 42.

général , & peut-être unique , de meſurer les effets de cette cauſe : & les fluides ont toujours été préférés aux ſolides ; tant parce que la chaleur produit ſur eux de plus grands effets , que parce qu'on peut rendre l'augmentation de leur volume plus ſenſible , en les contraignant à s'étendre dans des canaux étroits.

Mais les fluides ont des *marches* diffé-rentes par les variations de la chaleur.

410 *b*. Mais les fluides n'ont pas tous une même *marche* (*a*) dans leurs dilatations ; les mêmes augmentations ſucceſſives de *chaleur* qui produiſent dans certains fluides des dilata-tions égales , dans l'eſprit-de-vin , par exem-ple , produiſent en d'autres fluides des dilata-tions qui peuvent aller beaucoup en croîſſant , comme dans l'eau , ou en décroîſſant , comme dans le mercure & les huiles végétales.

Néceſſité d'une con-vention ſur la *matiere* du Thermome-tre.

410 *c*. Cette conſidération indique d'abord la néceſſité d'une première convention entre les Phyſiciens : car il n'y a point encore de

---

(*a*) Pour la facilité de l'expreſſion dans cette ma-tière , où la diſette des mots conſacrés oblige à re-courir à des périphrâſes , j'emploierai le mot *marche* pour exprimer la ſuite des dilatations d'un corps quel-conque , correſpondante à une ſuite d'augmentations de chaleur , ou la ſuite des condenſations de l'un , correſpondante à une ſuite de diminutions de l'autre. Par *chaleur* j'entends le *feu* , ou une cauſe , dont un des effets eſt la dilatation des corps. C'eſt cet effet que je me propoſe de comparer avec ſa cauſe principale , *la chaleur.* Quelquefois j'emploierai , par commodité , des expreſſions abrégées , qui , ſans être rigoureuſement exactes , ne ſeront pas équivoques dans les places où je m'en ſervirai ; j'exprimerai , par exemple , par le mot *température* l'état des corps , quant à la *chaleur* ſeulement.

matière fixe du Thermomètre. Sans parler de ceux qui, dans les premiers tems, furent conſtruits d'eſprit-de-vin ou d'air, NEWTON le fit en 1701 *d'huile de lin*: AMONTONS le fit *d'air* en 1702, & *d'eſprit-de-vin* en 1703: FAHRENHEIT y employa le *mercure* en 1724; & DE RÉAUMUR *l'eſprit-de-vin* en 1730; DE LISLE revint au *mercure* en 1733; & MICHELI DU CREST à *l'eſprit-de-vin* en 1740. Tous ces Thermomètres ont ſervi ou ſervent encore aux obſervations. Comment donc peut-on s'entendre? Je le répète; il faut choiſir. Mais il faut quelque principe dans ce choix.

Principe fondamental dans la conſtruction du Thermomètre.

411. Si l'on pouvoit démontrer d'un fluide qu'il meſure des variations égales de chaleur, par des variations dans ſon volume égales entr'elles, ce fluide devroit certainement être préféré à tout autre pour le Thermomètre; parce qu'il nous indiqueroit des quantités progreſſives d'augmentation ou de diminution de chaleur, égales entr'elles; & conſéquemment des rapports vrais entre ces quantités. Quant à la quantité abſolue de la chaleur, elle nous ſera vraiſemblablement toujours inconnue. De quelque point qu'on parte pour ſervir de bâſe au premier échelon, ce point aura une quantité de chaleur qu'on ne pourra eſtimer: car nous ne connoiſſons dans la nature aucun corps dépourvu de toute chaleur, auquel nous puiſſions appliquer le Thermomètre, pour déter-

miner la bâse de son échelle. Il faut donc nous contenter de chercher à connoître des quantités de chaleur ajoutées à une quantité fixe. C'est à quoi nous serviroit un fluide qui auroit la propriété dont je viens de parler. Mais ce fluide même n'est pas encore connu, quoiqu'on ait imaginé plusieurs moyens de le connoître (*a*), & peut-être sommes-nous réduits à

Mais un tel fluide est inconnu.

(*a*) On trouve dans les *Mémoires de Mathématique & de Physique rédigés à l'Observatoire de Marseille* (Avignon 1766, *in* 4°. page 36,) un Mémoire qui a pour titre: *Nouvelles vues pour la perfection du Thermomètre.* L'Auteur propose de déterminer des quantités égales de chaleur, par le moyen de mèches égales qui échaufferoient un vâse cylindrique plein d'eau, où l'on auroit plongé un Thermomètre. La chaleur transmise à l'eau par 1, 2, 3, &c. mèches, seroit indiquées par les points où s'éleveroit la liqueur du Thermomètre. On verroit, en employant des Thermomètres de différentes liqueurs, s'il en est une dont les dilatations seroient proportionnelles aux augmentations de la chaleur, que l'Auteur suppose proportionnelles au nombre des mèches. Et si l'on n'en trouvoit point de telles, on gradueroit du moins, par cette méthode, des Thermomètres, qui, par des dégrés inégaux, mais déterminés, mesureroient des quantités égales de chaleur, ajoutées à une chaleur déterminée.

C'est-là un moyen entre plusieurs autres qui ont été imaginés pour parvenir à ce même but. M. *le Sage* m'a communiqué, il y a plus de dix ans, l'idée de mêler des quantités connues d'eau de différentes températures connues aussi, en employant des précautions nécessaires pour communiquer à un même Thermomètre, qui seroit plongé successivement dans différens mélanges, la quantité de chaleur qui devroit en résulter. Il appelloit *équi-différentiel* le Thermomètre qui devoit être gradué par cette méthode, parce qu'il auroit indiqué, non les quantités totales de la chaleur,

chercher celui qui en approche davantage , & qui par cette raison doit être employé, s'il a d'ailleurs toutes les autres qualités requises. J'ai des raisons de croire que ce fluide est le *Mercure* ; je vais les exposer.

On est peut-être réduit à chercher celui qui en approche le plus.

Le mercure a probablement cette qualité.

mais des quantités égales entr'elles , ajoûtées à un dégré de chaleur déterminé.

Quoique ce moyen soit encore sujet à bien des difficultés physiques , il mérite certainement d'être tenté , dès que M. *le Sage* aura détaillé son plan d'expériences sur cet objet. Il me paroît beaucoup préférable à celui des *mèches*. Je ne vois pas qu'on puisse obtenir 1°. que les mèches soient toujours absolument égales dans toutes leurs parties correspondantes ; 2°. que l'huile y monte & s'y enflamme toujours également ; 3°. que leur position relativement à l'eau du vâse soit telle, qu'elles lui communiquent toutes la même quantité de chaleur ; 4°. que les pertes que cette eau fera continuellement de sa chaleur en la communiquant à l'air ambiant, soient toujours proportionnelles à la quantité des mèches. Je ne sais pas même si , lorsqu'on auroit obtenu ces conditions (toutes nécessaires), la chaleur de l'eau seroit toujours proportionnelle à la quantité des mèches ; si des émanations concourantes ne se nuisent point, ou ne se favorisent point, selon les angles qu'elles forment entr'elles. Il me paroît donc fort incertain que le succès répondit à l'ingénieuse idée de l'Auteur.

M. *de Buffon* a tenté de semblables expériences par le moyen de son miroir ardent, composé d'un grand nombre de réflexions égales , dont il pouvoit diminuer le nombre , (*Mémoire de l'Académie des Sciences* pour 1748) ; mais j'en ignore le succès.

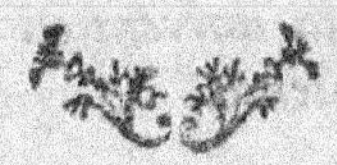

Conſidérations ſur la marche *des divers liquides.
Raiſons de croire que la* mercure *eſt le liquide
dont les dilatations ou condenſations approchent le plus d'être proportionnelles aux augmentations ou diminutions de la* chaleur.

Propoſitions fondamentales.

412. *a.* J'examinerai d'abord les liquides ;
& je me propoſe de prouver ces deux propoſitions fondamentales :

1. *Que les condenſations des liquides dont le
volume augmente lorſqu'ils ſe gèlent, ne ſont pas
proportionnelles aux diminutions de la chaleur.*

2. *Que les dilatations des liquides que la chaleur vaporiſe aiſément, ne ſont pas proportionelles aux augmentations de la chaleur.*

Le mercure n'éprouvant point d'accroîſſement dans ſon volume lorſqu'il ſe gèle ; & réſiſtant à l'évaporation plus que tous les autres
liquides employés au Thermometre, les preuves de ces deux propoſitions ſerviront en même
tems à établir cette troiſieme :

*Le mercure eſt de tous les liquides employés
au Thermomètre, celui dont les variations dans
ſon volume, approchent le plus d'être proportionnelles aux variations correſpondantes de la
chaleur.*

La dilatation de l'eau qui précède ſa congélation, en eſt une première preuve.

Les circonſtances qui accompagnent la congélation des liquides, *conſidérées quant aux
conſéquences qui doivent en réſulter pour leur*
marche *antécédente.*

412. *b.* L'eau perd ſa fluidité par une dimi-

nuation de chaleur que nous supportons aisément : & l'expérience prouve, qu'avant de se
convertir en glace, son volume cesse d'abord
de diminuer, & qu'il augmente ensuite, bien
que la diminution de la chaleur soit manifeste
par de nouveaux dégrés de condensation en
d'autres liquides. C'est un fait assez connu,
& attesté par M. *de Mairan* dans son excellente
dissertation sur la glace (*a*).

412. *c*. Ce n'est pas seulement près de la
congélation que la résistance de l'eau à se condenser commence à paroître : car en comparant ses condensations successives, depuis le
point où elle est le plus dilatée sans être réduite en vapeur, avec celles de l'esprit-de-vin
échauffé au même dégré, on voit que, si les
condensations de l'esprit-de-vin sont mesu-

*Les conden-
sations de
l'eau vont en
décroissant,
comparati-
vement à des
condensa-
tions égales
de l'esprit-
de-vin.*

(*a*) *In-12*, *Paris*, 1749, *page* 123. « Pour vous
» convaincre, dit M. *de Mairan*, de la réalité de ce
» phénomène, prenez une bouteille de verre à long
» col assez étroit ; remplissez-la d'eau médiocrement
» froide jusques vers le milieu de ce col ; faites-y une
» marque vis-à-vis de la surface de l'eau, & exposez
» le tout à la gelée. Vous verrez l'eau descendre peu-à-
» peu au-dessous, jusqu'à 3 ou 4 lignes, jusqu'à un
» pouce ou plusieurs pouces, selon que la bouteille
» est plus grande & que son col est plus étroit, plus
» ou moins vîte, selon que la gelée est plus ou moins
» forte. Bientôt après la surface de l'eau s'y arrêtera, & de-
» meurera stationnaire pendant quelques momens ; après
» quoi elle remontera peu-à-peu jusqu'à la marque,
» & passera enfin au-delà, plus ou moins, par rapport
» à la descente, selon que le dégré de froid où elle
» étoit au commencement, se trouvoit plus ou moins
» supérieur à celui de la congélation dont elle approche
» dans ces instans ».

rées par des dégrés égaux , les condensations correspondantes de l'eau vont en décroîssant , d'abord insensiblement , puis par une progression très-rapide , jusqu'à-ce qu'après avoir été un instant nulles , elles se changent en de vraies dilatations, quoique l'eau soit encore fluide. Ce Phénomène apperçu par M. *Du Crest* (*a*), & que j'ai suivi avec soin , prouve incontestablement, que des condensations égales de l'eau n'indiquent pas des diminutions égales de la chaleur , puisque ce liquide cesse de se condenser, & se dilate même , tandis que la chaleur continue à diminuer.

La cause de la dilatation de l'eau prête à se geler , agit dès les premieres condensations.

412. *d.* Si j'ai pris ici l'esprit-de vin pour terme de comparaison , ce n'est pas que ses condensations soient proportionelles aux di-

---

(*a*) Page 52 de l'Ouvrage déjà cité. M. *du Crest* parle en cet endroit d'un Thermomètre d'eau dont il a comparé les condensations avec celles du Thermomètre , & il dit avoir trouvé , « que , depuis le terme » de l'eau bouillante , qui étoit à 100 *dégrés* à l'un » & à l'autre , jusqu'au 60e. *dégré* (en descendant) , la » condensation s'exécutoit avec la même marche (sen- » siblement sans doute). Ensuite cette marche du Ther- » momètre d'eau varioit en se condensant un peu moins » jusqu'au 50e. dégré, & depuis là toujours de moins en » moins jusqu'au zéro (qui est le *tempéré*)... enfin jusqu'au » terme de la glace , qui est — 10 $\frac{1}{2}$, le Thermomètre » en fournissoit deux à peine , & avec une extrême » lenteur à y parvenir. Après cela le froid augmen- » tant , ... il renfloit plus le volume de l'eau , qu'il ne » s'étoit condensé auparavant pendant le cours de près » de 20 dégrés ». J'ai répété cette expérience , avec tou- tes les précautions nécessaires pour connoître la vraie correspondance des marches de ces deux liqueurs ; je l'indiquerai dans la suite (418 *m*).

minutions de la chaleur ; on verra le contraire dans la fuite. Mais comme il continue à fe condenfer par la diminution de la chaleur, tandis que l'eau fe dilate, fes condenfations approchent plus que celles de l'eau, d'être proportionnelles aux diminutions de la chaleur. Et puifque les condenfations de l'eau fuivent une marche décroîffante, comparativement à des condenfations fucceffivement égales de l'efprit-de-vin, on doit en conclurre, que la caufe qui change enfin les condenfations de l'eau en dilatations, tandis que la chaleur continue à diminuer, agit dès le prémier moment; & qu'en général, fes condenfations ne font pas proportionnelles aux diminutions de la chaleur.

412. *e.* L'efprit-de-vin affoibli par l'évaporation d'une partie de fon huile inflammable, ou par le mélange d'une certaine quantité d'eau, conferve plus longtems fa fluidité que l'eau pure : il peut fe geler cependant ; &, comme l'eau, il fe dilate lorfqu'il eft près de fe geler (*a*). Mais fa réfiftance totale à la con-

L'efprit-de-vin affoibli fe gèle plus difficilement que l'eau, & fes condenfations fucceffives fe confervent plus grandes.

(*a*) Les Thermomètres de M. *de Réaumur* étoient faits d'efprit-de-vin rectifié, mêlé feulement d'⅕ d'eau (4428). Celui qui fut porté au cercle polaire par MM. les Académiciens de Paris qui allèrent y mefurer un arc du méridien, eft une preuve de ce que je dis dans le texte de l'efprit-de-vin affoibli. Voici ce qu'on trouve dans le *Journal* de M. l'Abbé *Outhier*, *Amft.* 1746, *page* 223. « Le » Thermomètre de mercure a été le Dimanche matin » (6 Janvier 1737) à 33 (au-deffous de 0).... Le foir » du même jour, ce Thermomètre etoit à 37, pendant » que celui d'efprit-de vin n'étoit qu'à 29 ; & ce dernier » étoit gelé le Lundi matin, & *avoit remonté* à la tempé- » rature des caves de l'Obfervatoire. M. de Maupertuis

denfation étant plus tardive , fes condenfations fuivent une marche moins décroiffante que celles de l'eau , par les mêmes diminutions de la chaleur (a).

Celles de l'esprit de-vin rectifié se conservent plus grandes encore, & il se gèle tres-difficilement.

412. *f.* Enfin, l'efprit-de-vin affez rectifié pour enflammer la poudre, ne fe gèle peut-être par aucun *froid* connu (b) : & en même tems fes condenfations fuivent une marche croiffante, comparativement à celles de l'efprit-de-vin affoibli. Mais elles vont beaucoup en décroiffant, comparativement à des condenfations du mercure égales entr'elles. Or l'on fait que l'efprit-de-vin qui n'eft rectifié que par la diftillation, contient encore beaucoup d'eau ou de flegme ; car il eft moins fpiritueux que *l'éther*, qui lui-même contient encore du flegme. Ainfi la *marche* de tout efprit-de-vin eft affectée de celle de l'eau , dont les condenfations font fi éloignées d'etre proportionnelles aux diminutions de la chaleur.

Cependant elles vont en diminuant comparativement à celles du mercure.

Conféquences qui découlent de ces phénomènes, relativement aux liquides aqueux.

412. *g.* En raffemblant tous ces faits, & en généralifant, comme l'analogie femble le permettre ; on peut en tirer les conféquences fuivantes : 1°. Que le volume d'un liquide aqueux augmente quand ce liquide fe convertit en glace. 2°. Que même avant cette converfion, fon

---

» l'a porté en cet état dans fa chambre ; dans le premier
» inftant qu'il a dégelé , il a beaucoup defcendu , & en-
» fuite il a remonté à la température de la chambre ».

(*a*) C'eft ce qu'indique encore une expérience de M. *du Creft* (page 23 de l'Ouvrage cité ci-devant) que j'ai répétée , & dont je donnerai le réfultat dans la fuite.

(*b*) Voyez l'expérience faite à *Pétersbourg* par M. *Braun*, que je rapporte ci-après.

volume commence à augmenter, ou qu'au moins il cesse de diminuer. 3°. Que sa tendance à augmenter en volume se fait appercevoir dès ses premières condensations, par les diminutions qu'elles éprouvent, comparativement à celles d'un liquide de même genre qui ne se gèle que par une plus grande diminution de chaleur. 4°. Que plus il faut de diminution de chaleur pour qu'un liquide cesse de se condenser; ou, ce qui revient au même, moins la cause de la cessation de condensation retarde chaque degré de condensation d'un liquide, plus aussi les condensations approchent d'être proportionelles aux diminutions graduelles de chaleur qui les produisent (*a*).

412 *h.* Il paroît encore naturel de conclurre de ces propositions générales; qu'un liquide aqueux obéit dans ses condensations à deux causes, dont les effets sont opposés : l'une est la diminution de la chaleur, dont l'effet distinct est la condensation du liquide : l'autre est celle, quelle qu'elle soit, qui, lorsque le liquide est près de s'endurcir, augmente sensiblement son volume; dont les effets se font appercevoir par la diminution de ceux de la prémière cause, dès l'instant où le liquide commence à se condenser.

Un liquide aqueux obéit dans ses condensations à deux causes, dont l'une les produit & l'autre les diminue.

(*a*) Ce que je dirai des *condensations* comparées aux *diminutions* de la chaleur, devra toujours s'entendre réciproquement des *dilatations* comparées à ses *accroissemens.* On ne pourroit exprimer l'inverse de chacune de ces propositions ou de leurs corollaires, sans tomber dans des longueurs ennuyeuses & inutiles. Je parlerai d'ailleurs des *dilatations*, lorsque j'examinerai l'effet du plus ou du moins de chaleur qu'un fluide peut supporter.

Cette hypo-
thèſe ſe con-
cilie avec
toutes celles
qu'on a ima-
ginées ſur la
cauſe de
l'augmenta-
tion de volu-
me de l'eau
qui ſe gele.

413 *a.* Cette ſuppoſition de l'action continuelle de la cauſe qui augmente le volume de
la glace, pouvant paroître étrange, je m'arrêterai un moment à prouver ſa poſſibilité. Il me
ſuffira pour cet effet de montrer, que les principales hypothèſes qu'on a imaginées pour expliquer l'augmentation de volume de l'eau qui
eſt prête à ſe geler, expliquent auſſi cette con-
tinuité d'action.

Elle eſt d'ac-
cord avec
l'hypothèſe
de M. l'*Abbé
Nollet*, que
le volume de
l'air qui ſe
raſſemble,
s'ajoûte à ce-
lui de l'eau.

413 *b.* Je commencerai par l'hypothèſe de
M. l'*Abbé Nollet.* Cet habile Phyſicien ſuppoſe
(*a*) que, lorſque l'eau eſt fluide, l'air qu'elle
renferme »en occupant les pores, c'eſt-à-dire
» des places vuides ou comme telles, n'en aug-
» mente point le volume; mais que ſitôt qu'il
» ſe met en globules ſenſibles, il interrompt la
» continuité de la maſſe & la rend plus grande».
Dans cette hypothèſe, qui, très vraiſemblablement, explique du moins une partie de
l'effet, on voit bien que l'air peut commencer
à ſe raſſembler en globules imperceptibles, dès
que ſes particules commencent à ſe rapprocher.

Elle l'eſt auſſi
avec les hy-
pothèſes de
M. *de Mai-
ran.*

413 *c.* La même choſe peut avoir lieu dans
la principale des hypothèſes de M. *de Mairan.*
Ce célèbre Academicien indique trois cauſes de
l'augmentation de volume de la glace (*b*); 1°.

L'augmen-
tation de vo-
lume de l'air
raſſemblé.

La réunion des particules d'air diſſéminées dans
l'eau; qui ſe raſſemblent à meſure que les particules intégrantes de ce liquide ſe rapprochent,

---

(*a*) *Leçons de Phyſique expérimentale*, troiſième Édition, Tome IV, page 102.

(*b*) *Diſſertation ſur la glace*, Paris, 1749, page
126 & ſuiv.

& qui acquièrent ainſi une plus grande force expanſive, tant par leur moindre ſurface à raiſon de leur ſolidité, que par la moindre courbure de cette ſurface produite par l'augmentation du diamètre des bulles. 2°. Le déplacement des parties intégrantes de l'eau, occaſionné par la ſortie ou par le déplacement de l'air mêlé avec elles. 3°. Un autre dérangement des parties intégrantes de l'eau, produit par la manière dont elles cherchent à ſe grouper, en vertu d'une tendance à s'incliner les unes vers les autres ſous un angle de 60 dégrés ou de 120 dégrés qui eſt ſon ſupplément.

413. *d.* Ces cauſes n'étant point oppoſées, peuvent toutes concourir au même effet : mais la première ſurtout me ſemble très-puiſſante : elle paroît d'abord ſemblable à celle qu'indique M. l'*Abbé Nollet*; cependant elles diffèrent en ceci, que dans cette dernière le volume de l'air ne change point : il eſt ſimplement ajouté à celui de la liqueur, lorſque l'air, ſortant de ſes pores devenus trop étroits pour le contenir, ſe raſſemble en globules. Ce ſeroit là une cauſe ſuffiſante, ſi le volume total de l'eau & de l'air ceſſoit ſimplement de diminuer : mais il augmente : & dans l'hypothèſe de M. *de Mairan* on en voit la raiſon : c'eſt que le volume de l'air, pris ſéparément, doit augmenter par la réunion de ſes particules ; ce qui produit l'augmentation du volume total.

413 *e.* Cette hypothèſe peut acquérir un très-haut dégré de probabilité, par une nouvelle manière de concevoir la cauſe de l'élaſticité, dont M. *Le Sage* eſt l'inventeur (288).

celle de l'air augmente quand il sort d'un espace fort étroit.

Notre amitié, & l'avantage que la physique retireroit des ses découvertes, me font désirer vivement que sa santé lui permette enfin de donner au Public un ouvrage auquel il travaille depuis longtems. Mais indépendamment des explications que peut fournir sa Théorie sur l'augmentation de force que reçoit une même quantité d'air, quand ses particules (auparavant séparées & renfermées dans des espaces fort petits) viennent à se réunir & à occuper plus de place; voici une preuve de cette propriété de l'air, tirée de l'expérience.

Preuve tirée de l'expérience. Quand on décharge du poids de l'air la liqueur d'un Thermomètre, son volume augmente d'abord un peu.

413 *f.* Lorsqu'on scelle un Thermomètre d'eau, d'huile, d'esprit-de-vin ou de quelqu'autre liqueur semblable, pendant que la liqueur, dilatée par la chaleur, occupe tout le tube, la partie du tube qu'elle abandonne en se condensant, reste d'abord vuide d'air. Le premier effet qui en résulte ordinairement, quant au volume de la liqueur; c'est que l'air renfermé dans ses interstices, qui n'est plus comprimé par le poids de l'Atmosphère, occupant un peu plus de place, soulève sa colonne. C'est ce qu'on reconnoît en rompant le bout du tube: car dans l'instant où l'air extérieur y rentre, on voit la liqueur s'abbaisser, plus ou moins, suivant sa nature & les circonstances. Cet abbaissement n'excède par ordinairement $\frac{1}{2}$ dégré du Thermomètre de M. *de Réaumur.*

Il s'y forme ensuite des bulles d'air, dont quelques unes s'arrêtent à la naissance du tube.

413 *g.* Ce premier effort de l'air renfermé dans la liqueur, ouvrant des issues entre ses particules, il s'en dégage peu-à-peu & il en sort quelquefois sans qu'on l'apperçoive. Mais comme il ne peut pas toûjours enfiler le tube

librement; il se rassemble souvent en bulles assez grosses dans la boule. Tant que le diamètre
des bulles est beaucoup plus petit que celui du
tube, elles montent au travers de la liqueur:
mais si le diamètre du tube n'excède pas $\frac{1}{4}$ de
ligne, il arrive le plus souvent, qu'une bulle
d'air reste engagée à la naissance du tube, & *(Et le volume de la liqueur est augmenté.)*
qu'alors le volume de la liqueur est augmenté
de tout celui de la bulle.

413 *h.* Ce dernier cas nous fournit un exem- *(Application de cette expérience à l'augmentation de volume de l'eau qui se gèle.)*
ple de ce qui arrive dans l'eau qui se gèle. Une
cause quelconque y rassemble en bulles les
particules d'air dispersées: par cela seul leur force élastique augmente. Elles agissent donc
plus fortement pour dilater la liqueur: de-là
l'augmentation de son volume, ou du moins
la plus grande partie de cette augmentation.
Quand ces bulles peuvent se dégager d'entre
les lames de la glace, elle sortent de l'eau sous
un volume visible. Mais il en reste toujours
plus ou moins entre ces lames, qui traversent
l'eau en tout sens. Voila pourquoi la glace formée par un froid subit & violent, qui produit
d'abord une multitude de lames, contient toujours une plus grande quantité de bulles d'air,
que celle qui se forme lentement par un froid
qui suffit à peine pour geler l'eau. Les premières bulles d'air retenues dans la glace, four-
nissent des issues aux particules de ce fluide engagées dans la liqueur: ces particules s'y portent
de proche en proche; & leur force élastique
augmentant, soit parce qu'elles se meuvent
dans un espace plus grand, soit parce qu'elles
agissent avec plus d'avantage; chacune des bul-

les primitives acquiert enfin affez de force pour écarter la liqueur, & pour rompre la glace, & fouvent même les vâfes qui la contiennent.

De petites bulles d'air invifibles contribuent à l'effort que fait l'eau pour fe dilater quand elle fe gèle.

413 *i*. Il eft vraifemblable auffi, qu'une grande quantité de globules d'air, trop petits pour être vifibles, même à la loupe, contribue à augmenter le volume de la glace, fans la rendre opaque. Si l'on fait geler de l'eau dans un verre, la croûte qui fe forme d'abord fe crevaffe de tems en tems avec bruit, & à chaque fois, on voit paroître une multitude de bulles d'air qui s'engagent dans les lames de la glace. Ces bulles, jufques-là imperceptibles, quoique compofées de particules dont l'élafticité étoit déja fort accrûe par leur réunion, aidées dans leur effort par celui des bulles déjà vifibles, ont rompu la glace, & font dévenues vifibles par l'augmentation de leur volume. A chacun de ces pétillemens de la glace, fon volume augmente, elle fe foulève, & fa furface devient convexe.

Preuve tirée de l'augmentation des bulles d'air dans les Thermomètres.

413 *k*. Les Thermomètres dont j'ai parlé, peuvent encore fournir une preuve de cette explication. La première bulle d'air qui s'engage dans quelque partie de la liqueur, devient le réceptacle de l'air qui fe dégage peu-à-peu. Chaque particule qui entre dans cet efpace, acquiert un nouveau degré de force élaftique; & contribue ainfi à foulever la liqueur. Cet effet n'eft pas équivoque, puifque le volume de la liqueur & de l'air pris enfemble, augmente de 20, 30 & même jufqu'à 150 dégrés de l'Echelle de M. *de Réaumur*; j'ai vu cet excès dans un Thermomètre d'huile d'olive.

413 *l.* Dès que les particules d'air com— mencent à se rassembler dans une liqueur; quelle que soit la cause qui les rassemble, le volume de cette liqueur augmente, bien avant qu'il y ait des bulles visibles. Entr'autres obser-vations, je l'ai remarqué dans ce Thermomètre d'huile. Sa colonne ayant été soulevée presque jusqu'au haut du tube, par l'air qui s'étoit élevé de la boule, je la fis redescendre , & je règlai le Thermomètre à l'eau bouillante & à la glace. Un mois après, remarquant quelque irrégula-rité dans ses indications, je le remis dans la glace, & je fus bien surpris de voir qu'il s'y te-noit un dégré plus haut qu'il ne l'avoit été dans la première expérience. Le lendemain encore je trouvai la même différence. J'examinai at-tentivement & en tout sens la boule & le tube , & n'appercevant aucune bulle d'air, je crus que le fil qui devoit marquer le point de la glace sur le tube , étoit dérangé. Sept ou huit jours après je vis une bulle d'air engagée à l'o-rifice de la boule, qui avoit soulevé la liqueur de plus d'un dégré. Je ne doutai point alors qu'il n'y eût eu une augmentation réelle dans le volume de l'huile, produite par l'air qui con-tinuoit à se dégager des interstices de la liqueur; mais qui, jusqu'à la formation de la bulle, sor-toit imperceptiblement sans se rassembler au point de devenir visible. Cette bulle augmenta pendant huit jours, & parvint à occuper un espace de 15 dégrés. Impatient de voir si le vo-lume de l'huile s'étoit rétabli dans son premier état par la sortie de cet air , je fis redescendre la colonne d'huile, avant que l'air fût totale-

Nouvelle preuve tirée d'un Ther-momètre d'huile.

E iv

ment forti : & ayant mis le Thermomètre à la glace, il s'arrêta trois quarts de dégré au deffous du point où je l'avois trouvé dans les dernieres expériences ; c'eft-à-dire à $\frac{1}{4}$ de dégré feulement au deffus de celui où il s'étoit tenu dans la prémière.

Continua-
tion de la
même expé-
rience

413 *m.* Longtems après cette troifième épreuve, je mis mon Thermomètre dans un mélange de glace & de fel marin. L'huile fe retira totalement dans la boule, & s'y figea. Je parlerai dans la fuite de cette expérience. Quand l'eau falée fe réchauffa, l'huile remontant dans le tube, laiffa une petite bulle d'air à l'entrée de la boule, je l'y laiffai dans l'intention de voir fi elle n'augmenteroit point. Le lendemain je la trouvai fort allongée ; chaque jour elle prit de nouveaux accroiffemens ; de forte qu'au bout d'un mois, elle occupoit 25 dégrés dans le tube. Je fis encore redefcendre la colonne fufpendue, avant qu'elle eût ceffé de s'élever. Je mis le Thermomètre à la glace ; & au lieu de s'être rapproché de fon point primitif, il s'en étoit écarté de nouveau : le volume de l'huile étoit de $\frac{3}{4}$ de dégré plus grand que dans la première expérience. J'ai obfervé à-peu-près les mêmes phénomènes dans un autre Thermomètre fait de même liqueur.

Ainfi dès que
l'air com-
mence à oc-
cuper de plus
grands efpa-
ces dans un
liquide, il
tend à en
augmenter
le volume.

413 *n.* Les obfervations que je viens de rapporter font voir, indépendamment de la théorie, que, quand les particules d'air difféminées dans un liquide viennent à fe raffembler, par quelque caufe que ce foit, elles acquièrent plus de force pour écarter les particules du liquide ; & que cet effet peut être produit long-

tems avant que les petits amas d'air deviennent visibles, & avant même qu'ils soient capables de se frayer des routes à travers la liqueur.

413 *o*. On ne peut pas attribuer le même effet à la tendance supposée par M. *de Mairan* dans les particules de l'eau à s'incliner les unes aux autres sous un certain angle : cette cause ne peut agir sensiblement qu'au moment de la congélation ; c'est-à-dire, lorque les particules étant très-rapprochées, s'attirent avec force. Mais la troisième cause qu'il a imaginée, peut produire cet effet ; car si l'*air*, *en se dégageant des interstices de l'eau*, *occasionne un dérangement dans les parties intégrantes de ce liquide*, *qui tende à augmenter son volume*, ce dérangement peut avoir lieu, dès qu'il se fait une différente combinaison de l'eau & de l'air, c'est-à-dire, dès que le dégré de chaleur qui tient le liquide dilaté autant qu'il peut l'être, commence à diminuer.

Les autres causes supposées par M. de Mairan, examinées sous ce point de vue.

413 *p*. En général, puisque les condensations des liquides aqueux cessent par dégré, deviennent nulles, & se convertissent enfin en dilatations, tandis que par d'autres indices, & à nos sens même, la chaleur diminue de plus en plus ; il est très-probable que la cause qui produit finalement ces dilatations, influe dès les premières diminutions de la chaleur, & qu'elle rend ainsi décroîssante la marche des condensations de ces liquides, quoique les diminutions de la chaleur soient égales entr'elles.

En général, la marche de l'eau montre que la cause de l'augmentation de son volume quand elle se gèle, peut faire obstacle à sa condensation dès les premières diminutions de la chaleur.

413 *q*. Voici une image sensible de cette complication de deux causes qui se surmon-

Exemple de deux causes opposées qui

tent l'une après l'autre, quoique toujours
agiſſantes. Qu'on prenne un tube de verre de
trois à quatre pieds de longueur & de demi-
ligne de diamètre, à l'un des bouts duquel
on ait fait ſouffler une petite boule ; que
tenant ce tube dans la ſituation verticale, le
bout ouvert tourné vers le haut, on y intro-
duiſe une petite colonne de mercure, de
manière qu'occupant d'abord toute la largeur
du tube, elle reſte ſuſpendue par l'air renfermé : qu'on verſe alors du mercure dans ce
tube en filets fort minces, on verra que ſon
poids, ajouté ſucceſſivement à la colonne primitive, la fera deſcendre pendant quelque
tems. Cette colonne s'abbaiſſera ainſi, quant
à ſa poſition, quoiqu'elle s'allonge réellement.
Elle obéira donc à deux cauſes ; ſavoir, à
l'addition d'une nouvelle quantité de mercure,
qui tendra à élever ſa partie ſupérieure ; &
à l'augmentation de poids, qui tendra à la
faire deſcendre, & qui ſera victorieuſe au
commencement de l'expérience, parce que
l'air renfermé ſe comprimera encore aiſément.
Quand la condenſation de l'air ſera parvenue
à un certain point, l'extrémité ſupérieure de
la colonne paroîtra un moment ſtationnaire:
les effets des deux cauſes ſe compenſeront
alors. Enfin l'addition du mercure l'empor-
tant ſur la compreſſibilité de l'air renfermé,
l'allongement de la colonne ne ſe fera ſenſiblement, que vers le haut.

413 *r*. Il me paroît que cette expérience
repréſente ſi bien les condenſations des *liqui-*
des aqueux, ſuivies de dilatations, quoique

la diminution de la chaleur continue, qu'elle rend très-sensible mon idée sur la raison de ce changement ; savoir, que ces liquides obéissent à deux causes opposées dans leurs effets. Ainsi, quoiqu'on ne puisse pas affirmer que, si les diminutions successives de la chaleur, qui sont une de ces causes, agissoient seules dans ces liquides, leurs condensations seroient exactement proportionnelles à ces diminutions ; du moins paroît-il démontré, qu'elles en approcheroient beaucoup plus, sans l'opposition de la cause qui les dilate *enfin* lorsqu'ils sont près de se geler. Moins donc la cause qui tend à produire cet effet extrême dans les *liquides aqueux*, agit dans chaque dégré de *refroidissement*; plus leurs condensations doivent approcher d'être proportionnelles aux diminutions de la chaleur.

Telle fut la conséquence que je tirai des réflexions que je viens d'exposer. Mais je ne crus pas devoir l'admettre définitivement, sans de nouvelles recherches.

414 *a*. Mes premières expériences directes ne furent qu'une répétition de celles qui avoient donné lieu à mes conjectures sur la *marche* des *liquides aqueux* : j'y apportai seulement plus de soin & de méthode. Je fis un Thermomètre d'eau pure ; j'en fis un d'esprit-de-vin qui brûloit la poudre ; & plusieurs autres de différens mélanges de ces deux liquides. Plus la quantité de l'esprit-de-vin étoit grande, relativement à celle de l'eau, & par conséquent moins le composé étoit susceptible de se geler, moins aussi ses condensations alloient

fives alloient en dimi-
nuant.

Objection contre cette forte d'expériences.

Expérience plus directe, en ajoutant du *sel marin* à l'*eau* pour retarder sa congélation.

Expérience sur le *dégré* de *froid* que l'eau saturée de sel marin peut supporter sans se geler.

en décroissant, comparativement à des condensations toujours égales du mercure.

414 *b.* Ces nouvelles expériences augmentoient certainement la probabilité de mon système. Cependant on pouvoit objecter, qu'il s'agissoit moins là d'un changement dans *l'eau* même, que d'un mélange de deux liqueurs, *l'eau* & *l'esprit-de-vin*, dont les condensations devoient suivre une *marche* composée de celle de chacune de ces liqueurs prises séparément, sans que cette *marche* moyenne eût de liaison avec la propriété qu'acquéroit le mélange de se geler plus aisément que l'esprit-de-vin, & plus difficilement que l'eau. Cette objection n'étoit pas sans réponse directe (426 *k*); mais je préférai une autre épreuve qui n'y donnoit pas lieu.

414 *c.* Le *sel marin* rend *l'eau* susceptible de supporter une grande diminution de chaleur sans se geler. En partant de mon hypothèse, je jugeai que les condensations d'une *eau* dans laquelle on auroit fait dissoudre du *sel marin*, suivroient une marche croissante, comparativement à celles de *l'eau douce.* Je commençai donc par chercher quelle diminution de chaleur l'eau salée pouvoit supporter sans se geler.

414 *d.* Je pris de *l'eau saturée de sel marin*, je la mis dans un petit vâse de fer blanc; & celui-ci dans un plus grand, que je remplis de glace mêlée de sel marin. Un Thermomètre de mercure plongé dans l'eau salée du petit vâse descendit à 15 dégrés au-dessous de *zéro*, & cette eau ne se gela point. Je vis par cette

première expérience, que *l'eau saturée de sel marin* reste fluide à — 15 du Thermomètre de mercure. Mais je remarquai bientôt que cette propriété s'étend bien plus loin : car puisqu'il n'y a point de refroidissement dans un mélange de sel & de glace, sans liquéfaction ; que même c'est proprement la liqueur produite par le mélange qui se refroidit ; il s'ensuit que *l'eau saturée de sel marin* soutient sans se geler la plus grande diminution de chaleur qu'on puisse occasionner par le mélange de ce sel avec la glace. Or, M. *de Réaumur* a poussé cette diminution jusqu'à — 22 de son Thermomètre, en employant de la glace & du sel très-refroidis (*a*).

Elle soutient sans se geler le plus grand froid qu'on puisse produite par le mélange du sel & de la glace.

414 *e.* Le sel marin ayant tant d'efficacité pour empêcher l'eau de se geler, j'en inferai suivant mon hypothèse ; qu'il changeroit beaucoup la *marche* de l'eau dans ses condensations : c'est-à-dire, que les condensations de l'eau salée, suivroient une marche beaucoup moins *décroissante*, que celles de l'eau naturelle.

Conséquence tirée de cette propriété.

414 *f.* J'eus le plaisir de voir que l'expérience appuya mon raisonnement. Je fis un Thermomètre *d'eau saturée de sel marin*, teinte avec du *tournesol* ; & je trouvai, que ses condensations suivoient une marche *croissante*, non-seulement par comparaison à celles de l'eau douce, mais relativement à celles de l'esprit-de-vin le plus rectifié. On verra dans la suite,

Confirmée par l'expérience. Thermomètre d'eau saturée de sel marin. Ses condensations successives vont moins en diminuant que celles de l'esprit-de-vin.

____

(*a*) Mémoires de l'Académie des Sciences, 1734, *in*-12, page 254.

un tableau de la correspondance des *marches* de ces Thermomètres.

Tentative pour empê-cher celles de l'esprit-de-vin de dimi-nuer en le sa-lant.

414 *g.* Cette influence du sel marin sur les condensations de l'eau , me fit soupçonner que , si l'on pouvoit saler le *flegme de l'esprit-de vin* , on rapprocheroit beaucoup sa *marche* , de celle du mercure. J'essayai de le faire , mais je trouvai que l'esprit-de-vin ne dissout que très peu de sel. Cependant la petite quantité dont il se chargea , produisit sur lui l'effet que j'avois attendu ; les condensations de cet *esprit-de-vin salé* suivirent une marche *croissante* , comparativement à celles de l'esprit-de-vin naturel.

Elle a peu de succès , parce que l'esprit-de-vin dissout peu de sel.

Conséquen-ces des expé-riences pré-cédentes. Les liquides aqueux ne se condensent pas propor-tionnelle-ment à la di-minution de la chaleur.

414 *h.* Ces expériences sur des *liquides aqueux* , montroient donc assez clairement deux choses ; la première , que nous ne pouvons attendre de cette espèce de liqueur , une mesure des variations de la chaleur qui soit proportionnelle à ces variations : la seconde , que leur défaut commun est de se condenser successivement moins qu'ils ne se condenseroient si la diminution de la chaleur agissoit seule dans le changement de leur volume. Mais avant d'admettre ces propositions comme démontrées , je voulus encore les vérifier par des expériences faites sur une autre espèce de liquide.

Expériences sur l'huile d'o-live , qui se condense en se figeant. Suivant l'hy-pothèse , les condensa-tions doivent

414 *i. L'huile d'olive* se fige dans une certaine température ; mais le volume des parties figées n'augmente pas ; il diminue au contraire ; & les parties qui les premières ont perdu leur liquidité , vont au fond du vase. J'en inferai , suivant mon hypothèse ; que les

condenſations de cette huile devoient ſuivre une marche *croiſſante*, comparativement à celles de l'eſprit-de-vin le plus rectifié.

414 *k.* Pour vérifier cette conjecture, je fis deux Thermomètres d'*huile d'olive*, coloriés avec de l'orcanette. Après les avoir purgés d'air, je les mis dans la glace par une tempé-rature extérieure d'environ $+$ 16 : ils deſcen-dirent & ſe tinrent pluſieurs heures au même point. L'huile qu'ils contenoient n'étoit pas fi-gée, non plus que de la même huile renfermée dans une petite bouteille, & plongée avec ces Thermomètres dans la glace. Je marquai avec un fil ſur leur tube le point où ils s'étoient ar-rêtés ; & je diviſai en 80 parties, l'eſpace com-pris entre ce point & celui de l'eau bouillante ; comme je l'avois fait ſur tous mes autres Ther-momètres.

414 *l.* Le premier uſage que je fis de ces Thermomètres d'*huile d'olive*, fut de les com-parer aux Thermomètres d'eſprit-de-vin & de mercure, & je trouvai que leurs condenſations ſuivoient une marche très-*croiſſante* rélative-ment à *celles de l'eſprit-de-vin*, & très-peu *dé-croiſſante* rélativement à celles du *mercure*. C'é-toit là l'obſervation la plus importante que j'euſſe à faire ; elle confirma mon ſyſtême au point de ne me laiſſer aucun doute. Mais les ob-ſervations ſuivantes méritent quelque attention.

414 *m.* L'huile de mes Thermomètres plongés dans la glace ne s'étant pas figée, je voulus ſavoir l'effet qu'y produiroit la congé-lation artificielle. Je les mis donc, avec une petite fiole de la même huile & un Thermo-

mètre de mercure, dans un mélange de glace &
de ſel marin, qui fit deſcendre ce dernier Thermomètre à — 14.

Définition
des *dégrés*
dont il ſera
parlé dans
ces expérien-
ces.

414 *n.* (J'avertis ici que toutes les fois que
je parle de *dégrés* d'un Thermomètre, ſans
autre explication, ces *dégrés* ſont toujours des
80mes. de l'eſpace compris entre les points qui
marquent la température de *la glace qui fond*,
& celle de *l'eau bouillante*; & que le *zero* eſt à
la glace qui fond).

L'*huile* des
Thermomè-
tres ne ſe fi-
gea pas dans
cette pre-
miere expé-
rience.

414 *o.* Les Thermomètres d'*huile d'olive* s'é-
tant abbaiſſés à-peu-près au même dégré que le
Thermomètre de mercure, je ne doutai point
que l'*huile* ne fût figée par cette diminution de
chaleur, fort ſupérieure à celle qui produit cet
effet ordinairement. Cependant pour m'en aſ-
ſurer, je retirai mes Thermomètres de la
glace, & je vis que l'huile conſervoit toute
ſa tranſparence; ce qui me parut indiquer
qu'elle n'étoit pas figée. Craignant pourtant
d'être trompé par cette apparence, je rompis la
boule d'un de mes Thermomètres; & ayant
reçu l'huile dans un vâſe, je vis qu'elle avoit
toute ſa liquidité, tandis que l'huile de la petite fiole étoit entièrement figée. Je laiſſai dans
le mélange de ſel & de glace le Thermomètre
qui me reſtoit; & lorſque ce mélange ſe réchauffa, le Thermomètre d'huile remonta à-
peu-près ſemblablement à celui de mercure.

La privation
d'air y con-
tribua proba-
blement.

414 *p.* Je ne m'arrêterai par à détailler diverſes expériences que je fis, dans le deſſein de
découvrir pourquoi l'huile de mes Thermomètres ne s'étoit pas figée; je dirai ſeulement
que la privation d'air y contribua probablement.

Car

Car l'huile du Thermomètre rompu se figea par une moindre diminution de chaleur, après qu'elle eut repris de l'air. Je crus cependant que par un *froid* plus grand que celui de la prémière expérience , l'huile du Thermomètre se figeroit aussi ; ce qui m'engagea à la réitérer.

414 *q.* Je pris pour cette seconde expérience un vâse plus grand que pour la première : il contenoit 4 livres de glace pilée & 2 livres de sel marin. Quand la glace fut à demi fonduë , je mis dans ce vâse le Thermomètre d'*huile* qui me restoit & un Thermomètre de mercure. L'huile demeura liquide , quoiqu'à 14 dégrés au-dessous de *zéro* : le Thermomètre de mercure étoit à-peu-près au même dégré. La quantité de glace & de sel étant plus grande que dans la première expérience, le mélange se réchauffa plus lentement. Le Thermomètre de mercure remonta peu-à-peu jusqu'à — 8 ; l'autre remonta aussi , mais il resta toujours plus bas que le premier. A ce point je remarquai que, tandis que le Thermomètre de mercure continuoit à monter , le Thermomètre d'*huile* restoit fixe. Cette singularité attira mon attention , & je fus bien plus étonné de le voir recommencer à descendre & continuer jusqu'à — 12 : le Thermomètre de mercure étoit encore remonté de 3 dégrés. Dans ce moment l'*huile* étoit figée ; on le connoissoit à ce qu'elle avoit perdu sa transparence. L'huile resta immobile pendant que le mercure parcourut encore un dégré, elle commença alors à remonter ; & quand le Thermomètre de mercure fut parvenu à *zéro* , le Thermomètre d'*huile*

Marginal notes:

Répétition de la même expérience dans un plus grand vâse.

Le Thermomètre d'*huile* d'*olive*, après être remonté , redescendit beaucoup , quoique la chaleur allât en augmentant

étoit à — 6½. Quand le premier fut ╪ 5, le Thermomètre d'*huile*, dont la dilatation s'étoit accélérée, se trouva à ╪ 4½. Enfin quand le Thermomètre de mercure fut à ╪ 10, le Thermomètre d'*huile* se trouva à ╪ 9½; qui est le point que j'ai trouvé correspondre constamment au 10me. dégré du Thermomètre de mercure.

La même expérience réitérée une seconde fois avec un plus grand *froid* artificiel. 414 *r*. La bisarrerie de cette marche me fit craindre qu'elle ne dépendît de quelque circonstance particulière, qui auroit fait diminuer la chaleur autour du Thermomètre d'*huile*, tandis qu'elle augmentoit dans les autres parties du vase; & je n'osai attribuer à l'*huile* ce phénomène singulier, sans une nouvelle expérience. Je mêlai cette fois la glace & le sel autour de mes Thermomètres sans attendre pour les y plonger que la glace fût en partie fonduë. Je l'avois attendu dans mes prémières expériences, parce que je craignois que mes Thermomètres ne se rompissent, pendant la congélation subite & momentanée de l'eau qui environne la glace quand elle fond; & qui, restant douce un moment, se gèle & lie très-fortement les morceaux de glace.

L'*huile d'olive* s'abbaisse encore plus dans la seconde descente. 414. *s*. Ce changement dans l'expérience, que mes Thermomètres subirent sans accident, les fit descendre beaucoup plus bas qu'ils n'étoient encore descendus. Le Thermomètre de mercure baissa jusqu'à — 17, & le Thermomètre d'*huile* jusqu'à — 20; cependant l'huile ne paroissoit point figée. Ces Thermomètres restèrent pendant demi-heure au même point, puis ils remontèrent ensemble l'espace de 3 dégrés. Alors l'*huile* s'arrêta : peu de tems après elle recommença à descendre, & dépassa de plusieurs degrés le point d'où elle étoit remontée. Pendant cette seconde descente, l'*huile* se figea & perdit sa transparence : elle étoit totalement retirée dans la boule.

414 *t.* Le Thermometre d'*huile* resta dans cet extrême abbaissement pendant plus d'une heure ; quoique le Thermometre de mercure eût continué de remonter. Au bout de ce tems l'*huile* commença à se fondre & à s'élever dans le tube. Le Thermomètre de mercure n'avoit plus que 4 degrés à parcourir pour arriver à *zéro.* Cependant l'*huile* ne tarda pas à l'atteindre : quand elle fut à *zéro*, le mercure n'avoit plus que deux dégrés d'avance. Je cessai alors d'observer, parce que je n'attendois plus rien d'intéressant, & que l'opération duroit déjà depuis plus de cinq heures.

Elle resta plus d'une heure dans son extrême abbaissement ; puis elle remonta.

414 *u.* Il paroît naturel de conclurre de cette marche de l'*huile d'olive*; qu'il faut non-seulement un certain dégré, mais encore une certaine durée de *froid* pour la figer (*a*); &

Conjecture sur cette marche singulière de l'huile d'olive.

(*a*) Après le grand *froid* de Janvier & de Février 1767, pendant lequel mon Thermomètre d'*huile* avoit offert à diverses fois dans l'air libre le même phénomène que je viens de décrire, la chaleur extérieure étant revenue à + 4, & l'*huile* étant totalement dégelée, je mis ce Thermomètre dans la glace. Il descendit à *zéro* en moins d'un quart-d'heure, & il y resta fixé pendant deux jours. Le troisième jour il commença à descendre ; la glace se fondoit continuellement, & j'avois soin de la renouveler. Au bout de six jours ce Thermomètre étoit à — 9 ; je le sortis un moment de la glace, & j'y vis beaucoup de molécules figées. Il descendit encore d'un dégré pen-

qu'au moment où elle fe fige, quelle que foit fa température, fes parties intégrantes fe replient les unes fur les autres, & occupent fubitement moins de place. Ainfi, tant que l'*huile d'olive* eft liquide ; la diminution de la chaleur y produit une condenfation réguliere ; fes particules fe rapprochent fans changer d'arrangement. Mais quand elle fe fige, cet arrangement change tout - à - coup ; une certaine quantité de particules voifines fe replient les unes fur les autres ; & cette *huile* fe convertit peu-à-peu en floccons, qui tombent au fond de la portion encore liquide. Cette partie liquide fe dilate, lorfque la chaleur augmente ; & fa dilatation furpaffant pendant quelque tems l'effet du rapprochement des parties qui fe figent, le volume total augmente. Mais quand la *granulation* devient générale, par la durée d'une température propre à la produire, le volume total diminue, quoique la chaleur aille en augmentanr. Voilà ce que femblent indiquer les phénomenes : mais quoi qu'il en foit, c'eft une marche bien finguliere, & qui mérite d'être approfondie.

Première conféquence tirée de ces expériences en faveur de l'hypothèfe principale.

414 x. J'ai commencé quelques expériences dans ce deffein, qui ne font plus de mon fujet : il me fuffit d'avoir montré par celles qui précèdent, *que dans un liquide qui continue à fe con-*

___

dant les deux jours fuivans ; mais la nuit d'après, la chaleur ayant beaucoup augmenté dans ma chambre, la glace fe fondit totalement, l'*huile* fe dégela & remonta au-deffus de *zéro*. Cette première expérience me conduifit à d'autres fort curieufes, mais qui n'ont pas affez de rapport à mon fujet pour que je doive en faire mention ici

denser quoiqu'il ceſſe d'être liquide, *les condenſa-*
tions ſucceſſives ſuivent une marche croiſſante,
comparativement à celles des liquides aqueux,
dont le volume augmente quand ils perdent leur
liquidité, & que parconſéquent les condenſations
d'un tel liquide approchent plus, que celles des
liquides aqueux, d'être proportionelles aux dimi-
nutions de chaleur qui les produiſent.

414 y. Ces expériences ſur l'*huile d'olive*, donnent lieu encore à une remarque impor- *Seconde con-* *ſéquence.* tante : c'eſt que les liquides, lorſqu'ils ſont près de perdre leur liquidité, peuvent nous tromper, autant par des condenſations irré- gulièrement croiſſantes, que par des dilatations. Si leurs particules, parvenues à un certain dégré de rapprochement, s'attirent par une de leurs faces plus que par les autres, il peut en réſulter tout-à-coup un nouvel arrangement, qui leur faſſe occuper moins d'eſpace. Je préſume que c'eſt ce qui arrive dans l'*huile d'olive* : on voit du moins qu'au moment où elle ſe gèle, il s'y forme de petits floccons, qui paroiſſent affecter une figure régulière, & qui diffèrent en groſ- ſeur ſuivant les eſpèces d'huiles d'olive : celle qu'on nomme *huile de Provence*, les forme beaucoup plus gros que l'*huile de Nice*. La même attraction ſubite peut arriver en d'autres liquides, lorſqu'ils approchent de l'endurciſſe- ment. C'eſt donc un point eſſentiel à examiner, que ce qui arrive en ce moment au liquide qu'on veut choiſir pour le Thermomètre.

414 z. En raſſemblant les conſéquences de *Premières* *propriétés* tout ce que j'ai expoſé juſqu'ici ; voici les pro- *que doit* priétés que nous devons chercher d'abord dans *avoir le li-*

quide destiné au Thermo-mètre. le liquide du Thermomètre, 1°. & essentielle-ment, *qu'il ne se dilate pas quand il se gèle :* afin que sa *marche* antérieure ne soit pas alté-rée par la cause qui produit enfin cette dila-tation irrégulière. 2°. *Qu'il se gèle fort tard,* soit pour qu'il nous donne une mesure plus étendue des diminutions de la chaleur, soit afin que dans les observations les plus fré-quentes & par conséquent les plus utiles, il soit d'autant plus éloigné de ce point, où les causes d'irrégularité deviennent plus sensibles. 3°. Que, s'il est possible, *ses condensations restent régulières jusqu'à sa congélation ;* de peur qu'il ne nous trompe lorsqu'il en ap-proche.

Remarques sur les expériences de M. Braun, *relatives à la* congélation *du* mercure.

Le mercure annonce ces propriétés. 415 *a.* Après avoir découvert ces premières qualités qui rendent un liquide propre à mesu-rer la chaleur, les regards du Physicien se fixent naturellement sur le *mercure.* Il est vrai *Cependant il est suscep-tible de con-gélation.* cependant qu'il se gèle dans une température à laquelle d'autres liquides semblent résister : mais ces liquides, dont je parlerai bientôt, sont soumis aux effets de plusieurs causes, nuisibles à une mesure exacte de la chaleur.

C'est à M. *Braun que nous devons cette décou-verte.* 415 *b.* C'est M. *Braun,* de l'Académie de *Pétersbourg,* qui le premier a gelé le mercure. Il fit cette expérience intéressante au mois de Décembre 1759 : les nouvelles publiques l'an-noncèrent dans le tems; & M. *Braun* en a donné lui-même tous les détails, en deux Mémoires inférés dans le Tome XI des *Nouv. Comment.* de l'Académie de Péterſbourg, qui renferme ceux de l'année 1765 (*a*). Voici les circonſtances qui ont rapport à la matière que je traite.

415 *c*. Le 25ᵉ. *Décembre* la température de l'air étant à — 199 du Thermomètre de *Deliſle* (*b*), M. *Braun* mit un de ces Thermomètres dans un mélange de neige & d'eau-forte. Ce Thermomètre deſcendit à 530 ; & le mercure qu'il contenoit fut gelé en plus grande partie : il n'en reſtoit de liquide qu'au centre de la boule. La partie gelée avoit la conſiſtence du plomb. Elle reſta 12 minutes à reprendre ſa fluidité dans l'air libre.

415 *d*. Le lendemain, la température de l'air étant à 212, M. *Braun* répéta l'expé-

1e. expérience où le mercure eſt gelé en partie.

2e. expérience ou une plus grande partie du mercure eſt gelée.

(*a*) Le titre du premier Mémoire de M. *Braun* eſt : *De admirando frigore artificiali, quo Mercurius ſeu Hydrargirus eſt congelatus.* Il eſt ſuivi d'un autre Mémoire en forme de *ſupplément.*

(*b*) Dans le vrai Thermomètre de *Deliſle*, le *zéro* eſt placé à l'*eau bouillante* ; & les dégrés, marqués en deſcendant, ſont des 10000ᵐᵉˢ. parties du volume du mercure à cette température ( ). Mais j'ai appris par MM. *Mallet* & *Piĉtet*, à leur retour du voyage qu'ils ont fait au Nord de la Ruſſie pour y obſerver le paſſage de Vénus, que l'on a abandonné la conſtruction preſcrite par l'Auteur de ce Thermomètre, & que ceux que M. *Braun* a employés dans ſes expériences, ainſi que tous ceux qu'on fait aujourd'hui en *Ruſſie*, quoique appelés toujours Thermomètres de *Deliſle*, ſont ſimplement diviſés en 150 parties entre l'*eau bouillante* & la *congélation*, & que leur échelle ſe prolonge au-deſſous de ce dernier point, en continuant à compter les dégrés depuis *zéro* qui eſt auſſi à l'*eau bouillante.*

rience, en faisant passer successivement le Thermomètre dans plusieurs *verres* pleins du même mélange : c'est-à-dire , qu'avant que le Thermomètre eût repris la chaleur qu'il avoit perdue dans le premier mélange , il en faisoit un second où il le plongeoit ; & ainsi de suite (*pag.* 279) : & par cette accumulation de pertes de chaleur , le Thermomètre descendit à 650. Il y resta moins de mercure liquide.

Détermination du dégré de froid naturel par lequel se peut geler le mercure.

415 *e.* M. *Braun* a remarqué qu'on ne peut opérer quelque congélation dans le mercure, à un dégré de *froid* extérieur moindre de 175 (*pag.* 303). (Ce dégré du Thermomètre de *Delisle* correspond à — 13½ du Thermomètre de mercure divisé en 80 parties entre les températures de *la glace qui fond* & de *l'eau bouillante.*) A ce dégré , dit-il , on peut produire, en mêlant de l'eau-forte avec de la neige , quelques lames très-minces de mercure gelé contre les parois de la boule : mais on n'a de vraie congélation que par un *froid* naturel de 185 (— 18⅖).

Remarque sur le moindre abaissement du Thermomètre par lequel le mercure se gèle.

415 *f.* Il n'a jamais vu la moindre apparence de congélation dans ses Thermomètres , avant qu'ils fussent abaissés au-dessous de 465 (p. 286). Mais il n'a pu déterminer que par conjecture la quantité dont le mercure est condensé lorsqu'il se gèle.

Chûte subite du mercure dans quelques-unes de ces expériences.

415 *g.* Le plus souvent le Thermomètre arrivoit à son plus grand abaissement par une *chûte subite* , qui se faisoit depuis un point très - indéterminé , depuis 350, 400, 500. Quelquefois il descendoit régulièrement jusqu'à 550, & s'y arrêtoit (*pag.* 310) ; & même

jufqu'à 600 (*pag.* 279 & 314). La defcente du mercure reftoit toujours plus long-tems régulière, lorfque la partie inférieure du tube étoit garnie de cire; ce qui garantiffoit la petite colonne de mercure de l'action du mélange *frigorifique*, & empêchoit qu'elle ne fe gelât (*pag.* 309 & 313). C'eft avec cette précaution que le mercure eft defcendu régulièrement jufqu'à 550 & 600.

415 *h.* Dans les premières expériences, les *boules* des Thermomètres fe trouvoient toujours *fendues* lorfque le mercure étoit gelé. Quelquefois même il s'en détachoit des pièces: alors le mercure s'abbaiffoit extraordinairement; il eft defcendu jufqu'à 800, & même une fois jufqu'à 1500. Dans cette dernière expérience, la boule fut entièrement brifée, & la petite fphère de mercure gelé fe fépara du Thermomètre (*pag.* 277). La defcente précipitée du mercure, & la fracture des boules, paroiffoient fimultanées (*pag.* 311).

415 *i.* Pour éviter ces accidens, M. *Braun* employa des Thermomètres dont la boule n'avoit qu'$1\frac{1}{2}$ *lig.* de diamètre; & il garnit de cire la partie inférieure du tube. Ils defcendirent à 630 & 640, le *froid* naturel étant à 190; & le mercure étoit prefqu'entièrement gelé (*pag.* 313.)

415 *k.* M. *Braun* plongea auffi dans la matière qui geloit le mercure, des Thermomètres faits d'*huiles effentielles* de *Salfafras*, *de Camomille* & *de Serpolet*, & un Thermomètre *d'efprit-de-vin* très-rectifié : ils étoient tous gradués comme les Thermomètres de mercure. Ils def-

cendirent, le 1ᵉʳ. à 260, le 2ᵉ. à 270, le 3ᵐᵉ.
à 280 (*pag. 317*), le 4ᵐᵉ. à 300 (*pag. 316*);
& ne se gelèrent point.

Remarques sur la rupture des boules.   415 *l*. La première circonstance des expériences de M. *Braun* que j'examinerai, c'est la *rupture* des *boules* de ses premiers Thermomètres. Ce phénomène semble, au premier coup-d'œil, indiquer une dilatation du mercure au moment où il se gèle. Cependant, *1e. preuve qu'elle n'étoit pas produite par la dilatation du mercure.* jamais M. *Braun* n'a vu ces Thermomètres remonter du point où ils étoient descendus avant la congélation du mercure : ce qui seroit arrivé sûrement, si ces *fractures* venoient de la dilatation du mercure prêt à se geler.

2e. preuve.   415 *m*. Mais nous avons une démonstration du contraire, dans ces petits Thermomètres que M. *Braun* employa pour obvier à la *rupture* des *boules*. Le mercure s'y gela plus complettement que dans les autres Thermomètres; leurs boules ne se rompirent point; & cependant le mercure y descendit régulièrement, jusqu'à ce qu'il fut arrêté par sa congélation. C'est-là une preuve évidente, que *le mercure ne se dilate pas quand il se gèle.*

Causes probables de ces ruptures.   415 *n*. Les boules des premiers Thermomètres peuvent s'être rompues par deux causes. Ou parce que le mercure gelé se condensoit moins qu'elles : c'est ainsi que le vernis de la porcelaine & de la fayence, s'éclate en se refroidissant, lorsqu'il se condense plus que la terre qu'il recouvre. Ou parce que le verre des boules étoit épais : car dans ce cas, les lames extérieures étant plus promptement refroidies que les lames intérieures, il en résulte des tiraillemens qui font éclater le verre : c'eſt ce que nous voyons arriver fréquemment au verre *chaud*, quand on lui applique un corps beaucoup moins chaud que lui. Dans cette dernière ſuppoſition, les petites boules n'auroient pas réſiſté à cauſe de leur petiteſſe ; mais parce qu'elles ſe trouvoient de verre mince, qui ſe réfroidiſſoit preſqu'en même tems dans toute ſon épaiſſeur.

415 *o.* Les expériences de M. *Braun* offrent un phénomène, qui ſembleroit d'abord conduire à la conſéquence oppoſée de celle que je viens de détruire. Le mercure s'étant abbaiſſé bruſquement dans la plupart de ces expériences, on pourroit en conclurre que, bien loin de ſe dilater quand il ſe gèle, il ſe *contracte* au contraire ſubitement. Et en ce cas on pourroit demander, ſi la cauſe qui produiroit cette contraction ſubite, ne ſeroit point de nature à agir dès les premières condenſations du mercure, de manière à leur donner une *marche croiſſante;* comme la cauſe qui fait dilater les liquides aqueux lorſqu'ils ſe gèlent produit l'effet oppoſé. Cette queſtion, ainſi que l'obſervation qui y donne lieu, méritent d'être examinées.

415 *p.* Je réponds d'abord que, quand il ſeroit vrai que le mercure ſe contracte irrégulièrement lorſqu'il eſt près de ſe geler ; il n'en réſulteroit point, que ſa *marche* antérieure fût affectée par la cauſe de cette contraction. Voici ſur quoi je me fonde.

415 *q.* J'ai expliqué ci-devant (413 *q*) pourquoi, dans les liquides aqueux, une grande dilatation ſuccède ſubitement à des condenſa-

des aqueux quand ils se gèlent, avec leur marche antécédente. tions devenues très-petites. C'est que les condensations apparentes de ces liquides, ne sont que l'excès des condensations produites par la diminution de la chaleur, sur des dilatations occasionnées par une autre cause, dont les effets vont en croissant. De-là résulte la marche décroissante des condensations. C'est par-là aussi, qu'au moment où le liquide est près de devenir solide, il se dilate subitement : la diminution de la chaleur ne pouvant plus alors y produire de nouvelles condensations (telles du moins que dans les liquides), la cause des dilatations reste seule ; & ses effets, parvenus à leur plus haut période, se montrent subitement sans soustraction. Ainsi, quoique ce soit un *saut* à l'œil, c'est l'effet d'une marche progressive. J'aurai occasion de développer cette idée dans la suite (415 *pp.* & f.).

Il n'en est pas de même de la contraction qu'éprouvent certains liquides dans le même cas. 415 *r.* Mais quant aux liquides qui se contractent subitement lorsqu'il se gèlent, si l'on supposoit que leurs condensations antérieures ont une marche croissante, par l'effet de la cause qui tout-à-coup les contracte extraordinairement lorsqu'ils se gèlent, comment expliqueroit-on ce *saut* ? Peut-il avoir lieu dans une marche produite par deux causes qui seroient concourantes ? Je vois une cause de la *contraction extraordinaire* de certains liquides ; de *l'huile d'olive*, par exemple ; au moment de la congélation : c'est que quand leurs parties intégrantes commencent à se toucher par certains points, elles s'attirent fortement par quelqu'une de leurs surfaces, & se replient subitement les unes sur les autres ; tellement que dans cette nouvelle poſition elles occupent moins de place. Mais cet effet ne peut être produit , que lorſque la cauſe exiſte ; c'eſt-à-dire, quand les parties intégrantes du liquide commencent à ſe toucher : & nullement dans l'état de pleine liquidité , où ces particules ſont tenues plus ou moins écartées par l'effet de la chaleur.

415 *s.* Je ſoupçonne que tous les *corps fuſibles* qui perdent leur poli à l'inſtant qu'ils commencent à s'endurcir ; c'eſt-à-dire, dont la ſurface ſe ride ou ſe grumèle tout à coup ; ſont dans le même cas que l'huile d'olive ; qu'ils éprouvent une contraction ſubite en s'endurciſſant : & que dans ceux qui, comme l'or pur & le verre, reſtent polis en devenant ſolides, les parties intégrantes conſervent entr'elles le même arrangement , même à ce point de condenſation. Si cette conjecture eſt fondée , elle prouvera déjà que le mercure ne ſe contracte pas irrégulièrement lorſqu'il ſe gèle : car M. *Braun* ne remarqua aucun changement dans le poli de la ſurface extérieure du mercure gelé.

415 *t.* Je viens maintenant à cette queſtion : les *chûtes ſubites* du mercure que M. *Braun* a remarquées dans la plupart de ſes expériences, indiquent-elles que le mercure ſe contracte tout-à-coup, en ſe gelant ? Si cette *chûte rapide* (*impetus*) comme l'appelle M. *Braun*, s'étoit faite dans toutes les expériences ſans exception, on ſeroit tenté en effet de croire , que le mercure éprouvoit alors une contraction diſproportionnée avec la diminution de la chaleur,

Remarque ſur l'état des *corps fuſibles* au moment où ils s'endurciſſent.

1e. preuve que le *mercure* ne ſe contracte pas ſubitement lorſqu'il ſe gèle.

2e. preuve. Les *chûtes ſubites* n'étoient qu'accidentelles.

quoique cette chûte pût être attribuée à une diminution de chaleur fort rapide, produite par une pénétration ſubite de la neige par l'eau-forte. Mais ſi le mercure s'eſt gelé pluſieurs fois ſans qu'il y ait eu de *chûte ſubite*, cette *chûte* n'eſt qu'un effet accidentel, produit par quelque cauſe étrangère au mercure. Or M. *Braun* a vu deſcendre ſes Thermomètres juſqu'à 500 & 600, & le mercure s'y geler, ſans qu'il y ait eu de pareille *chûte*. Ce n'eſt donc là qu'un effet purement accidentel.

Explication de ces chûtes, d'après une circonſtance où elles ne ſe faiſoient pas. 415 *u.* Deux circonſtances, rapportées par M. *Braun*, peuvent aider à l'explication de ce phénomène. Quand le bas du tube des Thermomètres étoit garni de cire, pour empêcher que la petite colonne de mercure ne ſe gelât, le mercure deſcendoit juſqu'à 600, ſans *chûte*. Et au contraire la *chûte* ſe faiſoit même dès 350, lorſque M. *Braun* n'avoit pas pris cette précaution. Cette différence d'effets me paroît indiquer, que lors que la petite colonne de mercure étoit gelée, elle ne pouvoit deſcendre que par ſaut; & que c'étoit-là la cauſe de ces *chûtes*.

Autre circonſtance qui favoriſe cette explication. 415 *x.* Une autre circonſtance qui favoriſe mon explication, c'eſt que M. *Braun* a remarqué que la *chûte* ſe faiſoit toujours au moment de la rupture de la boule. Or cette rupture pouvoit occaſionner une ſecouſſe dans le Thermomètre, & faciliter ainſi la *chûte* de la colonne de mercure, retenue par la partie qui ſe trouvoit gelée à l'entrée de la boule. Je crois donc que la *chûte* de la colonne étoit occaſionnée par la *rupture* de la boule; & non celle-ci par l'autre, comme M. *Braun* semble le croire.

415 *y*. Je n'entends expliquer par-là qu'une *chûte subite* après une suspension, ou une descente fort lente. Car je le répéte, une *descente rapide*, même accélérée, étoit l'effet d'une diminution rapide ou accélérée de la chaleur, dans la fusion subite de la neige par l'eau-forte. Et c'est de-là que naît l'incertitude de M. *Braun* dans son premier Mémoire, sur le dégré de condensation du mercure lorsqu'il se gèle ; dégré que, dans un second Mémoire, il détermine ensuite à 650.

415 *z*. Quoique dans ses expériences on voie une partie du mercure gelé dans les Thermomètres qui n'étoient descendus qu'à 530, il ne s'ensuit pas qu'il se gèle par la température qui correspond à ce point du Thermomètre. Le *refroidissement* étant subit dans la matière qui environnoit le Thermomètre, toute la masse du mercure ne pouvoit s'y conformer en même tems. La couche extérieure perdoit la première son excès de chaleur, & se geloit ; tandis que les parties intérieures étoient encore liquides, & même assez éloignées de ce dégré de *refroidissement*. Et comme la hauteur du Thermomètre n'indiquoit que la condensation moyenne du mercure renfermé dans la boule, une partie de ce mercure pouvoit être gelée à des hauteurs très-différentes du Thermomètre.

415 *aa*. C'étoit un défaut dans les expériences de M. *Braun*, que la petite quantité de matière *frigorifique* qu'il y employoit. Le *froid* étoit trop subit, & cessoit trop promptement pour donner des résultat précis. Mais l'augmen-

tation de la matière ne suffiroit pas, pour qu'on pût découvrir avec précision à quel point le mercure se gèle : il faudroit encore prévenir une trop prompte action de cette matière sur le Thermomètre. On pourroit employer pour cet effet l'interposition de quelque huile qui gelât fort tard, mise dans un vâse garni d'un couvercle qui seroit percé de deux trous.

Le Thermomètre passeroit par l'un de ces trous, fait au milieu du couvercle, & seroit plongé dans l'huile ; l'autre trou serviroit à faire passer la tige d'une machine semblable à un *moussoir* de chocolat, au moyen de laquelle on agiteroit l'huile. Par ce moyen l'huile, environnée du mélange de neige & d'eau-forte, perdroit sa chaleur assez lentement, pour que tout le mercure contenu dans le Thermomètre lui transmît la sienne presque en même tems. Je crois qu'alors le mercure se condenseroit régulièrement ; qu'il seroit encore totalement liquide au-dessous de 640, & qu'il se gèleroit presqu'au même instant dans toute sa masse, & que le point où le Thermomètre se fixeroit, indiqueroit exactement le terme de la congélation du mercure.

Thermomè-
tres d'huile
essentielle qui,
selon M.
Braun, sont
moins des-
cendus que
celui l'*esprit-
de-vin.*

415 *bb.* On trouve dans le récit des expériences de M. *Braun*, une circonstance qui paroit contraster beaucoup avec mon systême sur la *marche* des liquides par les variations de la chaleur. J'ai dit que les *liquides aqueux*, participant plus ou moins de la *marche* de l'*eau*, qui se dilate en se gelant, doivent avoir des condensations décroissantes, comparativement aux huiles, qui n'ont pas cette propriété.

Ils

Ils doivent donc s'abbaisser moins qu'elles, dans le Thermomètre, par les même diminutions de la chaleur. Et cependant M. *Braun* rapporte, que des Thermomètres faits d'huiles essentielles de *salsafras*, de *camomille* & de *serpolet*, ne sont descendus qu'à 260, 270, 280 : tandis que *l'esprit-de-vin*, que j'ai rangé parmi les *liquides aqueux*, est descendu à 300.

415. *cc.* J'avouë que je n'ai pû me persuader que ces expériences fussent exactes. Il m'étoit impossible de les vérifier sous la même forme, parce que nous n'avons jamais d'assez grands *froids* dans nos climats. Mais il importoit moins à mon systême, de répéter la même expérience ; que de savoir si les condensations de ces *huiles* suivoient en effet une marche décroissante, comparativement à celles de *l'esprit-de-vin* ; & cet examen m'étoit possible.

415. *dd.* J'ai donc fait deux Thermomètres pour cette épreuve ; l'un d'huile essentielle de *camomille*, & l'autre d'huile essentielle de *serpolet* ; j'ai observé leur *marche*, & je l'ai trouvée d'accord avec mon systême. Les condensations de ces *huiles* ont suivi une marche très-sensiblement croissante, comparativement à celles de *l'esprit-de-vin* ; comme on le verra dans la Table que je donnerai des *marches* de ces différens Thermomètres (418 *m*).

415 *ee.* Cette expérience, dans laquelle je n'ai pu me tromper, ne me permet donc pas d'admettre ; que lorsque *l'esprit-de-vin* descend à 300. les huiles de *camomille* & de *serpolet* ne descendent qu'à 270 & 280, en suivant du moins une marche réguliere. Mais en même

tems j'apperçois plusieurs causes qui peuvent avoir trompé M. *Braun*.

1e. cause : *l'air qui se dégage des huiles renfermées dans le Thermomètre.*

415. *ff.* J'ai éprouvé la premiere, en mettant ces deux derniers Thermomètres dans la glace; où ils se sont tenus, à diverses fois, plus haut qu'ils n'auroient dû naturellement s'y tenir. C'est que lorsqu'ils sont consttuits depuis peu de tems, & qu'on les fait descendre à ce point, l'air que contiennent ces huiles, s'en dégage, & se forme en bulles qui soulèvent la liqueur. La même chose a pu arriver aux Thermomètre de M. *Braun* sans qu'il s'en soit apperçu.

2e. cause : un *froid moindre* qu'il ne l'a cru.

415 *gg.* Une seconde cause peut l'avoir trompé, si les Thermomètres d'huiles n'étoient pas accompagnés d'un Thermomètre de mercure, qui indiquât la température du mélange. On ne réuffit pas toujours à produire le même dégré de *froid.* MM. *Mallet* & *Pictet* n'ont pu geler le mercure, quoiqu'ils l'aient tenté par l'un des acides que M. *Braun* indique comme les plus puiffans, favoir *l'esprit fumant de Glauber*, & que la température de l'air fût à 199. Voilà donc une exception. Le cas dont il s'agit n'est-il point une exception femblable?

3e. cause : la *lenteur* de la marche des huiles.

415. *hh.* La lenteur de ces huiles à perdre l'excès de leur chaleur sur les corps qui les environnent, est une troisième source d'erreur : il s'en faut bien qu'elles foient auffi promptes à se condenser que le mercure ; & M. *Braun* employoit si peu de matière dans ses mélanges, que le mercure même ne pouvoit fuivre leur *refroidiffement* : il falloit le plonger successivement dans plusieurs de ces petits *mélanges*, pour qu'il atteignît enfin le *refroidiffement* du

dernier (415 *d*). On voit aussi par mes expériences (414 *q*), qu'avec une quantité de matière *frigorifique* bien plus grande que celle de
M. *Braun*, *l'huile d'olive* n'avoit pas eu le tems
de se geler; & qu'elle se gela lorsque j'augmen-
tai les doses.

415 *ii*. Peut-être enfin que ces huiles se gelèrent sans perdre leur transparence; & qu'en cet
état elles parurent encore liquides à M. *Braun*:
comme le paroîtroit l'eau gelée, si la quantité de bulles d'air qui restent engagées dans la
glace, ne troubloient sa transparence naturelle.

415 *kk*. Mais quoi qu'il en soit de l'état de
ces huiles à ce dégré de *réfroidissement*, état dont
il n'est pas possible de juger sûrement par l'expérience de M. *Braun*; l'observation de leurs
marches depuis la température de *l'eau bouillante* à celle de *la glace qui fond*, m'a prouvé
sans équivoque, que ces *marches* rentrent absolument dans mon système.

415 *ll*. Il reste encore dans le détail des expériences de M. *Braun*, un phénomène qui
mérite d'être examiné: c'est que *l'esprit-de-vin
rectifié* n'a pas été gelé dans la matière *frigorifique* qui geloit le mercure. Je n'aurois pas
imaginé que la petite quantité d'eau que M.
de *Réaumur* mêloit à l'esprit-de-vin dans ses
Thermomètres, qui n'étoit que la 6me. partie
du tout (442 *g*). rendit ce mélange susceptible
de se geler à 219 du Thermomètre de mercure
de *Delisle* (a); tandis que l'esprit-de-vin *pur*

(*a*) Soit à — 37 du Thermomètre de mercure divisé en 80 parties entre *l'eau bouillante & la glace qui*

ne se geloit pas, à plus de 600. Cependant après avoir examiné ce qui devoit résulter de la *marche* de l'esprit-de-vin dans l'étendue où je l'ai observée, j'ai trouvé, qu'en effet il avoit pu descendre sans se geler, jusqu'à 300, comme l'a vu M. *Braun*; que le mercure devoit être alors à 628; mais qu'à ce point l'esprit-de-vin étoit près de se dilater & de se geler. Je vais montrer la route que j'ai suivie dans cette recherche.

415 *mm.* Je détaillerai dans la suite (418) l'opération par laquelle je me suis assuré des *marches* correspondantes du Thermomètre de mercure & des divers autres Thermomètres dont j'ai fait mention jusques ici. Celui *d'esprit-de-vin rectifié*, capable de brûler la poudre lorsqu'il est enflammé, est de ce nombre. Ses condensations m'ayant paru suivre une marche régulièrement décroissante, comparativement à des condensations du mercure égales entr'elles, j'ai cherché à les exprimer par une loi, qui donnât avec quelque certitude, ses condensations subséquentes, tellement qu'on

pût en conclurre le point où les condensations de cet *esprit-de-vin*, après être devenues nulles, seroient suivies tout-à-coup d'une grande dilatation.

415 *nn.* La loi cherchée devoit surtout expliquer ce dernier phénomene. Car l'*esprit-de-vin* de M. *de Réaumur* se dilata beaucoup en se

---

fond. Ce fut le point où MM. les Académiciens de Paris trouvèrent le Thermomètre *d'esprit-de-vin* gelé à Tornea (418 *e note*).

gelant dans le Thermomètre que MM. les Académiciens de Paris porterent en Laponie (412 *e. note*). Et comme *l'esprit-de-vin* que nous appellons *rectifié*, contient toujours beaucoup de *flegme* ou d'eau (426 *d*), il ne diffère de celui de M. de *Réaumur*, que par une moindre quantité d'eau. Il doit donc subir le même changement dans sa *marche*, & seulement plus tard, comme l'eau-de-vie le subit plutôt, & le vin plûtôt encore que l'eau-de-vie. On sait que le vin qui se gele dans des bouteilles bien pleines, les brise ou fait sauter le bouchon.

415 *oo*. Voici d'abord les *marches* correspondantes du *mercure* & de *l'esprit-de-vin rectifié*, depuis la chaleur de *l'eau bouillante*, qui est exprimée par 80 sur les deux Thermomètres, jusqu'à celle de *la glace qui fond*, qui en est le *zéro*.

Thermomètre de mercure.	Condensations égales du mercure.	Thermomètre d'esprit de-vin rectifié.	Condensations décroissantes de l'esp.-de-v. rectifié.
Eau bouillante. 80		80,0	
75	5	73,8	6,2
70	5	67,8	6,0
65	5	61,9	5,9
60	5	56,2	5,7
55	5	50,7	5,5
50	5	47,3	5,4
45	5	40,2	5,1
40	5	35,1	5,1
35	5	30,3	4,8
30	5	25,6	4,7
25	5	21,0	4,6
20	5	16,5	4,5
15	5	12,2	4,3
10	5	7,9	4,3
5	5	3,9	4,0
Glace qui fond. 0	5	0,0	3,9
	80		80,0

Deux causes opposées agissent sur le volume de *l'esprit-de-vin*, quand la chaleur diminue.

L'une produit des *dilatations croissantes*, quand
415 *pp*. Pour chercher la loi que suivent ces condensations de *l'esprit-de-vin*, comparativement à une marche uniforme du *mercure*, j'ai supposé, en partant de mon systême, que, s'il n'y avoit pas dans *l'esprit-de-vin* une cause qui tendît à le dilater, à mesure qu'il se condense par la diminution de la chaleur, ses condensations seroient proportionnelles à celles du

mercure. J'ai donc confidéré leurs décroiffe- l'autre produit des condenfations égales entr'elles.
mens, comme étant l'effet de cette caufe, &
par conféquent, comme des fouftractions croif-
fantes, faites à des termes égaux.

415. *qq.* Le premier terme des condenfations Décompofition de l'effet total obfervé.
de *l'efprit de-vin,* correfpondant à 5 dégrés du
Thermomètre de *mercure,* eft exprimé par 6, 2
fur le Thermometre d'*efprit de-vin.* Tous les
abbaiffemens fubféquens de l'*efprit de vin,* de 5
en 5 dégrés du Thermomètre de *mercure,* feroient égaux à ce premier, fi la caufe dont je
viens de parler n'y faifoit obftacle. Je regarde
donc les *différences* des termes fucceffifs de
l'efprit de vin, avec ce premier terme, comme
produites par cette caufe, & comme une
fuite de *quantités* fucceffivement fouftraites
de 6, 2. Ainfi le 2me terme des condenfations de
l'efprit de-vin, eft $\quad 6, 2 — 0, 2 = 6, 0$
$$\text{le } 3^{me}. \quad 6, 2 — 0, 3 = 5, 9$$
$$\text{le } 4^{me}. \quad 6, 2 — 0, 5 = 5, 7$$
$$\text{le } 5^{me}. \quad 6, 2 — 0, 7 = 5, 5$$
Et ainfi de fuite.

415. *rr.* C'eft donc la *loi* que fuivent ces Loi que fuivent les *dilatations* dans leurs accroiffemens.
quantités fouftraites, que j'ai cherchée, &
j'ai trouvé qu'elles peuvent être exprimées
par les fommes d'une progreffion géométrique,
dont le premier terme eft 0, 1768 & l'expo-
fant $\frac{273}{1000}$: en réduifant les 4 *décimales* à une
feule, qui foit la plus prochaine, puifque je
n'ai pu obferver que des 10mes. de dégré fur mes
Thermomètres.

415 *ss.* La Table fuivante, renferme les con- Application.
denfations de *l'efprit-de-vin rectifié,* de 5 en 5

dégrés du Thermomètre de *mercure*, calcu'ées suivant cette Régle ; & comparées aux condensations *observées*.

Suite géom. dont l'exposant est $\frac{978}{1000}$.	Sommes, soit quantités à soustraire de 6, 2.	Réduction à une seule decimale.	Restans, ou Condens. de l'esp.-de-v. suivant la Régle.	Condens. observées.	Differences.
0,1768	0,0000	0,0	6,2	6,2	0
0,1729	0,1768	0,2	6,0	6,0	0
0,1691	0,3497	0,3	5,9	5,9	0
0,1654	0,5188	0,5	5,7	5,7	0
0,1618	0,6842	0,7	5,5	5,5	0
0,1582	0,8460	0,8	5,4	5,4	0
0,1547	1,0042	1,0	5,2	5,1	+0,1
0,1513	1,1589	1,2	5,0	5,1	—0,1
0,1480	1,3102	1,3	4,9	4,8	+0,1
0,1447	1,4582	1,5	4,7	4,7	0
0,1415	1,6029	1,6	4,6	4,6	0
0,1384	1,7444	1,7	4,5	4,5	0
0,1354	1,8828	1,9	4,3	4,3	0
0,1324	2,0182	2,0	4,2	4,3	—0,1
0,1295	2,1506	2,2	4,0	4,0	0
	2,2801	2,3	3,9	3,9	0
			80,0	80,0	

415 *tt*. Je n'espérois pas de parvenir à tant d'exactitude, lorsque j'entrepris la recherche de cette loi. Et même, comme les petites différences qui s'y trouvent, ne sauroient se prêter à aucune loi simple, à cause de leur disposition, je suis tenté de les regarder comme des défauts dans l'observation, ou comme des

irrégularités momentanées dans la marche de
l'*esprit de-vin.*

415 *uu.* Encouragé par ce premier succès,
je fis la même tentative à l'égard de l'*esprit-de-
vin* moins rectifié, ou mêlé d'eau : mais je ne
pus réussir; sa marche est trop irrégulière. Je
présume que dans l'*esprit-de-vin* assez *rectifié*,
pour que la distillation simple ne puisse plus le
séparer de son *flegme* (426 *d*), cette liaison inti-
me de l'*esprit* & du *flegme*, en fait un tout plus
semblable, & dans ses parties & dans ses différens états quant à la chaleur, & que les irrégularités de la *marche* de l'*eau*, qu'on pourroit
voir en prenant les secondes différences de ses
hauteurs dans la Table que je donnerai ci-après
(418 *m*), sont d'autant mieux rectifiées par la
plus grande quantité de l'*esprit*, & par sa plus
forte liaison avec le *flegme.*

415 *xx.* L'exactitude de ma Régle pour les
condensations de l'*esprit-de-vin rectifié*, dans
l'étendue où j'ai pû la comparer avec l'expérience, m'a paru suffisante, pour en conclurre
les condensations subséquentes de cette liqueur, toujours de 5 en 5 dégrés du Thermomètre de *mercure*, & pour découvrir par ce
moyen, le point où elles deviendroient nulles,
& se changeroient au contraire en dilatations.
J'ai trouvé, que l'*esprit-de-vin* ne pouvoit
descendre qu'à — 80 $\frac{1}{4}$ de ma division, qui correspondent à 300 $\frac{1}{2}$ de l'échelle qu'employoit
M. *Braun*, & sur laquelle il le vit descendre à
300 dans sa matière *frigorifique.* L'*esprit-de-vin*
étoit donc bien près de se geler, à ce point
de condensation. Et comme 80 $\frac{1}{4}$ est la somme

de 51 *termes*, un Thermomètre de *mercure* qui auroit accompagné le Thermomètre *deſprit-de-vin*, ſeroit deſcendu à — 51 X 5 = — 255, qui correſpondent à 628 du Thermomètre de M. *Brœun*.

Cette loi explique comment une grande *dilatation* ſuccede dans l'eſprit-de-vin à de très-petites *condenſations*. 415 *yy*. Ce qu'il y a de plus eſſentiel à remarquer dans la nature de la loi que j'ai trouvée, c'eſt qu'elle explique très-bien la dilatation ſubite des *liquides aqueux* lorſqu'ils ſont près de ſe geler. Suivant cette loi, les condenſations apparentes de ces *liquides*, ſont toujours la condenſation qui ſeroit produite par la ſimple diminution de la chaleur, moins la diminution qu'y apporte la cauſe qui enfin les dilate. Ainſi, tant que les particules du liquide peuvent ſe rapprocher, l'effet total eſt la *condenſation :* mais dès que ſes particules ſe touchent à un certain point, la *dilatation* ſuccède. Par exemple : le dernier terme des *condenſations* de *l'eſprit-de-vin rectifié*, pour 5 dégrés d'abbaiſſement dans les Thermomètre de *mercure*, peut être 6, 2 — 6, 1 = 0, 1 : mais à l'inſtant où les particules de *l'eſprit-de-vin* ſont aſſez rapprochées pour que la diminution de la chaleur ne puiſſe y opérer de nouveaux rapprochemens, la cauſe de dilatation, quoique miſe en action par la diminution même de la chaleur, ſe trouve agir ſeule, & *l'eſprit-de-vin* ſe dilate de 6, 2, par une diminution de la chaleur, égale à la précédente, par laquelle ils'étoit condenſé de 0, 1.

Elle explique encore pourquoi, dans les li- Cette Règle explique encore, pourquoi dans les liquides aqueux la dilatation *finale* eſt d'autant plus grande, qu'ils ſe gèlent par une moindre diminution de la chaleur. C'eſt qu'en même tems leurs condenſations ont une marche plus décroîſſante. D'où il réſulte ſuivant ma Régle que la ſuite des *quantités ſouſtraites* eſt en progreſſion plus croiſſante, & que par conſéquent, lorſque la poſſibilité d'ultérieures condenſations ceſſe, la dilatation ſe montre tout-à-coup plus grande. C'eſt ainſi que par la diminution de chaleur qui fit abbaiſſer le Thermomètre de *mercure* à *Tornea* de — 31, à — 37, le Thermomètre d'*eſprit-de-vin affoibli* remonta de — 29, à ✝ 10 (412 *e. note*).

415 ꝛꝛ. M. *Braun* ne dit pas, s'il mit un Thermomètre de *mercure*, avec celui d'*eſprit-de-vin*, dans le mélange de neige & d'eau-forte qui fit deſcendre ce dernier à 300 : ainſi je ne puis faire la comparaiſon immédiate de ma Régle avec l'expérience, dans cet extrême de condenſation. Mais l'enſemble de ces expériences la fortifie, & nous pouvons conclurre avec beaucoup de probabilité, de l'abbaiſſement de l'*eſprit de-vin* à 300, que le Thermomètre de *mercure*, en s'abbaiſſant à 630 & 640, n'a fait que ſuivre ſa *marche* ordinaire & qu'il ne s'eſt point condenſé extraordinairement aux approches de ſa congélation.

EXAMEN des objections de M. Anac, contre les expériences de M. Braun.

416 *a.* Ce grand abbaiſſement du *mercure* dans les expériences de M. *Braun*, fut cependant conteſté par M. *Anac*, dans une lettre adreſſée à MM. les Auteurs du *Journal des*

quides de ce genre, la *dilatation* eſt d'autant plus grande, qu'ils ſont plus ſuſceptibles de ſe geler.

Elle prouve enfin, que le *mercure* a ſuivi ſa marche ordinaire dans les expériences de M. *Braun*.

M. *Anac* conteſte le grand abbaiſſement du *mercure* dans ces expér.

Savans, & rapportée dans les mois de Juillet, Août & Septembre de l'année 1760. M. *Anac* révoque en doute l'une de ces deux choses; ou la descente du mercure au - dessous de 337 du Thermomètre de *Delisle*, qu'il estime correspondre à — 100 sur le Thermomètre de M. *de Réaumur*; ou qu'un abbaissement plus grand, soit proportionnel à la diminution de la chaleur. Il ne s'explique pas précisément là-dessus; il évite même de le faire.

Premières objections de M. Anac.

416 *b*. C'est contre le fait, que porte une classe d'objections, à laquelle je m'arrêterai peu, puisque le fait est prouvé. Ces objections sont tirées d'expériences faites avant M. *Braun*, où le mercure s'est beaucoup moins abbaissé que dans les siennes. Partant de-là, & croyant évaluer assez exactement les différences qui devoient être résultées du changement de quelques circonstances, M. *Anac* en conclut, que le mercure n'a pas pu descendre autant que M. *Braun* le rapporte.

Elles supposent qu'on peut calculer a priori l'effet des causes physiques.

416 *c*. Mais qui peut se flatter de calculer ainsi *a priori* l'effet des causes physiques? Telle différence nous paroît très - petite, qui est réellement très - grande dans ses effets. La *neige* ne paroît à M. *Anac*, différer de la *glace pilée*, quant à la production du *froid*, qu'en ce qu'elle présente plus de surface à l'eau-forte, & que par cette raison, le *refroidissement* doit être seulement plus prompt. La température primitive de la neige & de l'eau-forte, ne lui semble devoir influer en rien sur la quantité de *refroidissement* produit par leur mélange. Il pense enfin que l'augmenta-

tion de cette quantité de *refroidissement*, produite par une eau-forte plus concentrée, est proportionnelle à la différence de concentration de l'eau - forte. Voilà sur quoi M. *Anac* fonde ses calculs, en partant des expériences de *Fahrenheit* & de M. *de Réaumur*, où se trouvoient ces différences.

416 *d.* Sans s'expliquer nettement sur la cause de l'erreur qu'il attribue à M. *Braun*, il paroît insinuer qu'elle procède de la rupture des boules, au moment où le mercure étoit gelé : mais les deux faits suivans (que M. *Anac* ignoroit, parce que les nouvelles publiques n'en avoient pas parlé) suffisent pour combattre son opinion. Dans des Thermomètres qui ne se rompoient point, le mercure descendoit à 630 & 640. Un Thermomètre d'esprit-de-vin est descendu à 300 sans se geler ; & dans la proportion de sa *marche* avec celle du Thermomètre de mercure, celui-ci devoit être à 628.

Faits qui détruisent ces objections.

416 *e.* M. *Anac* fait une autre objection, qui par sa nature mérite d'être examinée, parce qu'elle tient à des questions intéressantes sur le ressort de l'air. Pour l'intelligence de cette objection, je dirai un mot ici du Thermomètre de M. *Amontons* que je décrirai plus au long dans la suite (420).

Autre objection tirée de la cause du ressort de l'air.

Ce Thermomètre indiquoit la chaleur par le poids que pouvoit soutenir une petite quantité d'air, renfermée dans une boule ; & ce poids étoit indiqué lui-même par la somme des hauteurs, d'une colonne de mercure qui reposoit sur cet air, & de celle du Baromètre

Esquisse du Thermomètre d'air de M. Amontons.

au moment de l'observation, parce que le poids de l'Atmosphère s'ajoutoit à celui de la première colonne. Ce qu'il y a d'essentiel à savoir, pour comprendre l'objection de M. *Anac*, c'est que, par les expériences de M. *Amontons*, quand l'air renfermé dans la boule de son Thermomètre pouvoit soutenir le poids d'une colonne de mercure de 5 2 *pouces*, étant à la température de l'eau prête à geler, il en soutenoit environ 73, lorsqu'il avoit celle de l'eau bouillante.

Objection de M. *Anac* fondée sur le Thermomètre d'air de M. *Amontons*.

4 6 *f.* Voici maintenant l'objection de M. *Anac* : « La liquéfaction de la neige, dit-il,
» ayant accompagné la production du froid
» artificiel dont il s'agit.... il est certain que
» ce froid étoit bien éloigné du froid absolu,
» c'est à-dire, du néant de la chaleur. Or
» suivant une conjecture avancée, il y a près
» de 60 ans, & qui n'a été contredite depuis
» par personne que je sache.... le néant de
» la chaleur, s'il étoit possible qu'il eût lieu, ...
» seroit seulement vers un point correspon-
» pondant au 5 2 1 ½ dégré de l'échelle de
» *Delisle* .... *Le ressort de l'air est un effet de*
» *la chaleur ; tant que l'air est doué de quelque*
» *ressort, il est affecté de quelque chaleur* ....
» Or M. *Amontons* a pris pour terme de
» l'échelle de son admirable & très-précieux
» Thermomètre, le point où tout ressort
» manqueroit à la masse d'air, qu'il a ren-
» fermée dans la boule de cet instrument,
» *& où par conséquent toute chaleur seroit*
» *éteinte dans cette même masse.* Partant ensuite
» de ce terme *zéro* de ressort, il compte 5 2

» dégrés ou environ , tant de reffort que de
» chaleur , jufqu'au point de la congélation
» de l'eau , & 73 jufqu'au point de l'ébulli-
» tion de la même liqueur ; en forte qu'il y a
» 21 dégrés d'intervalle à fon échelle , entre
» ce point de la congélation & celui de l'ébul-
» lition de l'eau. Si donc nous faifons cette
» *analogie* : comme l'intervalle 21 entre les
» points de l'ébullition & de la congélation
» dans l'échelle de M. *Amontons* , eft à 73
» intervalles depuis la chaleur de l'eau bouil-
» lante jufqu'à *zéro de reffort & de chaleur de*
» *l'air* ; ainfi l'intervalle 150 entre le point
» de l'eau bouillante & celui de l'eau gelante
» dans l'échelle de M. Delifle , eft à un qua-
» trième terme ; on trouvera pour cette quan-
» tité le nombre 521 ½ exprimé ci - deffus :
» & ce nombre par conféquent eft celui des
» dégrés de l'échelle de M. Delifle , auquel
» correfpondroit le néant de la chaleur , fi
» fon Thermomètre pouvoit être de fervice
» jufqu'à un tel point .... Je le répète , le
» froid artificiel produit à Pétersbourg , a été
» bien éloigné du froid abfolu ou néant de
» la chaleur .... Car la liquéfaction de la
» neige ayant accompagné ce froid dont il
» s'agit , ce froid renfermoit & mafquoit plus
» de 100 dégrés de chaleur réelle , mefurée
» à ladite échelle ; & par conféquent n'a pas
» atteint véritablement le 500me. dégré de
» cette échelle ».

416 g. Cette objection, comme on le voit, Deux quef-
fuppofe la certitude de ces deux propofitions : tions naiffent
que *l'air ne peut avoir de reffort fans chaleur ,* jection.

ni *de chaleur sans ressort*, & que *le ressort de
l'air est proportionnel à la chaleur*. C'est de la
première que M. *Anac* conclud, que le *zéro*
du Thermomètre de M. *Amontons*, étant le
zéro de *ressort de l'air*, est en même tems le
néant de la chaleur; & de la seconde, que
lors même que le *mercure* ne se geleroit que
par une totale privation de chaleur, il ne pourroit descendre qu'à 521 ½ du Thermometre
de *Delisle*. Il s'agit donc d'examiner ces deux
propositions.

1e. *Question.
L'air a-t-il
nécessaire-
ment quel-
que ressort,
tant qu'il a
quelque cha-
leur?
Réponse né-
gative.*

416 *h*. Quand la chaleur seroit l'unique
cause du ressort de l'air, s'en suivroit-il nécessairement, que *tant que l'air est affecté de quelque chaleur, il est doué de quelque ressort?* C'est
la première question qui se présente, & à laquelle je réponds, qu'il ne me paroît aucune
liaison nécessaire entre ces deux choses. La
liquidité de l'eau est certainement dûe à la chaleur; cependant la cessation de *toute liquidité*
dans l'eau, n'indique sûrement pas la cessation
de *toute chaleur*. Pourquoi donc ne faudroit-il
pas un *certain dégré* de chaleur pour donner
de *l'élasticité* à l'air? Comme il en faut un
certain dégré pour donner de la *liquidité* à l'eau,
& en général à tous les corps qui deviennent
liquides par *différens dégrés* de chaleur? A
une chaleur moindre que celle qui est nécessaire pour que l'air devienne *élastique*, ne peut-
il pas être sous la forme d'un solide ou d'une
poussière impalpable, ou même d'un liquide?
L'eau ne devient-elle pas une sorte de fluide
élastique, quand elle est vaporisée par un *certain
dégré* de chaleur?

416 *i*.

416 *i*. Lors donc qu'il feroit prouvé que l'air doit *toute* fon *élasticité* à la chaleur, il ne le feroit point qu'il ne pût avoir *quelque chaleur fans élasticité* : par conféquent le Thermomètre de M. *Amontons* ne nous donne point d'idée du *premier terme de la chaleur*, quoique fon *zéro* nous donne celle du *premier terme du reffort de l'air*. L'air pourroit ceffer d'être *élastique* à 521 ½ du Thermomètre de *Delisle*, & que le mercure ne fût pas *gelé*; que même le mercure *gelé* eût encore beaucoup de chaleur. En un mot, ces phénomènes n'indiquent pas mieux dans nos climats l'extinction de toute chaleur, que ne l'indiqueroit la congélation de l'eau, aux habitans de la *Zone torride*.

On ne voit point le premier terme de la chaleur dans le Thermomètre de M. Amontons.

416 *k*. Je vais plus loin : quand on fuppoferoit que *l'air* a une *vertu élastique* dépendante de quelque autre caufe, qui feulement eft fecondée par la *chaleur*; on ne pourroit pas même en conclurre, que l'*élasticité de l'air* eft néceffairement augmentée, dès qu'il éprouve quelque *chaleur*. Il faudroit mieux connoître la nature de chacune de ces caufes, pour décider qu'elles fe favorifent néceffairement dans la production du *reffort* de l'air, quelle que foit leur intenfité relative.

On ne le connoitroit pas mieux, quand on fuppoferoit que l'air peut avoir du reffort fans chaleur.

416 *l*. En examinant ce premier principe de M. *Anac*, mon but n'a pas été uniquement de répondre à fon objection, contre les expériences de M. *Braun*; j'ai voulu en même tems donner lieu aux Phyficiens de réfléchir fur la nature & les caufes du *reffort de l'air*, d'après le point de vue, toujours intéreffant,

But principal de l'examen de cette 1e. Question.

Tome II.   H

sous lequel M. *Anac* nous présente le Thermomètre de M. *Amontons*. Le grand nombre d'expériences relatives à l'effet de la *chaleur* sur le *ressort de l'air*, que j'aurai occasion de rapporter, les aidera peut-être dans cette recherche. C'est en rassemblant les phénomènes & en les envisageant sous toutes leurs faces, qu'on parvient à la découverte des causes physiques.

2e Question. Le ressort de l'air est-il proportionné à la chaleur ?

416 *m.* Revenons à l'objection de M. *Anac.* Quand il seroit vrai que le *zéro* du Thermomètre de M. *Amontons* fût le *néant* de la chaleur, *l'analogie* par laquelle M. *Anac* veut prouver que le Thermomètre de *Delisle* n'a pu descendre à 640 dans les expériences de M. *Braun*, n'en découleroit point encore. Car il auroit fallu démontrer aussi que *le ressort de l'air est proportionnel à la chaleur.*

Expérience de M. Amontons, qui prouveroit le contraire ;

Appliquée à l'objection de M. Anac.

416 *n.* Si, par exemple, comme l'a cru voir M. *Amontons* lui-même, son Thermomètre *d'air* suivoit la *marche* du Thermomètre *d'esprit-de-vin*, qui par tout ce que j'ai déjà dit, ne sauroit être proportionnelle à la chaleur, la conséquence de M. *Anac* ne découleroit point du tout de son principe, & il faudroit substituer cette analogie à la sienne ; comme 150 *dégrés* (quantité dont le Thermomètre *d'esprit-de-vin* de M. *Braun* s'abbaissoit en passant de *l'eau bouillante à l'eau prête à geler*) sont à 21 *dégrés* ou $\frac{24}{75}$ (dont le Thermomètre *d'air* de M. *Amontons* s'abbaissoit par la même différence de température) : ainsi 300 (quantité dont le Thermomètre *d'esprit-de-vin* de M. *Braun* s'est abbaissé dans sa

matière frigorifique) sont à $\frac{4}{7}$ (dont le Thermomètre d'*air* de M. *Amontons* se seroit abbaissé dans la même *matière*). Ce dernier auroit donc eu encore $\frac{4}{7}$ de son échelle à parcourir, avant d'être réduit à *zéro* ; & cependant le Thermomètre de *mercure*, en suivant sa *marche* ordinaire (que j'ai lieu de croire plus proportionnelle à la chaleur que celle de l'*esprit-de-vin*) devoit être à 628. Donc le *zéro de la chaleur*, rapporté même au *zéro de l'élasticité de l'air*, pouvoit être encore fort éloigné, quoique le Thermomètre de *mercure* fût descendu à 640.

416 *o*. Voilà ce que M. *Anac* n'avoit pu considérer, par les raisons que j'en ai données ci-devant, & qui ôte à son objection toute sa force. Il est vrai que par un grand nombre d'expériences que j'ai faites, pour déterminer les *marches* correspondantes de l'*air* & du *mercure*, j'ai lieu de croire qu'elles ne diffèrent pas autant que le suppose cette analogie, quoique je n'aie pu déterminer leur rapporr. Je parlerai dans la suite, sur-tout en traitant du Thermomètre de M. *Amontons*, des obstacles qui s'opposent à déterminer la *marche* de l'*air* (420 *d*). Mais une très-petite différence suffit, pour que le *mercure* ait pu descendre à 640, dans le principe même de M. *Anac*.

416 *p*. L'objection que je viens d'examiner, ne prouvant rien contre les expériences de M. *Braun*, n'affoiblit point les preuves que j'ai données de la régularité du *mercure* dans sa *marche* jusqu'au moment où il se gèle. Il est donc à désirer qu'on puisse l'employer jusqu'à

Il n'est pas besoin, contre cette objection, que l'expérience de M. *Amontons* soit absolument exacte.

Il est à désirer que le *mercure* puisse servir à mesurer la *chaleur* jusqu'au moment où il se gèle.

ce point, à la mesure de la chaleur, & il me paroît aisé d'y réussir.

Obstacle.   416 *q.* J'ai montré ci-devant que l'obstacle consiste en ce que les couches extérieures du *mercure* contenu dans la boule du Thermomètre, se gèlent plutôt que les parties intérieures, lorsque la diminution de la chaleur est subite. Or nous trouvons dans les expériences de M. *Braun*, un premier moyen de diminuer cet effet ; c'est d'employer des Thermomètres à très-petites boules. On comprend bien, que moins la masse du *mercure* sera grande, plus elle approchera d'être affectée par-tout en même tems de la température extérieure.

Moyen de le lever.   416 *r.* J'ai indiqué aussi une méthode (415 *aa.*), qui, jointe à ce premier moyen, me paroît propre à assurer la *marche* du Thermomètre ; mais comme elle seroit incommode pour l'usage ordinaire, je crois qu'on pourroit y suppléer utilement par un moyen plus simple, qui seroit de garnir la boule d'une couche de cire molle : cette couche rendroit le *réfroidissement du mercure* assez lent, pour qu'il se distribuât presque en même tems dans toute la petite masse. L'expérience enseigneroit quelle épaisseur devroit avoir la couche de cire, pour qu'une sphérule de *mercure*, d'une ligne ou 1 $\frac{1}{2}$ ligne de diamètre, se gelât sensiblement au même instant dans toute son épaisseur. Ce moyen n'exigeroit d'autre précaution, que de faire les mêlanges *frigorifiques* un peu plus grands que ne les faisoit M. *Braun*.

416 *s.* Quoique les expériences de la *con-gélation du mercure* n'aient pas été faites par M. *Braun*, avec toutes les précautions qu'on y désireroit, elles ne laissent pas de nous montrer dans le *mercure*, les trois propriétés que nous devons chercher dans le liquide qui restera seul destiné au Thermomètre (414 z).

416 *t.* Nous y voyons d'abord certainement que le *mercure* ne se dilate point lorsqu'il se gèle, & c'est la propriété la plus essentielle, d'après tout ce que j'ai prouvé sur ce sujet.

416 *u.* Secondement, il ne se gèle que par une très grande diminution de la chaleur, & plus grande peut-être, que celle qui peut produire cet effet sur les liquides mêmes, qui ne se sont pas gelés dans les expériences de M. *Braun* ; car nous ignorons s'ils ont eu le tems de perdre l'excès de leur chaleur sur celle de la matière qui les environnoit, avant qu'elle commençât à reprendre la chaleur qu'elle avoit perdue. Mais quand il seroit vrai que le mercure se gèle par une moindre diminution de chaleur que ces liquides, aurions-nous quelque chose à regretter ? N'est-ce pas assez qu'il demeure liquide, par un *froid* qui surpasse de plus de 350 dégrés du Thermomètre de *Delisle*, le *froid* le plus grand qui ait été observé dans l'air libre ; celui de 281 dégrés que M. *Gmelin* éprouva en *Sibérie* en 1735 & dont il parle dans sa *Flora Siberica ?* Il arrivera donc bien rarement, qu'on ait besoin de mesurer d'assez grandes diminutions de la chaleur, pour que le *mercure*

ne puisse y suffire ; & lorsqu'il n'y suffira pas, s'il y a réellement quelque liquide qui conserve plus longtems que lui sa liquidité, après avoir comparé leurs *marches* , ce liquide nous servira dans ces cas extrêmes.

3e. Propriété ; il ne se contracte point extraordinairement quand il se gèle.

416 *x.* Enfin il est très-probable , par les expériences mêmes de M. *Braun* , malgré ces *chûtes subites* qu'il a observées , que le *mercure* se condense régulièrement jusqu'à ce qu'il cesse d'être liquide ; & que ces *chûtes* , le seul signe apparent d'une contraction irrégulière , n'étoient produites que par le frottement qu'éprouvoit la colonne de *mercure* contenue dans le tube du Thermomètre , lorsqu'elle venoit à se geler.

DES *circonstances qui accompagnent* l'extrême dilatation *de certains liquides , considérées quant aux effets que produit leur cause , sur les dilatations antérieures de ces liquides.*

C'est dans les extrémes de la marche des liquides, qu'on découvre le mieux les causes qui y influent.

417 *a.* C'est dans les *extrêmes* de condensation & de dilatation des liquides , que j'ai cherché à démêler les causes particulières , auxquelles ils obéissent dans leur marche intermédiaire ; parce que c'est dans ces *extrêmes* que les effets de ces causes *dépassant* , pour ainsi-dire , ceux de la cause principale , peuvent être démêlés plus sûrement. C'est ainsi que nous démêlons dans le bord d'une étoffe , le tissu dont elle est formée.

L'extrême de leur condensation a été examiné jusqu'ici.

417 *b.* J'ai examiné jusqu'ici l'*extrême condensation* , & l'on a vu que de tous les liquides qu'on a employés jusqu'à présent au Thermo-

mètre, le *mercure* eſt celui qui, parvenu à cet état, y manifeſte le moins de cauſes d'ir-régularité ; que même il n'en manifeſte aucune. Il me reſte à faire voir qu'il montre auſſi une régularité plus grande dans l'*extrême* oppoſé.

Il reſte à exa-miner celui de leur dila-tation.

417 *c*. Un liquide expoſé à l'action d'une chaleur ſuffiſante, après en avoir reçu dans ſes interſtices autant qu'il peut en recevoir ſans ceſſer d'être continu, perd enfin ſa con-tinuité, ſe réduit tumultueuſement en vapeurs, & ſe tient plus ou moins enflé, ſuivant ſa na-ture ; il *bout*, en un mot, juſqu'à ce qu'il ſoit totalement *évaporiſé*.

La chaleur vaporiſe enfin les liquides.

417 *d*. Cette dilatation extrême des liqui-des, produite par les *vapeurs* devenues très-abondantes, n'eſt certainement pas propor-tionnelle à l'augmentation de la chaleur : car tandis, par exemple, que l'*eſprit-de-vin* eſt gonflé par l'*ébullition*, *l'eau* ne paroit point encore changer d'état ; elle continue à ſe di-later ſans bouillir ; & lorſqu'elle bout, le *mer-cure* ne produit pas même encore des *vapeurs*.

Cette dilata-tion extrême n'eſt pas pro-portionnelle à la chaleur.

Différence entre quel-ques liquides à cet égard.

417 *e*. L'*ébullition* eſt donc une dilatation irrégulière des liquides, & il eſt probable qu'a-vant la production de cet effet extrême, les liquides ſont déjà affectés de la cauſe qui le produit. L'expanſion des *vapeurs*, eſt un phéno-mène très-différent de la ſimple dilatation d'un liquide : c'eſt une toute autre combinaiſon de ſes parties avec le feu. Or cette combinaiſon nouvelle, commence bien avant l'ébullition dans certains liquides ; puiſque long-tems au-paravant, ils produiſent des *vapeurs*. Cette cauſe peut donc rendre croiſſante la *marche* de

L'effet de cette cauſe doit précéder l'ébullition.

leurs dilatations, quoique les augmentations de chaleur qui les produisent soient égales entr'elles, & concourir ainsi, dans les *liquides aqueux*, à rendre décroîssante celle de leurs condensations.

Examen de cet effet dans les liquides qui ne montrent pas des causes d'irrégularité dans leur *marche*, lors de leur extrême condensation.

417 *f.* Il est plus sûr de considérer cet effet dans les liquides, qui, au moment de leur *condensation extrême*, ne dévoilent aucune cause qui puisse rendre décroîssante la *marche* de leurs condensations; tels que les *huiles* & le *mercure*: parce que nous pourrons comparer avec plus de sûreté les *marches* de ces liquides, avec les circonstances qui accompagnent leur *dilatation extrême*.

Expériences sur l'*ébullition* & l'*évaporation* de l'*huile d'olive*.

417 *g.* J'ai mis sur le feu l'*huile d'olive*, & j'y ai plongé un Thermomètre de *mercure*. Dès qu'elle a été un peu échauffée, il s'en est élevé des *vapeurs*. Elle a commencé à *bouillir* à 240, de l'échelle divisée en 80 parties entre l'eau bouillante & la glace qui fond: mais elle n'avoit pas acquis son plus haut dégré de chaleur. Elle a continué à s'échauffer jusqu'à 275, en bouillant toujours avec plus de force: à ce point elle s'est *enflammée* d'elle-même. Le *mercure* du Thermomètre n'a donné cependant aucun signe d'ébullition.

Chaleur que le *mercure* peut supporter sans *bouillir*.

Je n'ai pas éprouvé la chaleur du *mercure* qui bout; mais on voit déja par cette expérience, qu'elle doit être plus grande que celle de l'*huile d'olive* bouillante; & M. *Braun* assûre (*a*) d'après un grand nombre d'expériences,

___

(*a*) *Nov. Comment. Acad. Petroburg*, année 1765 page 299.

que le mercure ne bout qu'à 414 au-deſſus de *zéro* de l'échelle de *Deliſle*, qui correſpondent à 300½ de la nôtre.

417 *h.* À cette prémière différence entre l'*huile d'olive* & le *mercure*, s'en ajoûte une autre, tirée de la nature de leurs vapeurs. Celles du *mercure* ont très-peu de vertu expanſive en comparaiſon de celles de l'*huile d'olive*; & elles ne ſont pas inflammables comme celles-ci. *La chaleur vaporiſe auſſi l'huile d'olive plus aiſément que le mercure.*

417 *i.* La *chaleur* a donc bien plus de priſe ſur l'*huile d'olive* pour la réduire en vapeurs & pour la faire bouillir, quelle n'en a ſur le *mercure* aux mêmes égards : & par conſéquent, ſi la *chaleur*, en tendant à produire ces effets extrêmes ſur les liquides, fait ſuivre à leurs dilatations une marche croîſſante, quoiqu'elle augmente par dégrés égaux ; elle doit faire croître plus rapidement la ſuite deſ dilatations de l'*huile d'olive* que celle des dilatations du *mercure*. Et c'eſt ce que dit l'expérience : les dilatations de l'*huile d'olive* vont en effet en croîſſant, comparativement à celles du *mercure* : on pourra le voir dans la table que je donnerai bientôt (418 *m*). On verra auſſi à la ſuite de cette table que l'*huile de lin* eſt à cet égard dans le même cas que l'*huile d'olive*. *Conſéquence.* *Les dilatations de l'huile d'olive doivent aller en croiſſant, comparativement à celles du mercure.* *D'accord avec l'expérience.*

417. *k.* J'ai parlé ci-devant d'un Thermomètre d'*huile eſſentielle de ſerpolet*, que j'ai fait à l'occaſion des expériences de M. *Braun*. Ce Thermomètre a ſervi à confirmer mon idée. Ayant vu que ſes dilatations ſuivoient une marche croîſſante comparativement à celles *Les dilatations de l'huile de ſerpolet vont en croiſſant, comparativement à celles de l'huile d'olive.*

de l'*huile d'olive*, je jugeai que la première de ces huiles devoit *s'évaporer* & *bouillir*, plutôt que la dernière.

417 *l.* Je ne pus avoir que deux ou trois onces d'*huile de serpolet* pour faire cette épreuve. Je la mis sur le feu, dans un petit vâse propre à l'y faire bouillir, & j'y plongeai un Thermomètre de *mercure*. Elle produisit bientôt des vapeurs, & commença de bouillir à 115; & par conséquent 125 dégrés plutôt que l'*huile d'olive*: ses *vapeurs* devinrent alors fort épaisses & très-odorantes. Elle continua à s'échauffer jusqu'à 218: mais l'évaporation avoit été si grande, qu'à ce point il ne resta plus assez de liqueur pour couvrir la boule du Thermomètre. J'approchai de la vapeur un papier allumé; elle s'enflamma, & le reste de l'*huile* fut consumé en un instant.

417. *m.* Il paroît de-là, & de l'expérience précédente, que, toutes choses d'ailleurs égales, plus un liquide *s'évapore* & *bout* aisément, plus la suite de ses dilatations est *croissante*, par les mêmes augmentations de la chaleur; & par cela même ces *accroissemens* de dilatation, sont un défaut relativement au Thermomètre, puisque c'est une tendance dans le liquide, à passer dans un état, où les proportions de son volume avec la chaleur, changent totalement. C'est donc une perfection dans le *mercure* de résister à ce double effet de la chaleur, plus que tous les autres liquides.

417 *n.* Ainsi tout concourt à nous persuader, que le *mercure* est le liquide qui approche le plus de ne recevoir de la chaleur, que de sim-

ples additions à fon volume, proportionnelles aux augmentations de la chaleur même ; & que par conféquent, lorfque nous l'employons pour le Thermomètre, les *différences* de fon *volume* nous donnent les rapports les plus approchans du vrai entre les *différences* de la *chaleur.*

417 o. Je ne dois pas omettre ici, que les changemens qui arrivent dans la capacité de la boule du Thermomètre, contribuent un peu à fes variations. Mais j'obferve en même tems, que, fi ces changemens de capacité de la boule font proportionnels aux changemens de volume du liquide, ils n'altèrent point la *marche* du Thermomètre : fes dégrés, quoique plus petits qu'ils ne le feroient, fi la capacité de la boule ne changeoit point, reftent dans les mêmes rapports avec les variations correfpondantes de la chaleur. Et fi ces changemens ne font pas abfolument proportionnels, ceux qu'éprouve la capacité de la boule, font fi petits, en comparaifon des changemens correfpondans dans le volume du liquide, que les premiers n'altèrent pas fenfiblement les rapports des derniers. D'ailleurs tous les liquides dont j'ai comparé les condenfations correfpondantes, étoient femblablement renfermés dans des boules de même verre : ainfi leurs *marches* en étoient également affectées ; & par conféquent les inductions que j'en ai tirées reftent toujours les mêmes.

418 *a.* Je vais donner une table des points correfpondans des divers Thermomètres que j'ai employés dans les expériences précédentes ;

mais auparavant je dois indiquer l'opération par laquelle j'ai trouvé leurs rapports.

418 *b*. Les boules de tous ces Thermomètres, excepté celle du Thermomètre du *mercure*, étoient sensiblement égales, & d'environ 8 lignes de diamètre : celle de ce dernier avoit 10 lignes ; je la fis exprès plus grosse ; parce que le mercure se conforme à la température extérieure, plus promptement que tout autre liquide. Ce rapport de 4 à 5, dans le diamètre, qui donne un rapport d'environ 1 à 2 dans la solidité, étoit à la vérité fort éloigné encore de produire une différence, qui pût compenser la différence de *sensibilité*

de ces Thermomètres ; puisque les *sensibilités* de l'*esprit-de-vin* même & du *mercure*, sont environ comme 1 à 6. Mais vu la lenteur de l'opération, cette différence de *sensibilité* n'a certainement causé aucune erreur essentielle.

418 *c*. Je mis ces Thermomètres dans *la glace pilée* disposée à fondre, & dans *l'eau bouillante*, & je marquai sur leurs tubes, les points où chacun des liquides se tenoit dans ces températures. Je rapportai ces points sur les montures de ces Thermomètres ; & j'en divisai semblablement l'intervalle en 80 parties égales.

418 *d*. Comme le Thermomètre de *mercure* étoit celui auquel je me proposois de comparer les autres, je marquai ses dégrés de 5 en 5 sur son tube avec une soie très-déliée. J'ap-

pliquai aux tubes des autres Thermomètres, de petits *curseurs*, faits de tuyaux de plumes dont les extrémités avoient été coupées sur le tour. Ces tuyaux, fendus dans leur lon- gueur, & originairement plus étroits que les tubes qu'ils embraſſoient, reſtoient fixés par leur reſſort, au point où je les conduiſois. Chacun de ces *curſeurs* étoit deſtiné à mar- quer par ſon extrémité ſupérieure la hauteur du Thermomètre auquel il étoit adapté, au moment où le mercure parvenoit à quelqu'un des dégrés marqués par des ſoies ſur ſon tube.

418 *e*. Je ne pouvois connoître avec certi- tude les points correſpondans de tous ces Thermomètres, qu'autant que les change- mens de température de l'eau, dans laquelle ils devoient être plongés, ſeroient très lents. Je pris donc un grand vâſe pour mon opéra- tion : il étoit cylindrique ; ſon diamètre, qui ſe trouvoit égal à ſa hauteur, étoit de 13 pouces. J'y appliquai deux montans à couliſſe, diamè- tralement oppoſés ; ils portoient une petite planche qui montoit & deſcendoit à volonté au-deſſus du vâſe, en gliſſant dans la couliſſe. Je liai les Thermomètres ſur la petite planche par le haut de leurs tubes ; en ſorte que je pouvois élever ou abbaiſſer chacun d'eux, en le faiſant gliſſer dans ſes liens ; & tous enſemble, en élevant ou abbaiſſant la planchette. On com- prend que ces Thermomètres étoient ſéparés de leurs *montures*.

418 *f*. Lorſque je voulois opérer, je ran- geois d'abord toutes les boules ſur une même ligne, dans le milieu du vâſe ; je le rempliſſois d'eau, que je faiſois chauffer juſqu'à ce qu'elle

dans cette *eau* d'abord fort échauffée.

fût prête à bouillir. Je n'osois pas la laisser bouillir entièrement, de peur que les boules venant à se heurter par l'agitation de l'*eau*, ne se rompissent. Mais, je l'ai dit, chaque Thermomètre avoit été mis séparément à l'eau bouillante.

Continuation de l'opération dans l'*eau* qui se refroidissoit très-lentement.

418 *g.* Mon but étoit de laisser l'*eau* se refroidir lentement, & de marquer sur ces divers Thermomètres les points correspondans à des hauteurs déterminées du Thermomètre de mercure, placé au milieu. Pour cet effet je laissois s'éteindre de lui-même, le feu qui avoit chauffé l'eau, ce qui rendoit le refroidissement si lent, que, quoique les fils qui marquoient les dégrés du Thermomètre de *mercure* de 5 en 5, fussent fort minces, je rangeois à mon aise les petits *curseurs* des autres Thermomètres, tandis que l'extrémité de la colonne de *mercure* parcouroit l'épaisseur de ces fils, qui me la cachoient. Toutes les fois que le Thermomètre de *mercure* approchoit de l'un des points déterminés, j'agitois fortement l'*eau* pour rendre sa température égale par-tout.

Manière de déterminer les points correspondans de ces Thermomètres sur leurs échelles.

418 *h.* A chaque observation, je portois avec un compas sur la monture de chaque Thermomètre, la distance qui se trouvoit entre le fil qui marquoit l'*eau* bouillante, & le point où le *curseur* venoit d'être fixé. Quand cette distance étoit devenue trop grande pour être prise aisément avec le compas, je fixois le *curseur* sur un point ; je marquois sur la monture le point qui y correspondoit, & je mettois un autre *curseur* au-dessous de celui-là, pour suivre la marche de la liqueur. Ou bien je rap-

portois les points observés, au fil de la *glace*, dont la liqueur se rapprochoit en descendant.

418 *i*. C'est ainsi que j'ai marqué sur les Thermomètres dont je vais indiquer la *marche*, & sur plusieurs autres dont je parlerai dans la suite, les points correspondans au Thermomètre de *mercure*, de 5 en 5 dégrés; depuis 80, qui est celui de l'*au bouillante*, jusqu'à 15, qui marquoit alors la température extérieure dans une partie du jour : c'étoit au mois de Mai.

Ces points déterminés depuis l'eau bouillante jusqu'au 15me. degré du Thermomètre de mercure.

418 *k*. Il m'importoit sur-tout d'avoir sur mes divers Thermomètres, d'une manière bien exacte, le point correspondant au 10me. dégré du Thermomètre de *mercure*; on en verra la raison dans la suite (442 *b*). Je cherchai donc ce point dans une température naturelle & durable; & je le trouvai sur la fin de Juin dans ma cave, qui conserva cette température durant plusieurs jours sans variation sensible. Prévoyant que ce moment arriveroit, je m'étois préparé à faire l'observation avec exactitude. Tous mes Thermomètres étoient sur des montures, dont la largeur n'excédoit pas d'un quart de ligne celle des boules : celles-ci étoient isolées, & soutenues seulement par le bas. Quinze Thermomètres n'occupoient ainsi qu'un pied de largeur, & leurs boules étoient placées sur une même ligne horizontale. Ces Thermomètres étoient attachés sur une même planche, dont la partie inférieure se terminoit en une espèce de boîte de 6 pouces de haut & de 2 pouces ½ de profondeur. Cette boîte étoit destinée à garantir les boules, de la cha-

Les points corresp. au 10me. dégré du Therm. de mercure sur les autres Therm. déterminés dans une cave.

Moyen pour s'assurer de l'exactitude de cette détermination.

leur de mon corps, & de celle d'une petite bougie dont j'avois besoin pour mes observations. Avec ces précautions je marquai très-exactement sur tous mes Thermomètres, le point correspondant au 10ᵐᵉ. dégré du Thermomètre de *mercure.*

Fixation des points correspond. au 5ᵐᵉ. dégré au-dessus de zéro, & aux 5ᵐᵉ. & 10ᵐᵉ. dégrés au-dessous.

418 *l.* J'employai de l'eau refroidie avec de la glace, pour trouver le point qui correspond au 5ᵐᵉ. dégré. Je pris enfin dans de l'eau salée, refroidie par de la *glace* mêlée de *sel marin,* les points des Thermomètres *d'esprit de-vin* & *d'eau salée* qui correspondent sur le Thermomètre de *mercure* au 5ᵐᵉ. & au 10ᵐᵉ. dégré au-dessous de *zéro.*

Explication de la Table qui renferme les résultats de cette exérience.

418 *m.* La table suivante montre les résultats de ces observations. Ces résultats sont représentés par deux colonnes pour chaque Thermomètre. Les premières renferment les hauteurs correspondantes au-dessus de *zéro,* exprimées en parties, ou dégrés, dont 80 font toujours la distance du point où *la glace se fond,* à celui où l'*eau bout.* J'ai placé dans les secondes colonnes les différences de ces hauteurs, qui sont les dilatations correspondantes de ces divers Thermomètres. C'est la suite de ces différences qui exprime ce que j'ai appelé la *marche* des liquides.

418 m. *TABLE des dégrés correspondans de 5 Thermomètres faits de différens liquides* (a).

Repère	Mercure	Int.	Huile d'olive	Int.	Huile essent. de camomille	Int.	Huile essent. de serpolet	Int.	Esprit-de-vin qui brûle la poudre	Int.	Eau saturée de sel marin	Int.	Eau commune	Int.
Eau bouillante.	80	5	80,0	5,4	80,0	5,3	80,0	5,7	80,0	6,2	80,0	5,9	80,0	9,0
	75	5	74,6	5,2	74,7	5,2	74,3	5,5	73,8	6,0	74,1	5,7	71,0	9,0
	70	5	69,4	5,0	69,5	5,2	68,8	5,3	67,8	5,9	68,4	5,8	62,0	8,5
	65	5	64,4	5,1	64,3	5,2	63,5	5,2	61,9	5,7	62,6	5,5	53,5	7,7
	60	5	59,3	5,1	59,1	5,2	58,3	5,0	56,2	5,5	57,1	5,4	45,8	7,3
	55	5	54,2	5,0	53,9	5,1	53,3	5,0	50,7	5,4	51,7	5,1	38,5	6,5
	50	5	49,2	5,2	48,8	5,1	48,3	4,9	45,3	5,1	46,6	5,4	32,0	5,9
	45	5	44,0	4,8	43,6	5,2	43,4	5,0	40,2	5,1	41,2	4,9	26,1	5,6
	40	5	39,2	5,0	38,6	5,0	38,4	4,9	35,1	4,8	36,3	5,0	20,5	4,6
	35	5	34,2	4,9	33,6	5,0	33,5	4,9	30,3	4,7	31,3	4,8	15,9	4,6
	30	5	29,3	5,0	28,7	4,9	28,6	4,8	25,6	4,6	26,5	4,6	11,2	4,7
	25	5	24,3	5,0	23,8	4,9	23,8	4,8	21,0	4,5	21,9	4,6	7,3	3,9
	20	5	19,3	4,9	18,9	4,8	19,0	4,8	16,5	4,3	17,3	4,5	4,1	3,2
	15	5	14,4	4,9	14,1	4,8	14,2	4,8	12,2	4,3	12,8	4,4	1,6	2,5
	10	5	9,5	4,8	9,3	4,7	9,4	4,7	7,9	4,0	8,4	4,2	0,2	1,4
	5	5	4,7	4,7	4,6	4,6	4,7	4,7	3,9	4,0	4,2	4,2	-0,4	0,6
Glace qui fond.	0	5	0,0		0,0		0,0		0,0	3,9	0,0	4,1	0,0	-0,4
	5	5	Au-dessous de zéro variable suivant la durée du froid.						3,9	3,8	4,1	3,9		0,0
	10								7,7		8,0			

419 a. Les irrégularités qu'on voit dans la marche de l'*huile d'olive* m'engagèrent à répéter

---

(a) La première fois que je considérai, dans cette Table, l'expression des dilatations correspondantes de ces différens liquides, j'éprouvai un embarras que je crois devoir épargner à ceux de mes Lecteurs qui la verroient comme je la vis alors.

L'*esprit-de-vin*, par exemple, qui, selon mon système, doit avoir des dilatations *croissantes*, comparati-

l'expérience. Cette huile suivit à-peu-près la même *marche* quant à l'enfemble : feulement

vement à des dilatations du mercure égales entr'elles , fe tient cependant toujours *plus bas* que celui-ci ; tandis qu'il femble au premier coup-d'œil que ces dilatations *croiſſantes* de l'*efprit de-vin* devroient être exprimées par des hauteurs *croiſſantes* de plus en plus, comparativement à celles du *mercure*.

Cette illufion eſt l'effet de la pofition des deux points communs & femblablement nommés de ces Thermo- mètres. L'un détermine le commencement des dégrés afcendans; & ce point, qui eſt à la température de la *glace qui fond*, fe nomme o fur les deux Thermomètres. L'autre termine les deux échelles dans le haut ; il eſt pris dans l'*eau bouillante*, & fe nomme 80 fur l'une & fur l'autre. Les deux intervalles font femblablement divifés en 80 parties égales.

Dans cet arrangement , qui , au fond, eſt arbitraire , le nombre 80 exprime la fomme des dilatations du *mer- cure* & de l'*efprit-de-vin*. Mais pour le *mercure* , 80 eſt la fomme d'un certain nombre de termes *égaux*; au-lieu que pour l'*efprit de-vin* , c'eſt la fomme d'un même nombre de termes qui *vont en croiſſant*. Il fuit de-là néceſſaire- ment , que les premiers termes de l'*efprit-de-vin* doivent être plus petits que ceux du mercure , & que les derniers termes doivent être plus grands. C'eſt auſſi ce qu'on voit dans la Table , en comparant les fecondes colonnes de ces deux Ther. , lefquelles renferment les différences des *nombres* fucceſſifs des premières colonnes, ou les fuites des dilatations correfpondantes des deux liquides , dont la fomme eſt également 80.

Quant à ces *nombres* des premières colonnes , qui ex- priment les *hauteurs* correfpondantes des deux Thermo- mètres , on voit qu'ils font toujours les fommes des *termes* précédens des fecondes colonnes , comme 80 en eſt la fomme totale. Par conféquent, tant que les *termes* de l'*efprit-de-vin* reſtent plus petits que les *termes* corref- pondans du *mercure* , les fommes de ces *termes* , foit les *hauteurs* de l'*efprit-de-vin* , doivent être plus petites de

les irrégularités furent un peu différentes. Les *huiles* en général se conforment lentement à

---

plus en plus, que les sommes des *termes* correspondans, soit les *hauteurs* du mercure. Mais dès que les *termes* de l'esprit-de-vin deviennent plus grands que ceux du mercure, les sommes respectives, soit les *hauteurs* des deux liquides, tendent à se rapprocher, & deviennent enfin égales au point 80. Si l'*esprit-de-vin* pouvoit supporter de plus grandes chaleurs, il résulteroit du même arrangement, que, dès le premier terme suivant, le nombre qui exprimeroit sa hauteur seroit plus grand que celui qui exprimeroit la hauteur du *mercure ;* & cette différence, contraire à la précédente, augmenteroit très-rapidement.

En général, dans tous les intervalles correspondans des deux Thermomètres, dont les *extrémités* auront une même dénomination, parce qu'ils seront semblablement divisés, le Thermomètre d'*esprit-de-vin* paroîtra plus bas que celui de *mercure*, mais d'autant moins que l'intervalle sera plus petit ; à l'*extrémité* supérieure ils redeviendront d'accord ; & au-delà de ce point, l'*esprit-de-vin* se tiendra plus haut de plus en plus que le *mercure*.

Je suppose, par exemple, qu'on prît pour *point* commun supérieur *la chaleur naturelle du corps humain*, comme l'avoit fait *Newton* (428 *d*), & comme M. *Brisson* l'a fait depuis (446 *a*) ; je suppose aussi, pour plus de commodité, que ce point soit exactement au 30me. dégré du Thermomètre de *mercure* (445 *d*). Le point correspondant du Thermomètre d'*esprit-de-vin* sera donc aussi appellé 30, & l'intervalle de ce point à *zéro* sera divisé en 30 parties égales. Il y aura donc 30 dégrés dans le même intervalle du Thermomètre d'*esprit-de-vin* ; là où, sur mon échelle, il n'y en a que 25 , 6. Et comme toute l'échelle doit avoir les mêmes dégrés, le nombre de *mes* dégrés sera toujours au nombre des dégrés *nouveaux* dans les mêmes intervalles, comme 25 , 6 à 30 , ou comme 256 à 300.

On pourra donc changer uniformément, suivant ce rapport, l'expression des *hauteurs* de l'*esprit-de-vin*, sans

la température des corps qui les environnent,
& s'écoulent difficilement le long des parois
du tube quand elles se condensent dans le
Thermomètre.

Trois espè-
ces *d'huiles*
dont les con-
densations
vont en dé-
croissant,
comparati-
vement à
celles du *mer-
cure.*

419 *b*. Ces deux causes rendent assez difficile
la détermination exacte de la *marche* des *huiles*:

---

qu'on change pour cela le rapport de ses dilatations successives : & alors ,

au-lieu de cette suite ,

3,9 . 7,9 . 12,2 . 16,5 . 21,0 . 25,6

qui correspond dans la Table à la suite du mercure ,

5 . 10 . 15 . 20 . 25 . 30

on aura celle-ci ,

4,6 . 9,3 . 14,3 . 19,3 . 24,6 . 30

où l'*esprit-de-vin* paroît encore un peu *plus bas* que le
mercure , excepté au point commun 30. Mais au-delà
de ce point , les nombres qui exprimeront les *hauteurs*
de l'*esprit-de-vin* , deviendront plus grands de plus en
plus que ceux qui expriment les *hauteurs* correspondantes
du *mercure* : car ,

au-lieu de la suite ,

25,6 . 30,3 . 35,1 . 40,2 . 45,3 .. 80

correspondante dans la Table à la suite du mercure.

30 . 35 . 40 . 45 . 50 ... 80

on aura celle-ci ,

30 . 35,5 . 41,1 . 47,1 . 53,1 . 93, . 8

où la *hauteur* de l'*esprit-de-vin* paroît augmenter de
plus en plus par-dessus celle de *mercure*. Je dis *paroît ;*
car on voit bien qu'en ceci *plus bas* ou *plus haut* n'est
qu'*apparence*. Il n'y a de vraiment *fixe* que les *rapports*
des *termes* successifs de l'*esprit-de-vin* , qui expriment ses
dilatations correspondantes à des dilatations du mercure
égales entr'elles ; & ces *termes* , dans ma *Table* , sont les
différences des *hauteurs* de l'*esprit-de-vin* ; lesquelles *différences* conserveront toujours les mêmes *rapports* entr'elles , quelle que soit la grandeur absolue des dégrés
égaux qui exprimeront les *hauteurs*.

cependant, comme dans les refroidiſſemens ces cauſes tendent à ſe compenſer ; je ne crois pas qu'elles aient altéré eſſentiellement la *marche* de mes trois Thermomètres d'*huiles* différentes. On peut juger au moins ſûrement, que les condenſations de ces trois eſpèces d'*huiles* ſuivent une marche décroîſſante, comparativement aux condenſations du *mercure.*

419 *c.* Il en eſt de même de *l'huile de lin,* employée par *Newton* dans ſon Thermomètre. M. *Ducreſt* a comparé la *marche* de cette liqueur, & celle du *mercure,* avec la *marche* de *l'eſprit-de-vin;* & il a exprimé leur correſpondance de 10 en 10 dégrés de ſon Thermotre, dans une Table dont voici l'extrait.

Il en eſt de même de *l'huile de lin,* par une expérience de M. *Ducreſt.*

	Eſprit-de-vin.	Mercure.	Huile de lin.
Eau bouillante.	100	100	100
	50	$56\frac{2}{3}$	$55\frac{11}{20}$
Temp des ſouterrains.	0	0	0
	50	$70\frac{5}{6}$	$66\frac{2}{3}$
	100	153	$144\frac{11}{30}$

419 *d.* Le Thermomètre d'eau ſimple préſente une *marche* bien ſingulière ; & d'autant plus intéreſſante, qu'il s'agit du liquide le plus univerſellement répandu dans la nature, & dont l'uſage eſt le plus général. N'ayant pu marquer dans la Table précédente les obſervations faites ſur ce Thermomètre, que de 5 en 5 dégrés du Thermomètre de *mercure,* j'ajouterai les remarques ſuivantes ſur ſes divers états aux environs de la *congélation.*

Remarques ſur le Ther. d'eau.

I iij

Cette eau étoit purgée de beaucoup d'air.

Ses différens états aux environs de la congélation.

419 *e.* Je dois faire obſerver d'abord, que l'*eau* de mon Thermomètre différoit de l'*eau* commune, en ce qu'elle étoit purgée de beaucoup d'*air*; ce qui eſt abſolument néceſſaire pour que ce Thermomètre ſoutienne le dégré de chaleur de *l'eau bouillante*. Mais les autres Thermomètre auxquels je l'ai comparé étoient auſſi purgés d'*air*. 2°. La Température où l'*eau* eſt le plus condenſée, eſt à-peu-près à $+$ 4 du Thermomètre de *mercure* : le Thermomètre d'*eau* eſt alors à — $\frac{1}{2}$ ſur ſa propre échelle, dont le *zéro* eſt la température de la *glace qui fond*. Quand *l'eau* eſt parvenue à cette condenſation extrême, ſon volume augmente, ſoit que la chaleur augmente, ſoit qu'elle diminue. 3°. L'*eau* a une égale dilatation, dans la température de la *glace qui fond*, & dans celle qui fait monter le Thermomètre de *mercure* à $+$ 8 : ainſi le Thermomètre d'*eau* deſcend, pendant les 4 prémiers dégrés d'aſcenſion du Thermomètre de *mercure* depuis *zéro*, de la même quantité dont il remonte, pendant les 4 dégrés ſuivans ; c'eſt à-dire de $\frac{1}{2}$ dégré. 4°. Si donc le Thermomètre d'*eau* eſt à *zéro* en même tems que le Thermomètre de *mercure* eſt à $+$ 8, & que la chaleur aille en diminuant, le Thermomètre d'*eau* baiſſe un peu, puis il remonte : mais s'il eſt à *zéro* par la même température qui réduit auſſi à *zero* le Thermomètre de *mercure*, & que la chaleur vienne à diminuer, il monte rapidement, d'une manière difficile à déterminer, tant parce qu'elle eſt variable, que parce que l'*eau*, en ſe gelant, caſſe le plus ſouvent la boule qui la renferme.

419 *f.* Ainſi, malgré la quantité d'*air* qui ſort de cette *eau* par les opérations deſtinées à lui faire ſupporter la chaleur de l'*eau* bouillante, ſon volume ne laiſſe pas d'augmenter avant & durant la congélation : mais cette augmentation n'eſt pas ſi grande que dans l'*eau* commune. J'avois entrepris des expériences pour déterminer les dégrés de dilatation de l'*eau* qui a tout ſon *air*, lorſqu'elle approche de la congélation : mais je trouvai ces expériences très-délicates ; & comme par cela même elles demandoient beaucoup de tems & de ſoins, & qu'elles n'étoient pas abſolument utiles à mon objet, je les ai renvoyées à un autre tems.

La privation d'une partie de ſon air ne change pas la nature de la marche de l'eau ; mais elle la rallentit.

419 *g.* Enfin, quelle que ſoit la cauſe qui produit l'augmentation de volume de l'*eau commune*, à la température qui la fait geler ; cette cauſe eſt déttuite par le *ſel marin* ; ou du moins cet effet extrême eſt renvoyé à un dégré inconnu de diminution de chaleur : & en même tems, par l'affoibliſſement de cette cauſe, les condenſations de l'*eau* vont beaucoup moins en diminuant, à compter dès les premiers réfroidiſſemens. C'eſt ce qu'on voit, en comparant, dans la Table précédente, les *marches* de *l'eau ſalée* & de *l'eau commune*.

Le ſel la change eſſentiellement, en même tems qu'il retarde la congélation de l'eau.

Je me borne à ces remarques particulières ; & je reviens à mon ſujet principal, en rappelant ici au Lecteur, que la Table qui précède eſt principalement deſtinée à rendre ſenſibles les principes que j'ai poſés ci-devant, deſquels il réſulte, que *le mercure eſt de tous les liquides, celui dont les changemens dans ſon vo-*

Conſéq. de ces exp. deſtinées à prouver que le mercure eſt le liquide le plus propre au Thermom.

lume nous donnent les idées les plus vraies des variations de la chaleur.

CONSIDERATIONS *sur les solides & sur l'Air,*
relativement au Thermomètre.

Examen des
solides & des
fluides sous
ce point de
vue.

420. *a.* Dans la recherche de la matière que nous devons préférer pour le Thermomètre, je n'ai traité jusqu'ici que des *liquides*. Il me reste à considérer sous le même point de vue, *les solides* & les *fluides* proprement dits.

La *chaleur*
produit trop
peu d'effet
sur les solides,
pour qu'ils
puissent ser-
vir de *Ther.*

420. *b.* La chaleur produit de si petits changemens dans la volume des *solides*, qu'il suffiroit de cette raison pour montrer qu'ils ne sont pas propres à donner des *Thermomètres*. Nous ne pouvons connoître la dilatation d'un *solide* que par son excès sur celle d'un autre *solide*, & cet excès est toujours très petit. On est donc obligé d'employer des machines compliquées, pour augmenter l'apparence des effets. Or dans cette complication, on est exposé à l'influence de diverses causes étrangères. L'humidité, par exemple, la mollesse, la ductilité ou l'élasticité des matières : le balottement des machines, leurs frottemens, & en général leurs défauts de tout genre, sont des causes presqu'inévitables d'erreurs. Je cherche depuis longtems a faire un Thermometre de métal, pour un usage particulier, & je n'ai pu parvenir encore à lui donner une marche régulière : il se retrouve rarement aux mêmes points, par les mêmes dégrés de chaleur.

Entre les

420. *c.* Entre les fluides proprement dits,

l'*air* seul peut être soumis à des expériences de ce genre. Ce fluide mérite bien à la vérité toute l'attention du Physicien, relativement à la mesure de la chaleur : car il est doué de deux qualités qui, par tout ce que j'ai dit jusques-ici, sembleroient devoir lui assurer la préférence sur toute autre matière ; c'est qu'il ne s'*endurcit* ni ne s'*évapore*. Mais son *élasticité*, & les parties hétérogènes qui s'y mêlent sans cesse, sont des causes d'irrégularité qui me paroissent invincibles.

420 *d*. L'*air* étant *élastique*, on ne peut pas appercevoir les changemens de son volume, de la même manière qu'on apperçoit ceux des liquides : il remplit toujours entièrement les vâses dans lesquels il est renfermé. Les premiers Thermomètres d'*air*, comme celui de *Drebbel*, & celui d'*Avicenne* dont parle *Sanctorius*, furent faits en renfermant une certaine quantité d'*air* dans un vâse, ou simplement dans une petite boule de verre, & en le séparant de l'air libre, par l'entremise de quelque liqueur, dont les mouvemens dans un tube, indiquoient les changemens qu'éprouvoit l'*air* dans son volume par les variations de la chaleur.

420 *e*. Mais tous ces instrumens étoient sujets à des irrégularités inévitables. Ils agissoient presqu'autant comme Baromètres, que comme Thermomètres ; l'*air* qu'ils renfermoient étoit inégalement chargé du poids de la liqueur, qui montoit & descendoit dans le tube : il se chargeoit plus ou moins des vapeurs qui se détachoient de cette liqueur, suivant qu'il faisoit plus ou moins chaud. En un mot, ces ins-

trumens n'avoient rien de régulier ni d'uniforme.

M. Amontons fit un Ther. par le moyen des changemens que la chaleur produit dans la force élastique de l'air.

421 *a*. M. *Amontons*, qui s'étoit fort occupé des effets de la *chaleur* sur la *force élastique* de l'*air*, entreprit de perfectionner ce Thermomètre. Il abandonna le moyen tiré des changemens de volume de l'*air*, comme sujet à trop d'irrégularité ; & il y substitua les changemens que la *chaleur* produit dans la *force élastique* de ce fluide. Je m'arrêterai à son Thermomètre, le moins défectueux de ce genre qui me soit connu ; & je ne l'examinerai ici que quant aux idées qu'il peut nous fournir des effets de la *chaleur* sur l'*air*, me proposant de parler ailleurs plus en détail, des principes de sa construction (429).

Description de ce Ther.

421 *b*. Ce Thermomètre consistoit en un long tube de verre, ouvert par un bout & recourbé par l'autre bout qui se terminoit en une boule. Une certaine quantité d'*air* étoit comprimée dans cette boule, par le poids

Effet qu'y produisoit la chaleur.

d'une colonne de *mercure*, & par celui de l'Atmosphère. L'effet de la *chaleur* sur cet *air* renfermé, étoit de lui faire soutenir plus ou moins de poids ; & cet effet étoit mesuré par la variation de la colonne de *mercure* dans son tube, corrigée par celle du Baromètre, pour l'influence des changemens du poids de l'*air* extérieur.

Cet instrument étoit bien moins imparfait que ceux auxquels M. *Amontons* le substitua. Cependant il avoit encore des défauts très-considérables, que je vais détailler.

Défauts de ce Therm.

421 *c*. Sa grandeur d'abord le rendoit im-

propre à mille expériences où le Thermomètre est nécessaire; il avoit 4 pieds de long, & ne pouvoit guères être réduit. 2 . Cette grandeur étoit nuisible aussi, lorsqu'on vouloit le régler. Car comment le plonger tout entier dans l'eau bouillante ? C'étoit du moins une grande incommodité. 3°. Il ne pouvoit supporter le transport : car une légère inclinaison du tube, ou très-peu de balancement, pouvoit faire échapper l'*air*. 4°. Le frottement du *mercure* dans le tube, & la compressibilité de l'*air*, devoient rendre les indications de cet instrument très - incertaines; c'est-à-dire que la colonne de *mercure* pouvoit être arrêtée par son frottement, dans des points différens de ceux où elle auroit dû se fixer par l'élasticité de l'*air*.

421 *d.* Voilà quelques-uns des défauts de ce Thermomètre, qui déja l'excluoient de l'usage ordinaire. On verra dans la suite (429 *e.*), que M. *Amontons* lui-même l'avoit senti; & qu'il vint à ne considérer ce Thermomètre, que comme un *étalon*, propre à régler des Thermomètres d'*esprit-de-vin*.

421 *e.* Mais si nous considérons cet instrument du côté qui nous occupe, nous verrons bientôt, qu'il étoit très-éloigné de conserver cette propriété que j'ai supposée dans l'air libre ; d'avoir les dilatations les plus proportionnelles aux augmentations de la chaleur.

421 *h.* Si ce Thermomètre nous présentoit sûrement les dilatations & condensations de l'*air* libre, il auroit sans doute la proprieté que nous cherchons. Mais d'abord, M. *Amon-*

tons nous a appris lui-même (*a*), que l'*air* n'a-git dans son Thermomètre que par sa *force de ressort*: que c'est cette *force* qui éprouve des va-riations par celles de la *chaleur*, & qu'elle est mesurée, non par les changemens du vo-lume de l'*air*, mais par ceux du poids qu'il sou-tient, sans changer de volume.

Par la Théo-rie, ces deux chang. doi-vent être proportion-nels.

421 *i*. Il est assez probable que ces deux chan-gemens sont proportionnels. Ils doivent l'être du moins par la Théorie, puisque la *force de ressort* de l'air n'est que sa faculté de s'éten-dre ; & qu'il paroît bien, que si, dans un cer-tain cas, il devient capable de supporter un poids double, il le seroit alors de s'étendre au double, s'il restoit chargé du même poids.

Mais l'exp. n'est pas tou-jours d'ac-cord avec la Théorie.

Cependant il est fort ordinaire en Physique, que la Théorie ne soit pas confirmée par l'expé-rience. Quelque cause imprévue survient, qui dérange les calculs.

Examen de ce Ther. en supposant ces chang. pro-portionnels.

421 *k*. Mais supposons que les variations de *force élastique* de l'*air*, indiquées par le chan-gement du poids qu'il supporte, soient exac-tement proportionelles aux variations qu'il éprouveroit dans son volume, s'il restoit char-gé du même poids, & voyons si ce Thermo-mètre nous indique bien ces variations de *for-ce élastique*.

Obstacles à la mesure des chang. de force élastique de son air.

421 *l*. Un premier obstacle à ce qu'il nous les indique exactement, c'est la dilatabilité de la colonne de *mercure*, à laquelle il faut néces-

---

(*a*) *Discours sur quelques propriétés de l'air*, &c., Mémoires de l'Académie Royale des Sciences, année 1702.

fairement avoir égard : c'est-à-dire qu'il faut corriger la hauteur observée en conséquence de l'allongement ou raccourcissement que cette colonne elle-même auroit éprouvé par la variation de la chaleur. Car ces changemens de longueur de la colonne de mercure augmentent l'apparence des variations qu'éprouve *l'air* dans son reffort.

1.er Obftacle. La dilatabilité de la colonne de mercure.

421 *m.* 2 L'indication de ce Thermomètre devroit être encore corrigée à un autre égard, à cause de la colonne de *mercure.* La hauteur de cette colonne ne devant être comptée que depuis le niveau du *mercure* à la naiffance de la boule ; & ce niveau changeant, chaque fois que la colonne s'abbaiffe ou s'élève, il faudroit néceffairement fouftraire de fa longueur indiquée par l'Echelle, ou lui ajouter la quantité dont le *mercure* fe feroit élevé ou abaiffé à l'entrée de la boule.

2e. Obft. Les changemens de fa bâfe.

421 *n.* 3°. Ce changement dans la pofition de l'extrémité inférieure de la colonne de *mercure*, à la naiffance de la boule, obligeroit encore à une troifième correction, parce qu'il en réfulteroit un changement dans le volume de *l'air.* Lorfque la *force élaftique* de l'air eft augmentée par la *chaleur*, il repouffe le *mercure* dans le tube ; & l'efpace occupé par *l'air* devient plus grand. L'*air*, augmentant ainfi en volume, perd de fa *force de reffort* ; & par conféquent il foulève moins de *mercure*, qu'il n'en auroit foulèvé, s'il fût refté fous le même volume, & réciproquement.

3e. Obft. Le changement de volume de l'air.

M. *Amontons* avoit reconnu cet effet des différences de volume de l'air, qu'il ne confidé-

M. Amontons y remédioit

quant à l'u-niformité des Therm.

roit cependant, que comme nuisible à l'uniformité des Thermomètres. Il y remédioit à cet égard, en conservant toujours la même proportion entre les boules & les tubes. Mais cette

Mais non quant à la mesure de la force élastique de l'air.

précaution ne dispensoit pas d'une correction qui pût ramener l'indication immédiate, au changement réel de *force élastique* de l'air. Et à supposer que cette correction fût purement géométrique, elle exigeroit au moins, une forme constante dans le Thermomètre, & des proportions semblables entre la boule & le tube, ce qui seroit toujours un grand défaut, dans un instrument qui doit être fabriqué par gens qui en font commerce.

4e. Obs. Les variat. du poids de l'Atmosphère.

421 o. 4°. L'indication immédiate de ce Thermomètre, doit être aussi corrigée, à cause de l'effet qu'y produit le poids le l'Atmosphère. Par conséquent il devroit être toujours accompagné d'un Baromètre, pour savoir de combien le poids de l'*air* extérieur différeroit de celui sur lequel on auroit compté en faisant son Echelle. Et cette correction ne seroit pas bien simple; car on va voir que l'*air* acquiert plus ou moins de *force élastique*, par la même augmentation de *chaleur*; suivant qu'il est plus ou moins chargé.

Les chang. de force élast. de l'air par la chal. sont proport. au poids dont il est chargé.

421 p. 5°. Le changement continuel qui arriveroit dans la *faculté* de l'air, d'éprouver des variations dans sa *force élastique* par les variations de la *chaleur*, obligeroit à une 5me. correction, bien plus difficile que les précédentes. M. *Amontons* a trouvé (*a*), que cette *faculté* de

____

(*a*) Voyez le *Mémoire* déjà cité.

l'*air* étoit proportionnelle au *poids* dont il étoit chargé: &, par exemple, que l'augmentation du *poids* qu'il pouvoit foutenir, en paffant de la température des caves de l'*Obferva-toire de Paris* à celle de l'*eau bouillante*, étoit d'environ ½ du *poids* qu'il foutenoit dans cette prémière température, quel que fût ce poids.

421 *q.* Or il eft aifé de voir, que cette propriété fait changer continuellement l'état de l'*air* dans ce Thermomètre, puifque le *poids* dont il y eft chargé, varie continuellement. Ainfi, par exemple, l'*air* chargé du *poids* d'une colonne de *mercure* de 27 pouces, & du *poids* de l'*air* extérieur, égal à une femblable colonne, dans une certaine température, a la faculté de recevoir un certain accroiffement dans fa *force élaftique*, par un premier *dégré* d'augmentation de la chaleur. Mais auffitôt aprés ce premier accroiffement, la *faculté* d'en recevoir de nouveaux augmente; parce que le *poids* dont il eft chargé augmente, par l'allongement de la colonne de *mercure*. Par conféquent, fi un premier *dégré* d'augmentation de la *chaleur*, a donné à l'*air* renfermé la force de foutenir une colonne de *mercure* plus grande d'un pouce que n'étoit la précédente, un fecond *dégré* égal à l'autre (lors même qu'il augmenteroit également la *force élaftique* d'un air toujours également chargé) n'augmentera pas d'une même quantité la *force élaftique* de l'*air* du Thermomètre. Ce fecond *dégré* fera allonger de plus d'un pouce la colonne foutenue. Ainfi les dégrés de l'Echelle de ce

Thermomètre devroient aller en croîssant de bas en haut, pour qu'ils exprimaffent des augmentations égales dans la *force élaftique* d'un *air* toujours également *chargé*. Mais comment déterminer la loi de cet accroiffement? Comment furtout la combiner avec l'effet des changemens de poids de l'Atmofphère? Je n'oferois décider fans des expériences, fi c'eft-là un problème de pure géomètrie: & ces expériences feroient fûrement très-délicates.

Ces obftacles s'oppofent au moins à ce que ce Ther. puiffe fervir généralement.

421 *r.* Voilà donc cinq corrections diftinctes qu'exigeroit ce Thermomètre, pour qu'on pût y démêler *des augmentations égales de reffort d'un air également chargé.* Il eft vrai que plufieurs de ces corrections tendent à fe compenfer : peut-être même s'en trouveroit-il de proportionnelles aux variations de la *force élaftique* de l'*air* : on pourroit encore faciliter quelquesunes de ces corrections, en fubftituant un cylindre à la boule de M. *Amontons.* Cependant on feroit toujours obligé de les déterminer chacune à part. Et fi cette détermination étoit poffible pour un Phyficien adroit & patient, il pourroit bien nous donner par-là une idée jufte des variations de la *force élaftique* de l'*air* ; mais il ne nous fourniroit pas un Thermomètre à la portée de la plupart de ceux qui doivent en pourvoir le Public : & c'eft cependant ce que nous devons chercher.

6ᵉ. *Obft.* La différence

421 *s.* Mais quand enfin on parviendroit à furmonter ces obftacles, il en refteroit encore un

un autre, que M. l'*Abbé Nollet* a déja indiqué (*a*), & que je crois insurmontable : obstacle par lequel les expériences faites sur un de ces Thermomètres, ne seroient point applicables à tous. On sait que l'*air* ne reçoit les mêmes accroissemens dans sa *force élastique*, par les mêmes augmentations de la *chaleur*, que lorsqu'il est également *pur*; que les *vapeurs* dont il peut être plus ou moins mêlé se condensent ou se dilatent suivant le dégré de la *chaleur*; & que lorsqu'elles sont dilatées, elles ont une force expansive très-différente de celle de l'*air pur*. Or il seroit presqu'impossible d'obtenir cette égale *pureté*, ni un dégré de *pureté* permanent, dans l'*air* qu'on renfermeroit pour le soumettre à ces expériences.

d'effet de la chal. sur l'air différemment pur.

421 *t.* Le Thermomètre de M. *Amontons*, celui d'entre les Thermomètres d'*air* qui étoit sujet à moins de difficultés, en renfermoit donc encore un trop grand nombre pour qu'il put devenir le *Thermomètre commun*. Ces difficultés peuvent être rangées sous trois classes. Les unes le rendoient impropre à l'usage ordinaire : les autres s'opposoient à ce qu'il nous montrât la *marche* de l'*air* dans ses dilatations par la *chaleur* : d'autres enfin ne permettoient pas d'espérer, que l'on pût avoir par ce moyen des Thermomètres uniformes.

Effets généraux de ces obstacles.

421 *u.* Cependant il étoit fort utile, indépendamment du Thermomètre, de connoître la *marche* de l'*air* par la *chaleur* : & dans ce

Recherches sur la marche de l'air par la chaleur.

(*a*) *Leçons de Physique Expérimentale*, troisième édition, Tom.   pag.

deſſein, j'ai fait un grand nombre d'expériences pour chercher ſon rapport avec celle
du *mercure* (IIIme. Part. Chap. III). Il réſulte
de ces expériences, que les *marches* de ces
deux fluides s'écartent peu d'être proportionnelles ; mais je n'ai pu découvrir, ni ſi elles
le ſont abſolument, ni même ſi les condenſations de l'*air* ſuivent une marche *croiſſante*
ou *décroiſſante*, comparativement à celles du
mercure.

M.*Amontons* la croyoit ſemblable à celle de l'eſprit de-vin.

M. *Amontons* a trouvé, que ſes Thermomètres d'*air* s'accordoient avec ceux d'*eſprit-
de-vin* (*a*), ce qui ſemble indiquer que les
condenſations de l'*air*, comme celles de l'*eſprit-
de-vin*, ſuivent une marche *décroiſſante*, comparativement à celles du *mercure*. Mais je crois

Nouvelle conſidéra-tion contre l'exactitude de ſon Ther-momètre.

plutôt, que cette obſervation de M. *Amontons*,
prouve immédiatement la conſéquence générale que j'ai tirée de l'examen de ſon Thermomètre ; ſavoir, qu'il n'a pu y démêler la
vraie *marche* de l'*air*. J'ai montré des cauſes
qui doivent faire ſuivre aux *condenſations* de
l'*eſprit-de-vin* une marche *décroiſſante*, par des
diminutions de la *chaleur* qui ſont *égales* entr'elles. J'ai fait voir que l'une de ces cauſes
ne ſe trouve pas dans le *mercure* ; il ne ſe
dilate pas lorſqu'il ſe gèle (415 *m*) : & que
l'autre y agit beaucoup moins que dans l'*eſprit-de-vin*, il ſe vaporiſe & bout plus tard
(417 *d* & *e*) : j'ai montré en même tems, que
les *condenſations* de ce dernier liquide ſuivent

(*a*) *Mém. de l'Académie Royale des Sciences*, année
1703.

une marche *décroissante* comparativement à celles du premier (418 *m*). Or l'*air* n'est sujet ni à se geler, ni à se vaporiser & bouillir, & par conséquent, il paroît devoir s'écarter plus de la *marche de l'esprit-de-vin*, que le *mercure* même.

421 *v*. Je sens bien cependant, que l'*air* étant un *fluide élastique*, on peut se tromper en lui appliquant les résultats des expériences faites sur les *liquides* ; & je ne fais point dépendre l'exactitude de ces résultats, de celle de la conséquence que j'en tire relativement à l'*air*. Car si l'expérience venoit à prouver, que les *condensations* du *mercure* suivent une marche *croissante*, comparativement à celles de l'*air*, comme l'indiqueroit l'expérience de M. *Amontons*, je ne balancerois pas à croire, que ce sont les *condensations* du *mercure* qui approchent le plus d'être proportionnelles aux *diminutions* de la *chaleur*.

421 *x*. Plus j'ai étudié cette matière, plus j'ai eu lieu de me persuader que, quoique les *condensations* du *mercure* suivent une marche *croissante*, comparativement à celles de tous les autres *liquides* soumis à ces expériences, elles sont encore *décroissantes*, plutôt que *croissantes*, comparativement à des *diminutions* de la *chaleur* qui sont *égales* entr'elles. J'en vois déja une cause, en ce que le *mercure* peut être *vaporisé* par la *chaleur* (417 *e*) ; mais je le conclurois aussi d'une réflexion générale, par laquelle je vais terminer celles que je me proposois de présenter sur cet objet.

421 *y*. De toutes les conjectures qu'on peut

des corps ne peuvent ſuivre une marche croiſſante par des diminutions égales de la chaleur. former ſur la manière dont la *chaleur* change le volume des corps , il n'en eſt aucune qui nous porte à juger que leurs *condenſations* doivent ſuivre une marche *croiſſante* , lorſqu'elles ſont produites par des *diminutions* de la *chaleur* qui reſtent *égales* entr'elles : & au contraire , dans la plupart de ces hypothèſes , il ſemble que les *condenſations* devroient ſuivre une marche *décroiſſante*. Car , plus les intervalles décroiſſent entre les parties intégrantes d'un corps , moins il y a lieu à de nouveaux rapprochemens : plus il y a déjà de points par leſquels ces parties ſe touchent , moins il eſt facile qu'il ſe forme de nouveaux points de contact : plus il entreroit de particules *ſalines* ou *frigorifiques* dans un liquide , moins ſon volume pourroit diminuer : plus les parties intégrantes d'un liquide auroient déja perdu de mouvement , moins leurs pertes ſucceſſives de mouvement pourroient aller en croiſſant. Ou enfin , ſi le rapprochement des particules d'un liquide procède immédiatement de ce que le *fluide igné* ſort de ſes interſtices , il n'y a point de raiſon de croire que les rapprochemens , ou les *condenſations* , puiſſent aller en *augmentant* , lorſqu'elles procèdent d'émigrations *égales* du *fluide igné*. Il eſt donc abſolument improbable que les *condenſations* d'un liquide puiſſent ſuivre une marche *croiſſante* , tant que les diminutions de la *chaleur* qui les produiſent ſont *égales* entr'elles.

Objection tirée de la condenſation ſubite de l'huile 421 7. On m'objectera peut-être cette *condenſation* extraordinaire qui ſe fit dans l'*huile d'olive*, lorſque je la mis dans de la glace mêlée de ſel

(414 *q*). Mais je ne parle que des *condenſations* qui ſe ſuccèdent régulièrement, par une diminution continuelle de la chaleur ; & non de *condenſations* qui ſe firent, tandis même que la chaleur alloit en augmentant ; & qui parconſéquent ne pouvoient qu'être produites par une cauſe particulière. J'ai déjà dit mon idée ſur cette cauſe ; c'eſt probablement une plus forte attraction des particules de *l'huile d'olive* par certains points, lorſqu'elles commencent à ſe toucher. Les particules de *l'huile* prennent alors entr'elles un nouvel arrangement, par lequel elles occupent moins d'eſpace ; & dans ce moment, *l'huile* ceſſe d'être liquide. Par conſéquent on ne voit là qu'une exception : & il me paroît toujours vrai, dans la thèſe générale, que les *condenſations* d'un corps qui ne change pas d'état, d'un liquide ; par exemple, qui demeure liquide, ne peuvent ſuivre une marche *croîſſante*, tandis que les *diminutions* correſpondantes de la *chaleur* ſont *égales* entr'elles.

Concluons donc ; que *le liquide dont les condenſations ſuivent une marche croîſſante, comparativement à celles de tous les autres liquides, eſt très-probablement celui dont les différences de volume approchent le plus d'être proportionnelles aux différences de la chaleur*. Or, juſqu'à préſent, ce liquide eſt le *mercure*.

PREUVE directe que le mercure *est , de tous les liquides employés jusqu'à présent au Ther-momètre , celui qui mesure le plus exactement les* différences *de la* chaleur *, par les* diffé-rences *de son* volume.

Scrupule sur la *conclusion générale* qui précède.

422 *a.* Mes remarques précédentes sur les différentes *marches* des *liquides* étoient déjà sous presse , sans qu'il me fût venu aucun scru-pule sur la proposition par laquelle je les ter-mine. Mais en relisant cette feuille pour la donner à l'imprimeur , j'ai eu quelque crainte qu'on ne trouvât , que je généralisois trop les résultats de quelques expériences particulières:

Utilité d'une vérification immédiate.

& comme, en même tems , cette conclusion générale m'a paru très-intéressante , j'ai sou-haité vivement de pouvoir la soumettre à quelque espèce de vérification immédiate.

Projet de M. *le Sage* pour la gradua-tion du Thermomè-tre.

422 *b.* Je me suis rappelé, à cette occasion, le projet d'expériences de M. *Le Sage* , dont j'ai parlé au commencement de ce Chapitre (411 *a. note*). Ce Physicien , aussi ingénieux que profond , a imaginé de diviser le Thermo-mètre , non en dégrés d'égale étendue sur le tube , comme on l'a fait jusqu'ici ; mais en dégrés *tels* que les produiroient des *différences* de la chaleur égales entr'elles , obtenues par certains mélanges d'eau (ou d'autre liquide) de

Il renferme le moyen de faire cette vérification.

différentes températures. "On voit bien que , dans un tel Thermomètre, la loi que suivroient les étendues de ses *dégrés* , seroit celle des différences que le liquide dont il seroit fait éprouveroit dans son volume, par des différences de la chaleur égales entr'elles : & que par conséquent ces expériences se trouvent renfermer en même tems un moyen de découvrir immédiatement, quel est le liquide dont les différences de volume approchent le plus d'être proportionnelles aux différences de la chaleur.

422 *c.* Cette recherche n'entroit pas essentiellement dans mon plan, lorsque je songeai à écrire sur le Thermomètre. Je voulois montrer seulement l'importance de n'y employer qu'un seul liquide, & la convenance de choisir le mercure (410 *c*, 411); & j'avois assez de matériaux pour satisfaire à ces deux objets. Je craignois aussi, comme on l'a vu, lorsque j'ai parlé pour la première fois du projet de M. *Le Sage*, que l'exécution n'en fût très-difficile : & je serois resté dans les limites de mon premier plan, si je n'avois entrevu un moyen de tirer de ces expériences des preuves pour ou contre mon système, sans beaucoup d'appareil. *Addition au premier plan de ce Chapitre.*

Cette découverte m'a déterminé. Quelque raison que j'eusse de hâter l'impression de mon Ouvrage, je l'ai suspendue pour tenter ces expériences; & j'en ai été dédommagé par le plus heureux succès. J'aurois été content de trouver la vérité, quelle qu'elle fût; & je l'ai trouvée, telle que je l'avois conjecturée.

422 *d.* L'idée de M. *Le Sage*, dont je viens de parler, ne paroîtra pas nouvelle au premier coup-d'œil; parce qu'on a déja parlé plus d'une fois, en vue du Thermomètre, *de mélanges* d'eau à différentes températures. J'ai *Projet de Renaldini qui semble être le même que celui de M. le Sage.*

vu, par exemple, que *Renaldini*, Profeſſeur à *Padoue*, avoit propoſé autrefois de graduer le Thermomètre d'*eſprit-de-vin* par de ſemblables *mélanges*. Il vouloit, qu'après avoir marqué ſur le tube de ce Thermomètre, le point où l'*eſprit-de-vin* s'arrêteroit quand il ſeroit environné de *glace*, on le plongeât ſucceſſivement dans 12 vâſes différens, dont le premier contiendroit 11 parties d'eau *froide* (*aqua gelida*) mêlées d'une partie d'*eau bouillante*; le 2^d. 10 parties de la première & 2 parties de la ſeconde; le 3me. 9 parties de la première & 3 parties de la ſeconde; & ainſi de ſuite, juſqu'au dernier vâſe qui ne contiendroit que de l'*eau bouillante*; & qu'on marquât ſur le tube, les points où l'*eſprit-de-vin* s'arrêteroit : ce qui formeroit toute l'échelle du Thermomètre.

Cité par *Bilfinguer* & par *Wolff*.

422 *e*. Ce fut en 1761 que j'eus la première connoiſſance de ce projet de *Renaldini*, je le vis indiqué dans les *Elemens de Phyſique* de M. *G. B. Bilfinguer*, imprimés à *Leipiſick* en 1742. Sur cette indication, je crus que l'idée de *Renaldini* approchoit beaucoup de celle de M. *Le Sage*, qui me l'avoit communiquée depuis long-tems : il le crut auſſi, lorſque je la lui fis voir dans l'ouvrage de M. *Bilfinguer*, qu'il ne connoiſſoit pas encore : il me l'a montrée lûi-même enſuite, dans l'*Aërométrie* de *Wolff*, qui la rapporte préciſément ſous le même point de vue que l'a fait depuis M. *Bilfinguer*.

Vue de *Renaldini* très-

422 *f*. Cette apparence de conformité, qui m'étoit reſtée dans l'*eſprit*, m'a engagé lor ſ-

que je me fuis occupé de ces expériences, à chercher dans les ouvrages mêmes de *Renaldini*, quelles avoient été fes vues ; & je les ai trouvées abfolument différentes de ce que j'avois imaginé. Il vouloit fimplement remèdier par ce moyen, à l'effet de l'air qu'on laiffoit alors dans le tube du Thermomètre en le fcellant ; cet air, réfiftant de plus en plus à l'afcenfion de la liqueur à mefure qu'elle fe dilatoit, devoit, felon lui, rendre fenfiblement décroiffans les efpaces que parcouroit la liqueur dans fon tube, par des augmentations de la chaleur égales entr'elles.

422 *g. Renaldini* exprime lui-même ce but unique. Après quoi, confidérant le tube du Thermomètre comme vuide d'*air*, il affûre qu'alors l'*efprit-de-vin* parcouroit des efpaces égaux, par des augmentions de la chaleur égales entr'elles ; & qu'ainfi, après avoir marqué fur le tube l'efpace qu'auroit parcouru l'*efprit-de-vin* par l'addition d'une partie d'eau *bouillante* à 11 parties d'eau *froide*, il fuffiroit de marquer le long du tube 11 efpaces égaux à ce premier, pour *divifer la chaleur de l'eau bouillante* en 12 parties *égales* (a).

(*a*) « At fi fiftula, *dit-il*, omni aere vacua foret, » atque adeò afcendenti fpiritui aer nullus refifteret, ad » hoc abfolvendum opus, fatis quidem effet obfervare » primum afcenfum.... Hoc enim obfervato, fignari » poffint fingulæ partes æquales ipfi.... Tunc enim af- » cenfus finguli forent æquales, prout fingulæ ferventis » aquæ menfuræ funt æquales ». CAROLI RENALDINI.... *Naturalis Philofophia*, in-folio, Tome III, page 275, *Patavii*, 1694.

422 *h.* C'étoit-là une erreur bien grande, non-feulement fur la *marche* de l'*efprit-de-vin*; mais encore fur la chaleur elle-même. Cet Auteur prétendoit ainfi, & l'exprimoit pofitivement, que fon Thermomètre devoit fervir à comparer entr'elles des quantités *abfolues* de chaleur; c'eft-à-dire, que la chaleur de 2, 3, 4, &c. *dégrés* d'un Thermomètre conftruit de cette manière, feroit *double, triple, quadruple* &c. de celle du premier *dégré* (*a*). Comme fi l'eau qu'il appele *gelida*, n'avoit aucune chaleur; & qu'il eût prouvé, que l'*efprit-de-vin* fe dilate proportionnellement à l'augmentation de la chaleur. Mais on ne doit pas être furpris que *Renaldini* tombât, en 1694, dans des erreurs que bien des Phyficiens ont faites dès-lors; & c'étoit beaucoup dans ce tems-là, que d'avoir imaginé de donner des termes fixes au Thermomètre.

422 *i.* Depuis *Renaldini*, quelques Phyficiens ont exécuté de ces mélanges d'eau de différente température; mais dans un but très-différent, & du fien, & de celui de M. *Le Sage.* Ces deux derniers ont en commun, de tendre à la perfection du Thermomètre, quoique bien différemment : au-lieu que les Phyficiens dont je parle, regardant le Thermomètre comme

___

(*a*) « Hujus Thermometri, *dit-il*, hic ufus erit : fi
» nos fimus alicubì, ubì aer tantùm caloris habet, ut
» vini fpiritus in inftrumenti collo afcendat ad fecundum
» afterifcum, alibì verò ad tertium ; dicimus calorem
» aeris in fecundo loco ad calorem ejufdem in primo
» rationem habere ut 3 ad 2, & fic de reliquis, (page
» 275) ».

une mesure exacte de la chaleur, cherchoient seulement, quelle étoit la chaleur qui résultoit de ces mélanges.

422 *k.* C'est ainsi que *Boerhave* (a), par une erreur qui a surpris tous ceux qui l'ont remarquée, a cru voir dans ses expériences, que lorsqu'on mêloit parties égales d'*eau* de différentes températures, exprimées en dégrés du Thermomètre de *Fahrenkeit*, la chaleur du *mélange* étoit exprimée en dégrés de ce même Thermomètre, par la moitié de l'excès de chaleur de l'*eau* la plus chaude sur l'*eau* la moins chaude ; que par exemple, en mêlant parties égales d'*eau* près de geler, qui est à 32 au-dessus de *zéro* dans ce Thermomètre, & d'*eau bouillante*, qui est à 212 ; la chaleur

$$\text{du \textit{mélange} étoit } \frac{212-32}{2}=90.\ \text{Tellement}$$

que, selon lui, la *chaleur commune* ; c'est-à-dire une quantité de chaleur égale à celle de l'eau la moins chaude, *périssoit* dans le *mélange* : ce qu'il trouvoit *très-difficile à concevoir* ; mais qui est une erreur très-difficile à excuser.

422. *l.* M. *Krafft* ayant fait les mêmes expériences, trouva des résultats plus conformes au vrai. Cependant son Thermomètre s'étant toujours tenu plus bas qu'il n'auroit dû se tenir, en supposant que toute la chaleur des masses d'*eau* mêlées ensemble se conservoit & se distribuoit également dans la nouvelle masse, il se contenta d'imaginer une formule qui satisfît à

Erreur de Boerhaave sur la chaleur résultante des mélanges d'eaux de différentes températures.

Expériences de Krafft sur de pareils mélanges.

(*a*) P. I. *Chymiæ*, exper. XX. *de igne.*

cette différence, & ne suspectât point son Thermomètre (*a*). M. *Richmann* (*b*), examinant les expériences de M. *Krafft*, crut voir qu'il avoit fait erreur, en comptant pour rien la chaleur particulière du vâse où étoit fait le *mélange*, & même celle du Thermomètre ; & que c'étoit la raison de ce qu'il avoit été obligé de charger la formule, qui suppose une entière conservation & une égale distribution de la chaleur, dans les *mélanges* d'eau à différentes températures. Il répéta donc les mêmes expériences, en y introduisant ces deux conditions, & son Thermomètre se tint encore un peu trop bas pour répondre au calcul. Cependant il ne suspecta point non plus la marche du Thermomètre ; & il attribua cette différence, au refroidissement occasionné par le contact de l'*air* extérieur, pendant la durée de l'opération. Il conclut donc de ses expériences, que la chaleur d'un *mélange* d'eau de différentes températures fait dans un vâse dont on connoissoit la chaleur & le poids, étoit la somme des produits des chaleurs des composans par leurs masses, divisée par la somme des masses, & que le Thermomètre l'indiquoit ainsi, en tenant compte de l'effet du contact de l'air.

422 *m.* Si nous pouvions compter sur l'exactitude des expériences de M. *Richmann*, il ne nous resteroit rien à desirer dans le Thermo-

----

(*a*) Je n'ai vu les expériences de M. *Krafft* que dans le Mémoire de M. *Richmann* dont je vais parler.

(*b*) *Nov. Comment. Acad. Petropol.*, Tome I, page 152 à 173.

mètre, car ſes dégrés exprimeroient réellement des parties égales de la chaleur ; & c'eſt tout ce que nous pouvons en attendre (411). Suppoſons, par exemple, deux maſſes égales d'*eau ;* dans l'une deſquelles le Thermomètre de *Fahrenheit*, qu'employoit M. *Richmann*, ſe tiendroit à 40, & dans l'autre à 80. Si chacune des ces maſſes n'avoit que la chaleur exprimée par 40, leur *mélange* n'y changeroit rien ; le Thermomètre s'y tiendroit encore à 40 ; mais l'une des maſſes auroit un ſurplus de chaleur de 40 dégrés, & par le *mélange* ce ſurplus, ſe diſtribuant dans une maſſe double, diminueroit de moitié dans toutes les parties de la nouvelle maſſe, dont la chaleur ſeroit donc ſur le Thermomètre

$$40 + \frac{40}{2} = 60.$$ Or la formule de M.

Richmann donne le même réſultat ; car

$$\frac{40 \times 1 + 80 \times 1}{1 + 1} = 60.$$ Si donc l'indication

du Thermomètre répondoit à cette formule, comme le prétend M. *Richmann*, ſes dégrés égaux exprimeroient réellement des quantités égales de chaleur, ajoutées à la quantité conſtante qui correſpond au *zéro* de l'Echelle.

422 *n.* Mais le Thermomètre qu'employoit M. *Richmann* étoit de *mercure* : & M. l'Abbé *Nollet* a trouvé le même réſultat avec un Thermomètre d'*eſprit-de-vin* (*a*). Or les *marches* du

Mais M. l'*Abbé Nollet* a trouvé les mêmes réſultats avec le Ther. d'eſprit-de-vin, qui ne ſuit pas le Ther. de mercure.

____

(*a*) *Leçons de Phyſique Expérimentale*, troiſième édition, Tome IV, page 512.

mercure & de l'*esprit-de-vin* sont très différentes ; & par conséquent si l'une des deux est d'accord avec la chaleur, l'autre doit s'en écarter beaucoup. Je comprends comment ces Messieurs ont pu se tromper. Dans les expériences de M. *Richmann*, les masses d'eau étoient trop petites pour qu'il pût avoir des résultats sûrs ; & dans celles de M. l'Abbé *Nollet*, outre cette même cause d'erreur, les différences de températures n'étoient pas assez grandes, pour produire un écart sensible, entre l'indication du Thermomètre & la chaleur réelle ; cet écart, dans tous les liquides que j'ai éprouvés, décroissant plus rapidement que la différence des températures (422 *ss note.*)

Esquisse du projet de M. le Sage pour graduer le Ther. par des mélanges d'eau de différentes températures.

422 *o.* C'est précisément la disparité des *marches* de l'*esprit-de-vin* & du *mercure*, qui, montrant certainement que l'une ou l'autre n'est pas d'accord avec la chaleur, les avoit rendu suspectes l'une & l'autre à M. *le Sage*. S'occupant de cette matière, il imagina son projet de graduation du Thermomètre, qui est indépendant de la *marche* des liquides. Il consiste, comme je l'ai dit, à faire un certain nombre de *mélanges* d'eau (ou de quelqu'autre liquide) de deux différentes températures, dans des proportions convenables, & avec des précautions, propres à conserver au *mélange* toute la chaleur des composans, ainsi qu'à le garantir d'addition. L'*excès* de chaleur de l'une des masses sur l'autre, se distribue également dans la masse totale : voilà le principe ; le reste dépand de calculs très simples. On comprend, par exemple, que ces mélanges pour-

roient être faits en telles proportions, que la chaleur du second *différeroit* de celle du premier, d'autant que celle du troisième *différeroit* de celle du second : & ainsi de suite. Les points où se tiendroit, dans de tels *mélanges* successifs, un Thermomètre de quelque liquide qu'il fût fait, détermineroient la grandeur tant absolue que relative de ses *dégrés* : & quelqu'*inégales* que pussent être les *étendues* qu'occuperoient ces *dégrés* sur le tube, ils exprimeroient toujours des *différences égales* de chaleur. C'est pourquoi, comme je l'ai dit (411 *note*), M. *le Sage* appelle *équidifférentiel*, le Thermomètre qui seroit gradué de cette manière. Il suffiroit d'en construire un seul ; car il serviroit ensuite de modèle, non seulement à ceux qui seroient faits du même liquide, mais encore à tous ceux qu'on feroit d'autres liquides, dont on connoîtroit la *marche*, relativement à celle de ce premier.

422 *p.* M. *le Sage* pourvoit à tout dans son projet. Mais sa santé & ses autres occupations, l'ont empêché de mettre la main à l'œuvre ; & les mêmes raisons de ma part ne m'ont pas permis de suivre un plan si étendu. Je ne me suis donc pas proposé d'abord le même but que M. *le Sage*, dans les expériences que je viens de faire ; je voulois seulement découvrir par leur moyen, si les condensations du *mercure* suivoient une marche *croissante* ou *décroissante*, comparativement à la chaleur. Cependant elles m'ont conduit plus loin, comme on le verra dans le détail que je vais en donner.

422 *q.* Dans le projet de M. *le Sage*, la prin-

Appliqué à découvrir dans quel sens la *marche du mercure* s'écarte de celle de *la chaleur.*

Différence

cipale difficulté consiste à garantir de perte ou d'acquisition de chaleur , le *mélange* fait de certaines quantités d'un même liquide , de différentes températures. Et pour mon but , il suffisoit de savoir certainement , si ce *mélange* avoit perdu, ou acquis , de la chaleur; pouvant d'ailleurs aisément rendre ces différences fort petites.

422 *r*. *Première expérience*. J'ai rempli d'*eau*, un vâse qui en contenoit environ 15 *livres* poids de marc; & j'ai vuidé cette eau dans un autre vâse capable d'en contenir une quantité double , sans être plein. L'*eau*, ainsi que ce dernier vâse , étoit à la température de la chambre : un Thermomètre de *mercure* , divisé en 80 parties entre les points correspondans à *la glace qui fond* & à *l'eau bouillante* , se tenoit exactement à 6 dans cette *eau* , & n'a point varié jusqu'au moment de l'expérience.

422 *s*. J'aurois voulu pouvoir mêler de l'*eau bouillante* à cette prémière dose , pour avoir une plus grande différence de température. Mais l'*eau bouillante* ne peut être mesurée ni pesée. Lorsqu'on la retire de dessus le feu & qu'elle cesse de *bouillir* , elle a déja perdu sensiblement de sa chaleur. C'est une attention qu'on ne paroît pas avoir faite dans quelques-unes des expériences que j'ai rapportées , & où il est parlé d'*eau bouillante*. Il seroit difficile même de mesurer de l'eau près de bouillir, & de s'assurer en même tems de sa température, car elle se *refroidit* très-rapidement ; & l'on ne vuide pas promptement un vâse exactement plein d'*eau*, sans risque d'en répandre. Voici donc

donc comment je m'y fuis pris pour m'affurer de la quantité de mon eau *chaude.*

422 *t.* J'ai mis fur le feu une mefure d'eau égale à la première, & prife à la même température : le vâfe qui la contenoit étoit couvert, pour empêcher l'évaporation, le plus qu'il feroit poffible. J'ai fait chauffer cette eau jufqu'à ce qu'elle ait été près de bouillir : je l'ai retirée alors de deffus le feu ; je l'ai remuée fortement ; & j'y ai plongé mon Thermomètre : il eft monté au deffus d'un fil qui marquoit fur fon tube le 75me. *dégré.* A l'inftant où, en redefcendant, il a atteint ce fil, j'ai vuidé cette eau dans le vâfe qui contenoit celle de 6 *dégrés* ; j'ai fortement agité le *mélange* ; j'y ai plongé mon Thermomètre ; & dès qu'il a été fixé, j'ai ramené au point où il fe tenoit, un fil que j'avois placé d'avance fur le tube aux environs de ce point.

422 *u.* Confidérons d'abord quelle devoit être la chaleur *réelle* de ce mélange. Il avoit 1°. une quantité de chaleur commune aux deux *mefures* d'eau mêlées enfemble, inconnue quant à fon intenfité, mais déterminée fur le Thermomètre, dont elle eft le *zéro* : favoir la chaleur de *la glace qui fond* : j'appellerai z cette première quantité. 2°. une autre quantité, commune encore aux deux *mefures*, favoir l'excès de chaleur de l'eau la moins chaude, fur *la glace qui fond*, exprimée fur mon Thermomètre par 6 *dégrés* au deffus de *zéro*. 3°. *La moitié* de l'excès de chaleur de l'eau la plus chaude, fur l'eau la moins chaude ; cet excès s'étant diftribué

Chaleur d'une *maffe* d'eau égale à la première, mais plus chaude.

Mélange fait de deux *maffes*.

Immerfion du Ther. de *mercure* dans ce *mélange.*

Détermination de la *chaleur réelle* que devoit avoir le *mélange*, exprimée en dégrés de ce Thermom.

dans une masse *double*, il est exprimé sur le Thermomètre par $75 - 6 = 69$. Ainsi la chaleur *réelle* du *mélange* étoit la somme de ces trois quantités-là. On verra bientôt pourquoi je les ai distinguées.

Formule générale qui exprime la chaleur réelle de ces mélanges.

422 *x.* On peut exprimer par une formule générale la chaleur *réelle* résultante du *mélange* de deux masses d'eau de différentes températures. Soit *a* l'excès de chaleur de l'eau *la moins chaude* sur la quantité z; *b* l'excès de chaleur de l'eau *la plus chaude* sur la même quantité & z; $\frac{n}{d}$ le rapport de la *masse* la *plus chaude*, avec la *masse totale*, ou le *mélange*: la chaleur du *mélange* sera $z + a + \dfrac{\overline{b - a} \times n}{d}$

Application de cette formule au but de ces expér.

422 *y.* On voit par cette formule, comment j'allois à mon but par le mélange de mes deux masses égales d'eau de différentes températures. Si ces deux masses avoient eu chacune la température exprimée par 6 sur le Thermomètre, il se feroit encore tenu à 6 dans leur mélange, quelle que fût la marche du *mercure* comparativement à celle de la chaleur, puisque la *masse totale* auroit eu, comme ses moitiés, les deux premières *quantités* de chaleur que j'ai distinguées. Mais il n'en est pas de même de la troisième *quantité*; savoir l'excès de chaleur de l'eau la plus chaude sur l'eau la moins chaude. Il s'agissoit de savoir si, de même que cet excès devoit se réduire réellement à la *moitié* dans le *mélange*,

le *mercure* en paſſant de l'eau la plus chaude dans ce *mélange*, ſe condenſeroit auſſi de *la moitié* de la différence de 75 à 6, ou *en quel ſens* il s'en écarteroit. C'eſt-à-dire, ſuivant ma formule, ſi le Thermomètre ſe tiendroit dans le mélange à $6 + \dfrac{\overline{75 - 6} \times 1}{2} = 40$,

Chaleur réelle dans la 1ᵉ. expér.

5 au deſſus de *zéro*, ou s'il ſe tiendroit plus haut ou plus bas que ce point. Dans mon expérience, il s'eſt tenu à 39, 2.

Indication du Therm.

422 *z*. J'ai fait abſtraction dans ce calcul, de l'influence des cauſes étrangères ; je vais maintenant les conſidérer. La première de ces cauſes, eſt le *contact de l'air* pendant le tems qui s'eſt employé à faire le mélange & à obſerver ſa température. Ce tems a été de moins d'une minute, & il s'en eſt écoulé enſuite plus de 2, avant que j'aie pu appercevoir l'extrèmité de la colonne de mercure au-deſſous du fil, très-mince, qui marquoit le point où elle s'étoit arrêtée d'abord. Ainſi l'effet de cette première cauſe peut être négligé. Je ſavois par d'autres expériences, qu'une maſſe de 30 *livres* d'eau, dont la température ne diffère que d'environ 30 *dégrés* de celle de l'air extérieur, ſe refroidit très-lentement.

Cauſes étrangères qui ont influé dans cette expér.
1o. Le contact de l'air.

L'effet de cette cauſe a été inſenſible.

422. *aa*. Mais voici deux autres cauſes de *refroidiſſement*, qui ne peuvent être négligées. La première eſt l'*infuſion* de l'eau la plus chaude dans l'eau la moins chaude, pendant laquelle cette première eau, dont la température différoit de celle de l'air, de 69 *dé-*

2o. L'infuſion de l'eau la plus chaude dans celle qui l'étoit le moins.

grés, lui a présenté une très-grande surface : en sorte que, quoique l'*infusion* ait été très-prompte, elle a pu occasionner une perte de chaleur, sensible sur le Thermomètre. La seconde est la *chaleur du vâse* ou j'ai fait le mélange, qui étant au même dégré que celle de l'eau la moins chaude, se trouvoit moindre d'environ 33 *dégrés*, que celle du *mélange*, & qui parconséquent a dû absorber quelque portion de cette dernière.

3°. La chaleur du vâse moindre que celle du mélange.

422 *bb*. Il m'auroit été bien difficile de déterminer immédiatement la quantité de ces deux *pertes* : mais je pouvois y parvenir avec une exactitude suffisante, en faisant inversement l'*infusion*, c'est-à-dire, en versant l'eau la moins chaude, dans le vâse qui contiendroit l'eau la plus chaude. C'étoit d'abord me mettre sûrement à l'abri de l'une des deux causes d'erreur : car l'eau la moins chaude, étant à la température de l'air, ne pouvoit perdre ni gagner de la chaleur, en le traversant pour passer d'un vâse à l'autre : & la seconde cause devoit agir en sens contraire, puisque le vâse dans lequel se feroit le mélange, auroit en *excès* de chaleur, ce que le vâse de la première expérience avoit eu en *défaut*, comparativement au *mélange*.

Projet d'expér. pour évaluer l'effet des deux dern. causes.

422. *cc*. *Seconde expérience.* L'eau à la température le l'air de la chambre, tenoit le Thermomètre à 5, 2. J'en ai mis une mesure semblable aux précédentes, dans un vâse de cuivre battu capable d'en contenir un peu plus de deux mesures sans être plein : & j'en ai tenu une autre mesure en reserve. J'ai

2°. Expér. Le mélange fait dans le vâse qui contenoit l'eau la plus chaude.

fait chauffer la première *mesure*, en couvrant
le vâse : je l'ai retirée de dessus le feu quand
elle a été assez chaude, je l'ai agitée, & à
l'instant où le Thermomètre que j'y avois
plongé s'est trouvé descendu à 75, j'y ai
mêlé la *mesure* d'eau de 5, 2 *dégrés* : j'ai d'a-
bord agité le *mélange*, & j'ai observé le point
où le Thermomètre s'y tenoit. Cinq minutes
après, on n'appercevoit qu'à peine l'extrémité
de la colonne de mercure au-dessous du fil qui
marquoit ce point ; de sorte que le *refroidissement* peut encore être négligé.

422 *dd*. Il ne reste donc dans cette expérience, qu'une seule cause de changement
dans la chaleur moyenne des deux *mesures*,
savoir *l'excès* de chaleur du vâse sur celle du
mélange : & par cette cause, le *mélange* devoit avoir un peu *trop* de chaleur : par conséquent il devoit faire tenir le Thermomètre un
peu *trop haut*. Pour se conformer à la chaleur

$$\textit{réelle}, \text{ il auroit dû se tenir à } 5, 2 + \frac{75 - 5, 2}{2}$$

$= 40, 1$; avec quelqu'augmentation à cause de
l'*excès* de chaleur du vâse : & cependant je ne
l'ai trouvé qu'à 39, 3.

422 *ee*. Ainsi le *mercure* s'est certainement
tenu *plus bas* sur son échelle, que si les *dégrés égaux* de celle-ci représentoient des
différences égales de la chaleur : & voici ce
qui en resulte relativement à ma recherche,
en faisant abstraction de cette petite cause
d'augmentation de chaleur, que je ne consi-
dérerai pour le présent, que comme assurant

Cause étran-
gère dans
cette expér.,
contraire à
celle de la
première.

Conséquen-
ces qui dé-
coulent de
ces expérien.

ma conséquence. La chaleur *réelle* du *mélange*, étoit autant *au dessous* dè la chaleur de l'eau *la plus chaude*, qu'elle étoit *au-dessus* de la chaleur de l'eau *la moins chaude*, c'est-à-dire, que dans le *mélangé l'excès de chaleur* de l'eau *la plus chaude*, fur l'eau *la moins chaude* s'étoit réellement réduit à la *moitié*. Mais *l'excès de dilatation* du *mercure*, correspondant à cet *excès de chaleur*, a été réduit à *moins de la moitié*. Car cet *excès* étoit $75 - 5, 2 = 69, 8$; dont la *moitiè* $34, 9$: & le *mercure* a baiffé de $75 - 39, 3 = 35, 7$. & il n'eft refté au deffus du point correfpondant à la chaleur de l'eau *la moins chaude*. que de $39, 3 - 5, 2 = 34, 1$. Ainfi le *mercure* après s'être condenfé de $35, 7$ pour la *moitié de l'excés* de chaleur de l'eau *la plus chaude* fur l'eau *la moins chaude*, n'avoit à fe condenfer que de $34, 1$ pour l'autre *moitié* de cet *excès*.

Donc *les condenfations du MERCURE fuivent une marche DÉCROISSANTE, comparativement à des diminutions de la CHALEUR EGALES entr'elles.*

421 ff. Cette expérience prouve ainfi directement la vérité de la conclufion que j'avois tirée de mes expériences précédentes: favoir, *que le liquide, dont les condenfations fuivent une marche croîffante, comparativement à celles de tous les autres liquides, eft en même tems celui dont les différences de volume approchent le plus d'être proportionnelles aux différences de la chaleur.* Car les condenfations du *mercure* (qui jufqu'à préfent eft ce liquide) font encore un peu *décroiffantes,* comparativement à des diminutions de la chaleur *égales* entr'elles. Et par conséqnent, tous les autres *liquides* éprouvés jufqu'àpréfent, *s'écartent* plus que le *mercure*, de fuivre la *marche de la chaleur.*

422 *gg.* J'aurois eu bien du regret, fi le fcrupule qui m'a fait entreprendre ces expériences, ne m'étoit venu qu'après l'impreffion de mon ouvrage. Car je n'aurois pu, fans elles, donner que comme *probable*, ce qui eft maintenant *certain.* Ces dernières expériences, prouvent plus elles feules en faveur de la *marche* du *mercure*, que tout ce eft qui déjà imprimé de ce Chapitre. Cependant je ne le fupprimerai point. Je prie feulement mes Lecteurs de confidérer cette partie de mon ouvrage, fous un point de vue différent de celui qu'elle préfente par fa forme. Elle fervoit de preuve à une propofition; elle fera maintenant l'explication d'un phénomène. On n'y auroit vu que des raifons très-fortes de croire, que le *mercure* mefuroit plus exactement la chaleur que les autres liquides; on y verra aujourd'hui pourquoi il la mefure plus exactement. Tout ce que j'ai dit dans ce premier but peut être dirigé fans effort au dernier, & me paroît propre à le remplir.

422 *hh.* Cette première queftion, que je regardois comme la plus importante pour le Thermomètre, étant maintenant décidée, j'ai voulu voir fi mes expériences ne pouvoient pas me conduire plus loin; c'eft-à-dire, fi je ne pourrois point en conclurre affez probablement le *rapport des variations de la chaleur*

avec les *changemens de volume du mercure*, &
j'en ai conçu l'eſpérance, en remarquant le
peu d'écart qu'avoient produit, dans mes deux
expériences, les circonſtances différentes, ou
oppoſées, dont j'ai parlé, qui ſeules pouvoient
nuire à leur exactitude.

Examen de la 1e. expér. ſous ce point de vue.

422 *ii*. Dans ma première expérience, il y
a eu deux cauſes de *diminution* de chaleur,
dont les effets étoient ſenſibles ; ſavoir, le
paſſage de l'eau la plus chaude au travers de
l'air, lorſque je l'ai verſée dans le vâſe qui
contenoit l'eau la moins chaude, & où s'eſt
fait le mélange ; & la moindre chaleur de ce
vâſe, comparativement à celle du mélange.
Dans cette expérience, le Thermomètre s'eſt
tenu *plus bas* de 40, 5 — 39, 2 = 1, 3, qu'il
ne ſe ſeroit tenu, s'il eût été d'accord avec la
chaleur ; mais par les cauſes ci-deſſus, cette
différence (1 , 3) eſt *trop grande*.

Examen de la 2e. expér. ſous le même point de vue.

422 *kk*. Dans la ſeconde expérience, il
n'y a point eu de cauſe ſenſible de *diminution* de chaleur ; au contraire, il y a eu une
cauſe d'*augmentation*; ſavoir, l'*excès* de chaleur
du *vâſe* ſur le *mélange*. Le Thermomètre s'eſt
tenu de 40, 1 — 39, 3 = 0, 8, *plus bas*,
que s'il eût ſuivi la marche de la chaleur ;
mais par la cauſe d'*augmentation* de chaleur,
cette différence (0 , 8) eſt *trop petite*.

Evaluation de l'effet des cauſes étran- géres dans ces deux expér.

422 *ll*. Ainſi tout l'*écart* des deux réſultats,
produit par ces trois cauſes concourantes,
n'eſt que de 1, 3 — 0, 8 = 0, 5 ; & par
conſéquent je ne puis me tromper eſſentiellement, en aſſignant à chacune de ces cauſes ſa
portion de ces $\frac{5}{10}$ de *dégré* qui ſont l'*écart* total.

J'augmenterai donc de $\frac{1}{10}$ de *dégré*, l'indication du Thermomètre dans la première expérience, où il y a eu deux caufes de *diminution* de chaleur. Cette indication fera ainfi 39, 5, & elle différera d'un *dégré* de la chaleur *réelle*. Je diminuerai au contraire de $\frac{2}{10}$ de *dégré*, l'indication du Thermomètre dans la feconde expérience, où le *vâfe* étant de cuivre, a dû un peu plus *augmenter* la chaleur, que le *vâfe* de la première, qui étoit de bois, ne l'a *diminué*. L'indication du Thermomètre fera donc 39, 1 ; & elle différera auffi d'un *dégré*, de la chaleur *réelle*.

422 *mm*. Réuniffant enfuite ces deux ex- périences, pour avoir un réfultat moyen, nous aurons $\dfrac{6 + 5, 2}{2} = 5, 6$, pour la cha-leur de l'eau *la moins chaude*, 75, pour celle de l'eau *la plus chaude*, qui étoit au même dégré dans les deux expériences; $\dfrac{39, 5 + 39, 1}{2}$ $= 39, 3$ pour l'indication du Thermomètre dans le *mélange*, & $\dfrac{40, 5 + 40, 1}{2} = 40, 3$

pour le point où il fe feroit tenu, fi fes dégrés exprimoient des parties égales de la chaleur; c'eft à-dire, qu'en mêlant ces maffes égales d'eau, de 5, 6 & 75 fur le Thermomètre de mercure; ce Thermomètre ne fe tient dans le mélange qu'à 39, 3, au lieu qu'il s'y tien-droit à 40, fi fes *dégrés* exprimoient des parties égales de la chaleur.

[Notes marginales : Combinai-fon des deux réfultats. — Détermina-tion de l'é-cart moyen entre l'indi-cation du Therm. & la chaleur réelle.]

Difficulté de ſuivre cette recherche par la même route.

422 *nn.* Si j'avois pu mêler enſemble des maſſes égales d'eau, à des températures correſpondantes aux deux extrémités de l'échelle fondamentale du Thermomètre, j'aurois eu immédiatement l'indication du Thermomètre à la *chaleur moyenne* entre ces deux points; & par quelques autres mélanges d'eau à ces deux températures, dans des proportions différentes, j'aurois eu d'autres points correſpondans de mon *Thermomètre* & de la chaleur, qui m'auroient conduit à la loi que ſuivent les *condenſations du mercure*, par des *diminutions de la chaleur égales entr'elles*. Mais je l'ai dit, l'*eau bouillante* ne peut être meſurée ni peſée (422 *s.*), & l'eau meſurée ou peſée d'avance ne peut s'échauffer juſqu'à bouillir fortement, ſans perdre ſenſiblement de ſa *maſſe*, par l'évaporation. D'un autre côté, il étoit bien difficile d'avoir une maſſe d'eau auſſi grande que celle que j'ai employée, qui fût exactement à la température de la *glace fondante*. J'ai donc abandonné ce moyen, & j'en ai ſuivi un autre que je vais expoſer.

Recherche par le rapport de la *marche* des *huiles* avec celle du *merc.*

422 *oo.* On voit par ces dernières expériences, que la *marche* du *mercure* s'écarte très-peu de celle de la *chaleur*, & j'ai trouvé par mes expériences précédentes, non-ſeulement que la *marche* des *huiles* s'écarte auſſi très-peu de celle du *mercure*, mais encore que ces liquides ont des propriétés ſemblables, quant aux effets de la *chaleur* ſur les différences de leur volume (417 *f.*). Partant de-là, j'ai cherché ſi quelqu'un de mes Thermomètres d'*huiles* n'auroit point différé d'avec le Ther-

momètre de *mercure* dans mes dernières expériences, d'autant que celui-ci avoit différé d'avec la *chaleur* : penfant qu'on pourroit prendre alors, fans erreur fenfible, la *marche* de ce Thermomètre d'*huile*, comparätivement au Thermomètre de *mercure*, pour celle de celui-ci, comparativement à la *chaleur*. Et j'ai trouvé que le Thermomètre d'*huile effentielle de camomille* eft exaĉtement dans ce cas; en voici la preuve :

L'huile effentielle de camomille employée à cette recherche.

422 *pp.* Quand le Thermomètre de *mercure* eft à 75, le Thermomètre *d'huile de camomille* eft à 74, 7 ; & fi le premier eft à 5, 6, le dernier eft à-peu-près à 5, 1. Le Thermomètre *d'huile de camomille* fe feroit donc tenu à 74, 7 & 5, 1 dans mes deux maffes égales d'eau mêlées enfemble ; & en faifant pour celui-ci le même calcul que pour le Thermomètre de *mercure*, il auroit dû fe tenir dans le *mélange*

Elle s'écarte autant du mercure par fa marche, que celui-ci de la la chaleur.

$$\text{à } 5, 1 + \frac{74, 7 - 5, 1}{2} = 39, 9,\text{ pour expri-}$$

mer la *chaleur moyenne* entre ces deux températures. Mais il ne s'y feroit tenu réellement qu'à 37, 9 ; car le Thermomètre de *mercure* a indiqué 39, 3, & quand celui-ci eft à ce point, le Thermomètre d'*huile de camomille* eft à 37, 9 : ainfi dans un femblable mélange, l'indication du Thermomètre d'*huile de camomille* différeroit de 2 *dégrés*, de ce qu'elle feroit fi fes *dégrés* exprimoient des *parties égales* de la *chaleur*. Mais cette différence n'a été que d'un dégré pour le Thermomètre de *mercure* ; donc, dans la même expérience, le

Thermomètre d'*huile de camomille* s'écarteroit autant du Thermomètre de *mercure*, que celui-ci s'écarte de la *chaleur*, c'est-à-dire, d'un *dégré*.

On peut prendre la *marche de l'huile de camomille relativ. au merc.* pour celle du *merc. relativ. à la chaleur.*

422 *qq*. La quantité de ces *écarts*, reconnus *égaux*, ne paroîtra pas bien grande, quand on considérera que les *chaleurs* des masses d'eau mêlées ensemble dans cette expérience, diffèrent peu de celle de l'*eau bouillante* & de la glace qui fond, qui font les termes extrêmes de l'échelle fondamentale des deux Thermomètres ; & il est à remarquer encore, qu'elles en diffèrent presqu'également en se rapprochant du milieu de cette échelle. Il suit de-là, qu'on peut prendre pour la *marche* du Thermomètre de *mercure*, comparativement à la *chaleur*, celle du Thermomètre d'*huile de camomille*, comparativement au Thermomètre de *mercure*. Les différences, du moins, ne peuvent jamais être bien sensibles.

Exécution de cette idée.

422 *rr*. Pour exécuter cette idée, j'appellerai z, la *chaleur de la glace qui fond*, & $z + 80$, la *chaleur de l'eau bouillante* ; & je supposerai divisée en 80 parties égales, la différence de ces deux quantités de *chaleur*. Alors je prendrai pour les points du Thermomètre de *mercure*, correspondans à cette division de l'*excès de chaleur de l'eau bouillante* sur la *glace qui fond*, les points du Thermomètre d'*huile de camomille*, correspondans à ceux du Thermomètre de *mercure*, divisé aussi en 80 parties égales dans l'intervalle des points de l'*eau bouillante* & de la *glace qui fond*. C'est ce que j'ai fait dans la Table suivante.

TABLE des points du Thermomètre de mercure *divisé en* 80 *parties égales entre les températures de la glace qui fond & de l'eau bouillante, qui correspondent à la division en* 80 *parties égales de l'excès de chaleur de l'eau bouillante sur la glace qui fond.*

	Chaleurs réelles,	Points correspondaus du Thermomètre de mercure.	Condens. du mer. par des diminut. de la chal. égales entr'elles, en partant de l'eau bouil.
Chaleur de l'eau bouillante.	z + 80	80,0	
	z + 75	74,7	5,3
	z + 70	69,4	5,3
	z + 65	64,2	5,2
	z + 60	59,0	5,2
	z + 55	53,8	5,2
	z + 50	48,7	5,1
	z + 45	43,6	5,1
	z + 40	38,6	5,0
	z + 35	33,6	5,0
	z + 30	28,7	4,9
	z + 25	23,8	4,9
	z + 20	18,9	4,9
	z + 15	14,1	4,8
	z + 10	9,3	4,8
	z + 5	4,6	4,7
Chal. de la glace qui fond.	z	0,0	4,6
			80,0

J'ai fait un léger changement à la marche de l'*huile de camomille*, en l'appliquant au Thermomètre de *mercure* dans cette *Table*, parce que j'y ai vu une petite irrégularité, qui m'a paru vicieuſe.

422 ſs. Le premier uſage que j'ai fait de cette *Table*, a été de l'appliquer aux deux expériences par leſquelles j'y ſuis parvenu. Ces expériences lui ont bien ſervi de fondement ; mais d'abord, il s'en falloit d'environ 10 *dégrés*, que la différence des chaleurs des deux maſſes d'eau mêlées enſemble, ne fût égale à celle des chaleurs de l'*eau bouillante* & de *la glace qui fond* : & de plus, je n'avois déterminé par ces expériences, qu'un ſeul point de correſpondance entre les *marches* du *mercure* & de la *chaleur*. Il a donc fallu, nonſeulement évaluer l'effet d'une plus grande différence de chaleur entre les deux maſſes d'eau (*a*), mais encore fixer tous les autres

---

(*a*) La différence de température des deux maſſes d'eau que j'ai mêlées enſemble, étoit d'environ 70 *dégrés* ; & le Thermomètre de *mercure* s'eſt *écarté d'un dégré* de la chaleur *réelle*. Par l'évaluation que j'ai faite de la quantité dont il s'*écarte* d'avec la chaleur moyenne *réelle* de l'*eau bouillante* & de la *glace qui fond*, dont la différence eſt 80 *dégrés*, j'ai trouvé que cet *écart* doit être d'un *dégré* $\frac{2}{3}$, comme on le voit dans la *Table* au *dégré* $z + 40$. Ainſi, pour $\frac{1}{8}$ d'augmentation dans la *différence* des températures des maſſes d'eau mêlées enſemble, l'*écart* du Thermomètre de *mercure*, comparativement à la chaleur *réelle*, augmente de $\frac{2}{7}$; &, par conſéquent, cet *écart* croît plus rapidement que la *différence* des températures. C'eſt ce que j'ai dit ci-devant (422 *n*), en parlant des expériences de même eſpèce, faites ſur *l'eſprit-de-vin* par M. l'Abbé *Nollet*.

points correspondans du *Thermomètre de mercure* & de la *chaleur* ; c'est ce que j'ai fait par le moyen du Thermomètre d'*huile essentielle de camomille.* Il suit de-là, que c'est faire une vérification de ma *Table*, que de l'appliquer à ces deux expériences ; car si les déterminations ajoutées au premier résultat n'étoient pas justes, la *Table* ne se prêteroit pas exactement à ces expériences. On le comprendra par l'application que je vais en faire.

422 *tt.* Dans ma *première expérience*, j'ai mêlé parties égales d'eau de 75 *dégrés*, & de 6 *dégrés*, sur le Thermomètre de *mercure*, dont les *chaleurs réelles*, par la *Table*, étoient $z + 75, 3$ & $z + 6, 5$; & la *chaleur réelle* moyenne, suivant ma formule (422 *x.*), Application à la 1e. *exp.*

$$z + 6, 5 + \frac{75, 3 - 6, 5}{2} = z + 40, 9, \text{qui,}$$

par la *Table*, correspond à 39, 5 sur le Thermomètre de *mercure.* Si donc le *mélange* n'avoit point perdu de sa chaleur, ce Thermomètre s'y seroit tenu à 39, 5 ; mais j'ai estimé (422 *ll.*) qu'il en avoit perdu 0, 3 : par conséquent il a dû ne s'y tenir qu'à 39, 2, & c'est le point où je l'ai trouvé.

422 *uu.* Dans la *seconde expérience*, j'ai mêlé parties égales d'eau à 75, & à 5, 2, sur le Thermomètre, dont les *chaleurs réelles*, suivant la *Table*, sont $z + 75, 3$, & $z + 5, 6$, & Application à la 2e. *exp.*

$$\text{leur terme moyen } z + 5, 6 + \frac{75, 3 - 5, 6}{2}$$

$$= z + 40, 5 ; \text{ qui correspond à } 39, 1 \text{ sur le}$$

Thermomètre. Mais dans cette expérience, le *mélange* a ſubi une augmentation de chaleur de 0, 2 (422 *ll.*); ainſi le Thermomètre a dû s'y tenir à 39, 3, & il s'y eſt tenu en effet.

Projet de plus ample vérification.

422 *xx.* Lorſque j'ai entrepris ces nouvelles expériences, il ne m'étoit pas ſeulement venu en idée qu'elles puſſent me conduire à former, avec quelque vraiſemblance, une *Table* des *dégrés* du *Thermomètre de mercure*, correſpondans à des *différences égales de la chaleur.* Mais l'eſpérance croît avec le ſuccès, & le deſir avec l'eſpérance : auſſi, quelque preſſé que je ſois, par bien des motifs, de me détacher enfin d'un ouvrage que j'ai commencé il y a plus de ſeize ans, & que l'empreſſement obligeant de M. *de la Lande* lui a fait annoncer depuis ſept ans dans la *Connoiſſance des mouvemens céleſtes* pour l'année 1765, je n'ai pu réſiſter au deſir de vérifier quelques points de ma *Table* par de nouveaux *mélanges*, faits dans des proportions différentes des premières.

3ᵉ. *Expér.*

422 *yy. Troiſième expérience.* J'ai mêlé une *partie* d'eau de 75 *dégrés* ſur le Thermomètre, à 2 *parties* de 6, 2 *dégrés* : le *Thermomètre* eſt toujours de *mercure* ; ces *parties* d'eau ſont de 15 *livres* ; le *mélange*, dans cette 3ᵐᵉ. expérience, ainſi que dans la 4ᵐᵉ., a été fait dans le vâſe qui contenoit l'eau la plus chaude, comme dans la 2ᵐᵉ. expérience ; ce vâſe étoit auſſi de cuivre battu.

Comparée à la *Table.*

422 *zz.* Suivant les rapports fournis par ma *Table*, la *chaleur réelle* de l'eau de 75

dégrés

dégrés au *Thermomètre*, est $z + 75$, 3, & celle de 6, 2 est $z + 6$, 7; ainsi la chaleur du

$$\text{mélange auroit été } z + 6, 7 + \frac{75, 3 - 6, 7}{3} =$$

$z + 29$, 6, si dans cette expérience le vâse n'avoit pas été plus chaud que ce *mélange*. On a vu comment j'ai déterminé la quantité de cette augmentation dans la *seconde* expérience, où je l'ai estimée $\frac{2}{10}$ de *dégré* sur le *Thermomètre*. Ici la chaleur du vâse étoit la même, mais le *mélange* étoit moins chaud; ce qui a du produire un plus grand écart. Je l'évalue donc à $\frac{1}{10}$, qu'il faut ajouter à 28, 3; point auquel correspond, dans la *table*, la *chaleur* $z + 29$, 6. Le *Thermomètre* devoit donc se trouver dans le *mélange* à 28, 6: & je l'ai trouvé à 28, 7.

422 *aaa. Quatrième expérience.* Pour vérifier un des points de ma *table*, au-dessus du milieu de l'échelle; j'ai mêlé 2 *parties* d'eau de 75 *dégrés* sur le *Thermomètre*, à 1 *partie* de 6, 9. Ces points correspondent, par la *table*, aux *chaleurs* $z + 75$, 3 & $z + 7$, 4. Ainsi la *chaleur* du *mélange* auroit été $z + 7$, $4 +$

$$\frac{75, 3 - 7, 4 + 2}{3} = z + 52, 7, \text{ si le vâse n'avoit}$$

pas encore été plus chaud que ce *mélange*. Mais ici la différence d'avec la *seconde* expérience, étoit contraire à la différence de la *troisième*: le *mélange* a été plus chaud que dans celle-là. Je n'estime donc qu'$\frac{1}{10}$ de *dégré* l'aug-

M

mentation de la chaleur du *mélange* ; & cette quantité doit être ajoutée à 51, 4, qui, par la *table*, correspondent à la chaleur ꝃ + 52, 7. Le *Thermomètre* devoit donc être à 51, 5 dans le *mélange* ; & c'est exactement le point où je l'ai trouvé.

Projet d'une 5e. expér.

422 *bbb.* Content de ces vérifications, j'allois remettre mon Ouvrage sous presse, lorsqu'une nouvelle idée est venue me poursuivre encore, malgré la nouvelle suspension qu'elle devoit occasionner. Je voulois vérifier, par un mélange de parties égales d'eau à des températures peu différentes de l'*eau bouillante* & de la *glace qui fond*, l'estimation que j'avois faite du point du Thermomètre qui correspond à la chaleur moyenne entre ces deux températures. Il falloit attendre pour cela que l'air de ma chambre fût assez près de la température de *la glace qui fond*, & je l'ai attendu.

Je voulois aussi répéter ma *première* expérience, où j'avois versé l'eau la plus chaude dans le vâse qui contenoit l'eau la moins chaude, pour vérifier mon estimation de l'effet de cette circonstance.

5e. Expér.

422 *ccc. Cinquième expérience.* Pour satisfaire à ce double but, j'ai mis dans le vâse de bois de la *première expérience*, 1 *partie* d'eau où le *Termomètre* se tenoit à + 1, comme dans l'air de la chambre ; & j'y ai mêlé 1 *partie*

Comparée à la *Table*.

d'eau qui tenoit le *Thermomètre* à + 77. Les *chaleurs réelles* correspondantes à ces deux points du Thermomètre, suivant la *Table*, sont ꝃ + 1, 1 & ꝃ + 77, 2. Ainsi la chaleur réelle du mélange devoit être $z + 1, 1 +$

$$\frac{77, 2 - 1, 1}{2} = z + 39, 15;$$ & par la *Table*,

cette *chaleur* correspond à 37, 75 sur le *Thermomètre*.

422 *ddd*. Mais il y a eu dans cette expérience plusieurs causes de diminution de chaleur. Les principales sont les mêmes que dans la *première*, savoir le passage de l'eau la plus chaude dans l'air, & la moindre chaleur du vâse comparativement au *mélange*. J'ai estimé $\frac{1}{10}$, l'effet de ces deux causes dans la *première* expérience ; mais ici leur effet a dû être plus grand ; car la température de l'air, au travers duquel l'eau la plus chaude a été versée, en différoit de 7 dégrés de plus ; elle n'étoit que d'environ 69 dans la première, & elle s'est trouvée de 76 dans la dernière. Dans la première aussi, la température du vâse ne différoit que d'environ 33 *dégrés* de celle du *mélange*, & elle en a différé dans la dernière d'environ 36 *dégrés*. Je crois donc, qu'à cause de ces deux augmentations de différence, la perte de chaleur provenant de ces deux causes, peut être estimée $\frac{4}{10}$ de *dégré*.

422 *eee*. Mais il faut y ajouter l'effet d'une troisième cause, que j'avois négligée jusques à présent, parce que son effet n'avoit pas été sensible ; c'est le *refroidissement* pendant l'expérience. Il semble que la différence de chaleur du *mélange* & de l'*air*, n'ayant été que de 3 *dégrés* plus grande dans cette dernière expérience, que dans la première, le *refroi-*

diffement n'auroit pas dû être beaucoup plus rapide. Cependant il l'a été : & c'est-là un exemple de ces caprices apparens de la nature, qui ne permettent pas de suspendre un moment l'attention quand on l'étudie. L'eau d'environ 37 *dégrés* sur le *Thermomètre*, environnée d'air à 1 *dégré* ; a perdu plus de $\frac{1}{2}$ *dégré* de chaleur en 3 minutes, tandis que la même masse d'eau, à 39 *dégrés*, environnée, dans le même vâse, d'air à 6 *dégrés*, n'avoit pas perdu, dans le même tems, une quantité de chaleur dont il valût la peine de tenir compte. J'ignore la cause de cette différence : mais puisqu'elle a eu lieu, on ne peut se dispenser d'y avoir égard. Si le *refroidissement* a été de $\frac{3}{5}$ de *dégré* dans 3 minutes, il a dû être, dans moins d'1 minute qu'a duré l'expérience, environ le quart de cette quantité, soit $\frac{3}{20}$; qui joints à $\frac{4}{10}$ pour l'effet des deux causes précédentes, font en tout $\frac{11}{20}$, soit 0, 55, à déduire de 37, 75 où le *Thermomètre* auroit dû se tenir dans le *mélange*,

Résultat. suivant le calcul précédent. Il devoit donc se tenir à 37, 2 : & c'est exactement le point où je l'ai trouvé.

Remarque
sur l'exacti
tude qui se
trouve dans
ces *expér.* 422 *fff.* Voilà bien de la précision dans des expériences, qui par leur nature ne semblent pas la promettre. Aussi, quoiqu'elle s'y trouve réellement, je n'ôse l'attribuer à la règle que j'ai établie. Quand cette règle seroit rigoureusement exacte en elle-même, je ne me flatterois pas que l'expérience s'y conformât toujours avec autant de précision. J'ai fait les miennes avec beaucoup de soin, en voilà cinq qui se fortifient mutuellement, c'est tout ce que je puis en dire.

422 *ggg.* Je n'affûre donc pas que ma règle foit abfolument exacte, je lui foupçonne même un petit défaut ; c'eft qu'elle met un peu trop de différence entre la *marche* du *mercure* & celle de la *chaleur*, le *refroidiffement* pendant les expériences, dont je n'ai tenu compte que dans la dernière ; & l'évaporation qu'ont éprouvé les *mefures* d'eau que j'ai fait chauffer, qui diminuoit un peu leur maffe, ont dû diminuer la chaleur des *mélanges*, & par conféquent faire tenir le *mercure* un peu trop bas. Mais cette erreur, par la nature même de fes caufes, ne peut être que très-petite, & par l'expérience, elle l'eft réellement, puifqu'elle ne s'eft pas manifeftée, malgré la différence des combinaifons. Je crois donc qu'elle peut être négligée, jufqu'à ce qu'on foit parvenu à l'évaluer, par des expériences dont on ait écarté ces caufes d'erreur, & qu'on peut accorder affez de confiance à la *table* que j'ai formée des *marches correfpondantes* de la *chaleur* & du *Thermomètre du mercure.*

422 *hhh.* Un des ufages qu'on peut faire de cette *table*, eft de divifer l'échelle du *Thermomètre de mercure*, de manière que fes *parties* repréfentent réellement des *différences* égales de la chaleur. Pour cet effet, on fuppofera divifé en 800 parties, l'intervalle des points de l'*eau bouillante* & de la *glace qui fond* fur le tube du Thermomètre. Alors, les nombres 46, 47, 48, 48, 49, ... 53, qui forment la troifième colonne de la *table*, & dont la fomme eft 800, marqueront les étendues fucceffives que le *mercure* parcourra dans ce tube, par des

Raifon de croire qu'elles mettent un peu trop de différence entre la marche du mercure & celle de la chaleur.

Divifion du Ther. de mercure en dégrés qui indiqueroient des différences égales de la chaleur.

accroîssemens ou décroîssemens *égaux* de la *chaleur*, dont 16 font la différence des *chaleurs* de l'*eau bouillante* & de la *glace qui fond*.

Exécution.   422 *iii*. Cette division du *Thermomètre* s'exécutera fort aisément par le moyen d'une *échelle de mille parties*, en employant l'analogie suivante. Comme 800 sera au nombre de *parties* de cette *échelle* contenues dans l'intervalle des points de la *glace qui fond* & de l'*eau bouillante* sur le tube du Thermomètre; ainsi 46, 47, 48, 48, 49.... 53, seront au nombre de ces mêmes *parties* qu'il faudra prendre & marquer successivement le long du tube, pour exprimer ces *accroîssemens égaux* de la *chaleur*, dont 16 font l'excès de chaleur de l'eau bouillante sur la glace qui fond. Chacun de ces espaces sera ensuite divisé en 5 parties égales, car les différences entre les *marches* du *mercure* & de la *chaleur*, ne peuvent être sensibles dans de si petites portions de l'échelle du Thermomètre: & en partant du point de la *glace qui fond*, qui sera désigné par z. on placera les chiffres 5, 10, 15, 20, 25.... 80 auprès des points qui marqueront ces *parties* de la *chaleur*, de 5 en 5.

Usage.   422 *kkk*. Le *Thermomètre de mercure* étant ainsi divisé, tous ses *dégrés* exprimeront des *quantités égales* de *chaleur*; c'est-à-dire, que la *quantité* qui lui feroit parcourir l'*espace* de z à $z + 1$, seroit *égale* à celle qui lui feroit parcourir l'*espace* de $z + 79$ à $z + 80$; quoique ce dernier *espace* soit plus grand que le premier, dans le rapport 53 à 46.

Formation d'une *Table*   422 *lll*. Mais quelque simple que soit en elle-même cette division du Thermomètre, en *dégrés* qui expriment des *différences égales* de la chaleur, & quelqu'aisée même qu'en soit l'exécution pour les personnes exercées ; il est plus sûr de conserver, pour les cas ordinaires, la division en *dégrés d'égale étendue.* C'est-pourquoi j'ai dressé la *table* suivante des *quantités réelles de chaleur,* qui correspondent à la suite de ces *dégrés.* Je l'ai formée en prenant les *hauteurs* du Thermomètre de 5 en 5 *dégrés égaux ;* au-lieu que dans la *table* précédente, les nombres de ces mêmes *dégrés* vont en augmentant de bas en-haut ; & j'ai changé les termes correspondans dans la colonne des *chaleurs réelles,* comme l'exigeoit ce premier changement ; c'est-à-dire, dans le rapport des *différences* correspondantes. Par exemple,

des chaleurs réelles corresp. à la division du Ther. en dégrés égaux.

Quand le Thermomètre est à 4, 6, la *chaleur réelle* est $z + 5$.

4, 7 — — 5 *différence,*

& à 9, 3 — — $z + 10$

Ainsi quand le *Thermomètre* est à 5, c'est-à-dire de 0, 4 *plus haut* que 4, 6 ; la chaleur est plus grande de $\dfrac{0,4 + 5}{4,7} = 0,43$. Elle est donc $z + 5$, 43. Et ainsi de suite pour tous les autres termes. Cette méthode étant facile & aussi exacte qu'il est nécessaire, je n'en ai pas cherché une plus élégante, ni plus régulière.

TABLE des quantités réelles de chaleur, *correspondantes aux indications du Thermo-mètre de mercure divisé en 80 parties égales entre les points de l'eau bouillante & de la glace qui fond.*

	Thermomètre de mercure.	Chaleurs réelles.	Différences réelles de la chaleur, correspond. aux variations du Therm. de mercure, de 5 en 5 dégrés.
Eau bouillante.	80	z + 80,00	
	75	z + 75,28	4,72
	70	z + 70,56	4,72
	65	z + 65,77	4,79
	60	z + 60,96	4,81
	55	z + 56,15	4,81
	50	z + 51,26	4,89
	45	z + 46,37	4,89
	40	z + 41,40	4,97
	35	z + 36,40	5,00
	30	z + 31,32	5,08
	25	z + 26,22	5,10
	20	z + 21,12	5,10
	15	z + 15,94	5,18
	10	z + 10,74	5,20
	5	z + 5,43	5,31
Glace qui fond.	0	z	5,43
			80,00

422 *mmm.* Jettons maintenant un coup-d'œil sur les autres *liquides* dont j'ai fait des *Thermomètres*, & voyons comment ils expriment la *chaleur*. Je n'ai pas befoin pour cela de les foumettre aux mêmes expériences que le *mercure* : connoiffant leur *marche* comparativement à celle de ce liquide, je fais les points où ils fe feroient tenus dans ces expériences. J'indiquerai ceux où ils fe tiennent quand le *Thermomètre de mercure* eft à 38, 6, c'eft-à-dire par la *chaleur* ʒ + 40. C'eft à ce point que fe trouvent les plus grands écarts des *hauteurs* dans ces différens *Thermomètres*, & c'eft en même tems le milieu entre les *chaleurs* de l'eau bouillante & de la glace qui fond. J'indiquerai auffi les rapports de la condenfation de chacun de ces liquides, par la diminution de la première moitié de l'excès de l'une de ces *chaleurs* fur l'autre, avec fa condenfation par l'autre moitié ; c'eft-à-dire, par une diminution égale à la première.

Comparaifon de la *marche* du *mercure* à celle des autres *liquides* dont on a fait des *Thermomètres.*

TABLE des rapports des marches *de divers* liquides. *avec la* chaleur.

Thermomètres semblablement divisés en 80 parties entre les points de la glace qui fond & de l'eau bouillante.	Termes correspondans entr'eux & avec la chaleur $z+40$.	Rapports des condenſ. de chacun des liquid. ſuivans, par deux diminutions égales & ſucceſſives de la chaleur, dont la ſomme eſt égale à l'excès de chaleur de l'eau bouillante ſur la glace qui fond.	
		Condenſation par la diminution de la première moitié de cet excès.	Condenſation par la seconde moitié.
Mercure.	38,6	15 à	14,0
Ils s'écartent tous de la marche de la chaleur plus que le mercure. *Huile d'olive.*	37,8	15 à	13,4
Huile de lin (a).	37,8	15 à	13,4
Huile eſſentielle de camomille.	37,2	15 à	13,
Huile eſſentielle de ſerpolet.	37,	15 à	12,9
Eau ſaturée de ſel marin.	34,9	15 à	11,6
Eſp.-de-v. qui brûle la poudre.	33,7	15 à	10,9
Eau commune.	19,2	15 à	4,7

Conclusion. Le mercure approche plus que tous les autres liquides de meſurer exactement les différences de la chaleur. 422 *nnn.* Ce Tableau des rapports qu'ont avec la chaleur les *marches* des liquides dont on a fait des Thermomètres, ne laiſſe plus aucun doute ſur la propoſition que je voulois prouver : ſavoir ; que, *de tous ces liquides, le*

(a) Je tire ce rapport de l'expérience de M. *Ducreſt*, dont j'ai fait mention ci-devant (419 c).

mercure est celui qui approche le plus de mesurer des différences égales de la chaleur , par des différences dans son volume , égales entr'elles. Je puis même ajouter à présent , qu'il en approche beaucoup.

422 *ooo.* Telle est la première raison d'employer le *mercure* pour le Thermomètre , raison directe , tirée du but même qu'on se propose; celui de *mesurer* la chaleur. Aurions-nous une idée juste des rapports entre les parties du *tems*, si, pour *mesurer*, nous n'avions que ces montres anciennes , livrées à l'action variablement décroissante d'un premier ressort, & qui par conséquent ne pouvoient être d'accord entr'elles, & avec le *tems*, qu'à chaque *vingt-quatre-heures* ? On a remédié à ce défaut des premières montres, par des moyens qui ont produit l'*isochronisme*. Le Thermomètre avoit besoin aussi d'une correction qui produisît l'*iso-thermisme*, si je puis hasarder ce mot.

Remarque sur la nécessité des recherches précédentes.

422 *ppp.* Ce but renfermoit deux objets distincts. Le *premier* & le plus essentiel, est l'*uniformité* des Thermomètres : il falloit nécessairement parvenir à les rendre exactement comparables, sans quoi les Physiciens ne se seroient jamais entendus entr'eux sur les observations de la *chaleur.* C'est à cet objet que j'ai porté le plus d'attention ; on a déjà pu voir, & l'on verra mieux encore dans la suite, combien il avoit été négligé.

Il falloit essentielle ment rendre les Therm. *uniformes.*

422 *qqq.* La principale condition, pour parvenir à cette *uniformité* nécessaire, étant de n'employer au Thermomètre seul qu'un *liquide;* il s'agissoit de déterminer quel seroit ce *liquide* :

Condition principale pour y parvenir : L'emploi

d'un seul li-quide.

Raison de préférence : plus d'exactitude à mesurer la chaleur.

& certainement, à qualités d'ailleurs égales, celui-là devoit être préféré, dont la marche approchoit le plus d'être proportionnelle à celle de la chaleur. On pouvoit au moins par-là, diminuer l'erreur qu'on fait si naturellement, en regardant comme *égales*, les *quantités de chaleur* qui font parcourir au Thermomètre des *dégres égaux entr'eux*. C'étoit-là une des conditions qu'on devoit naturellement remplir, dans la fixation d'un Thermomètre *commun*.

Le Therm. commun doit être d'une exécution aisée.

Car il faut absolument que la construction de ce Thermomètre soit aisée, pour que le moindre Artiste puisse l'exécuter ; sans quoi nous serons toujours inondés de mauvais Thermomètres, réputés bons. Or sa construction ne seroit pas aisée, s'il falloit abandonner l'échelle divisée en parties égales, pour se rapprocher de la vraie marche de la chaleur ; j'ai donc cherché quel étoit le liquide qui remplissoit le mieux cette condition. On a vu les raisons qui m'ont décidé *a priori* en faveur du *mercure*.

Ces deux conditions réunies donnoient au Thermomètre toute la perfection nécessaire dans le plus grand nombre des expériences. C'étoit la *bâse* d'une mesure *uniforme* de la chaleur, & l'*uniformité* suffit dans toutes les expériences faites pour être comparées entr'elles. C'étoit encore le plus grand pas vers une mesure exacte, dès qu'il falloit la conserver *commune* & par conséquent aisée.

But particulier dans la construction du Therm.

422 *rrr.* Cependant il étoit fort intéressant, & il pouvoit être utile pour la suite, de satisfaire à un second *objet* que renferme l'idée

du *Thermomètre*, favoir, de déterminer le *rap-port* de fes *dégrés* avec des différences égales de la *chaleur*. C'eft fur ce point que la con-noiffance des vues de M. *Le Sage* m'eft de-venue fort utile. Je lui dois un premier pas, fans lequel je n'aurois point tenté de déter-miner les *marches* correfpondantes du *Ther-momètre de mercure* & de la *chaleur*; & par-conféquent, j'aurois ignoré à quel point ces *marches* fe rapprochent.

422 *sss*. L'évènement à cet égard a paffé mon attente. J'étois bien affuré par mes pre-mières expériences, que de tous les liquides employés jufqu'à préfent au Thermomètre, le *mercure* étoit celui dont la marche fe rap-prochoit le plus de celle de la *chaleur*; mais j'ai appris par les dernières, que la différence de ces *marches* eft fi petite, que dans la plu-part des cas, on peut prendre l'une pour l'autre, fans erreur fenfible. On peut donc continuer à divifer l'Echelle de ce Thermo-mètre en parties égales. Il fuffira aux Phyfi-ciens, pour qui la connoiffance des rapports exacts entre les *différences* de la chaleur pour-roit devenir néceffaire, d'avoir la *Table* qui les exprime.

Je reviendrai à cet objet, en tâtant de l'*échelle* du Thermomètre (453 *m.*) & je paffe maintenant à d'autres propriétés du *mercure*, dont l'expofition contribuera en-core à lui affurer la préférence pour la *me-fure* de la *chaleur*.

422 *ttt*. On emploie déja affez communé-ment le mercure dans les Thermomètres, à

communé-
ment pour le
Therm. par
d'autres rai-
ſons ;
  Conteſtées
cependant.

cauſe de ſa grande *ſenſibilité*, & de l'étendue des variations de chaleur qu'il peut ſoutenir. Mais ces avantages ſont conteſtés, ou eſtimés pour peu de choſe par quelques Phyſiciens. C'eſt-pourquoi je les rappellerai, & les appuierai de nouvelles preuves, en y joignant ceux que l'expérience m'a fait connoître.

Seconde raiſon d'employer le mercure pour le Thermomètre, tirée de ce qu'il eſt de tous les liquides le plus aiſé à purger d'air.

L'expulſion
de l'air eſt
une des gran-
des difficul-
tés dans la
conſtruction
du Therm.

423 *a.* Les plus grandes difficultés qu'on éprouve dans la conſtruction des Thermomètres, proviennent de l'*air* renfermé dans les liquides qu'on y emploie, & dont il faut néceſſairement les purger en grande partie. Cette expulſion demande plus ou moins de tems & de peine, ſuivant la nature des liquides. Si l'on emploie, par exemple, les huiles végétales faites par expreſſion, leur viſcoſité rend la ſortie de cet *air* très-lente : on n'eſt pas aſſuré au bout de trois mois, qu'il n'en ſortira plus. L'*air* ſe dégage plus aiſément de l'*eſprit-de-vin* ; mais les operations par leſquelles on le fait ſortir demandent aſſez de dextérité.

Elle eſt très-
longue dans
les Therm.
d'huile.

Difficile dans
ceux d'eſprit-
de-vin.

Elle eſt né-
ceſſaire dans
ces derniers,
pour qu'ils
ſupportent
l'eau bouil-
lante.

423 *b.* C'eſt principalement quand on veut régler à l'*eau bouillante* les Thermomètres d'*eſprit-de-vin*, qu'il eſt néceſſaire de les purger d'*air*. Il faut retarder l'ébullition de cette liqueur, qui, dans ſon état naturel, bout plus promptement que l'*eau*. On y parvient, en faiſant ſortir l'*air* qu'elle renferme ; dont

la dilatation, en écartant les parties de la liqueur, accélère la formation des vapeurs internes, qui produisent le bouillonnement.

423 *c.* M. *Jean Bénédict Durand*, qui depuis longtems s'occupoit des Thermomètres, & dont les lumières m'ont été fort utiles en plusieurs occasions, m'a fait part d'un moyen qu'il avoit trouvé pour faire supporter assez sûrement à l'*esprit-de-vin* la chaleur de l'eau bouillante : on sera bien aise de connoître ce moyen (*a*).

Moyen d'y parvenir trouvé par M. *J. B. Durand.*

423 *d.* Il consiste principalement à décharger l'*esprit-de-vin* du poids de l'Athmosphère, afin qu'il se purge d'*air* comme sous le récipient d'une pompe pneumatique. Pour cet effet, le Thermomètre étant à-peu-près rempli, il faut l'échauffer dans de l'eau, autant qu'il peut l'être sans que l'*esprit-de-vin* s'élance ; c'est-à-dire de 64 à 65 dégrés du Thermomètre de mercure, & le sceller, tandis que le tube est entiérement plein de la liqueur.

Il consiste à décharger l'esprit-de-vin du poids de l'Atmosph.

L'*esprit-de-vin* se refroidissant, se condense, & laisse vuide d'*air* la partie du tube qu'il abandonne. L'*air* que contient l'*esprit-de-vin*, se trouvant alors déchargé, se dilate & s'échape peu-à-peu : on le voit monter lentement & successivement en très-petites bulles, & sortir de l'*esprit-de-vin* pour gagner l'espace *vuide*. Souvent il s'accumule à la naissance du tube, & soulève la colonne de liqueur. On la fait descendre alors, par la

L'air étant moins chargé, se dilate & sort de l'esprit-de-vin.

(*a*) La mort m'a enlevé cet ami, & les regrets du Public ont justifié l'affliction que m'a causé sa perte.

méthode ordinaire; c'est-à-dire, en faisant tourner rapidement le Thermomètre comme une fronde, à l'aide d'une ficelle.

423 *e*. Cette émigration de bulles d'air dure très-diversement: elle cesse ordinairement au bout de quelques jours; d'autres fois elle dure plusieurs semaines. Quand elle a cessé, on ouvre le Thermomètre, & on le met à *l'eau bouillante*, en l'échauffant peu-à-peu. La chaleur étant plus grande dans cette seconde opération, il sort encore de *l'esprit-de-vin*. On en fait aussi sortir un peu, soit en suçant, soit en secouant le Thermomètre renversé, pour que l'extrémité de la colonne s'abbaisse de 2 ou 3 lign. au-dessous du sommet, & tandis que le Thermomètre éprouve toute la chaleur de *l'eau bouillante*, on le scelle de nouveau.

423 *f*. Cette méthode est très sure, quand on emploie des tubes d'une ligne de diamètre intérieur. Mais ces tubes exigent de grosses boules, & les Thermomètres sont peu sensibles. Si le diamètre des tubes est moindre, on ne peut s'assurer de réussir du premier coup: je l'ai éprouvé en faisant les Thermomètres qui ont servi à mes expériences. Il faudroit entrer dans de trop longs détails, pour décrire tous les procédés par lesquels j'ai vaincu les difficultés qui se sont présentées: & même je ne serois point assuré de satisfaire à tous les cas possibles, puisque le dernier Thermomètre que j'ai fait, a exigé de nouveaux expédiens.

423 *g*.

423 *g.* M. *Ducreſt*, qui faiſoit auſſi ſupporter à ſes Thermomètres la chaleur de *l'eau bouillante*, employoit une autre méthode. Il prévenoit les élancemens de *l'eſprit-de-vin*, en laiſſant la partie ſupérieure du tube pleine d'*air* : & pour que cet *air* n'éprouvât pas une trop grande compreſſion quand on mettoit le Thermomètre à *l'eau bouillante*, il faiſoit ſouffler une petite boule au haut du tube.

423 *h.* Mais cette méthode exige que l'*air* laiſſé dans le haut des Thermomètres, ſoit toujours en même proportion avec la liqueur, afin que celle-ci éprouve une réſiſtance égale dans tous les Thermomètres, lorſqu'elle ſe dilate. J'ai déja montré par une expérience, que l'*air* renfermé dans *l'eſprit-de-vin* le rend plus compreſſible (413 *f.*), & j'en trouve une nouvelle preuve dans le Thermomètre même de M. *Ducreſt*. Il ſe tient d'autant plus au-deſſous du mien, que la colonne s'élève davantage dans le tube : je parlerai bientôt de cette différence (425 *m* & *n.*). Or il eſt preſque impoſſible d'obtenir toujours la même proportion entre l'*air* & la *liqueur.* Car il faut avoir égard, non-ſeulement à la capacité de la petite boule & du tube, mais à la température de l'*air*, lorſqu'on le renferme, en ſcellant la petite boule à la flamme d'une lampe.

423 *i.* M. *Ducreſt* a reconnu ſans doute la néceſſité d'un même rapport entre l'*air* & *l'eſprit-de-vin* dans le Thermomètre : on peut le croire du moins par les précautions qu'il

Tome II.   N

exige pour le sceller (*a*). Mais ces précautions ne sont point sûres; puisqu'une de celles qu'il exige, est de ne pas *trop* chauffer la petite boule: ce qui est très vague. Il me semble donc qu'il vaut mieux purger d'air les Thermomètres d'*esprit-de-vin*, & que parconséquent la méthode de M. *Durand* est préférable à celle de M. *Ducrest*.

423. *k.* L'*air*, & les *vapeurs* dont il facilite la formation, produisent dans les Thermomètres d'*esprit-de-vin*, des phénomènes qui mériteroient d'être décrits, s'ils étoient aussi instructifs qu'ils sont singuliers. La plus petite bulle d'*air* qui se forme dans le tube, ou dans la boule, pendant que le Thermomètre est dans l'*eau bouillante*, suffit pour occasionner la formation de *vapeurs*, qui, se précipitant dans ce petit espace occupé par l'*air*, soulèvent brusquement l'*esprit-de-vin*. Si le tube est scellé, les *vapeurs* ne produisent qu'une simple séparation de la colonne d'*esprit-de-vin*, à laquelle on remédie, en faisant tourner le Thermomètre au bout d'une ficelle. Mais si le tube est encore ouvert, & que la petite bulle d'*air* se forme dans la boule, les *vapeurs* qui s'y accumulent chassent la liqueur au-dehors par un jet très-rapide. J'ai vu des Thermomètres qui, après avoir soutenu plusieurs fois la chaleur de l'*eau bouillante*, ne pouvoient plus la soutenir quelque tems après. Cet inconvénient a lieu dans la méthode de

---

(*a*) Page 14 de l'Ouvrage déjà cité.

M. *Ducreft* comme dans celle de M. *Durand.* Je l'ai éprouvé de celle-ci ; & M. *Ducreft* en convient pour la fienne (*a*).

423 *l.* Les phénomènes qu'on obferve, en mettant les Thermomètres à l'*eau bouillante*, varient beaucoup, fuivant la *liqueur* dont ils font faits : l'*efprit-de-vin* altéré par l'évapo-ration, ou par des mélanges, fupporte plus difficilement ce dégré de chaleur, que l'*efprit-de-vin pur.* Plus il eft affoibli, de quelque manière que ce foit, plus il contient d'*air* : l'*eau-de-vie*, par exemple, contient plus d'*air* que l'*efprit de-vin*, mais moins que le *vin* ; & par cette raifon un Thermomètre de *vin* eft très-difficile à faire. *(Plus l'efprit-de-vin eft foible, plus il eft difficile de le purger d'air.)*

423 *m.* De tous les liquides dont j'ai fait des Thermomètres, celui qui m'a donné le plus de peine pour le purger d'*air*, eft l'*eau falée.* L'huile demande beaucoup de tems, mais avec du tems on en vient aifément à bout. Quant à l'*eau falée*, le tems ne fuffit pas ; il faut encore beaucoup de foins & de travail. Les *vapeurs* de cette *eau* me paroiffent douées d'une vertu expanfive, beaucoup plus grande que celles de toutes les autres li-queurs ; du moins cette eau produit plus ai-fément des vapeurs que l'eau douce (*b*). Tant que mes Thermomètres d'*eau falée* renfer- *(Il eft très-difficile d'en purger l'eau falée. Ses vapeurs ont une très-grande force expanfive.)*

(*a*) Page 14.

(*b*) Il me femble, d'après ce que j'ai obfervé dans mon Thermomètre d'*eau falée*, que cette eau produiroit dans les *pompes à feu* des effets plus grands & plus prompts que ceux de l'*eau douce.*

moient de l'*air*, le simple contact de l'*eau bouillante*, y produisoit des pétillemens très-vifs, occasionnés par des oscillations très-rapides. Cet effet provenoit des vapeurs, successivement produites par les lames extérieures de la liqueur, & condensées par les lames intérieures.

Il est difficile de régler tout Therm. qui n'est pas de *mercure.*

423 *n.* Je pourrois rapporter bien d'autres phénomènes singuliers, produits par l'*air* & les *vapeurs* dans les Thermomètres qui ne font pas de *mercure* : mais je ne dois pas me permettre plus de détails sur cet objet. Il suffit d'avoir montré les difficultés qu'on éprouve, quand on veut faire supporter à ces Thermomètres la chaleur de l'*eau bouillante*. On verra dans la suite les erreurs qui en sont résultées.

Il est très-facile au contraire de régler les Therm. de *mercure.*

Nouvelle raison de l'employer au Therm.

423 *o.* Le *mercure*, au contraire, supporte la chaleur de l'*eau bouillante* sans la moindre difficulté : & c'est un point bien essentiel. Quand on connoît l'impatience de la plupart des amateurs, & le besoin que les artistes ont de leur tems, on sent que c'est gagner beaucoup pour l'exactitude, que de diminuer les difficultés, & d'abréger le travail.

Troisième raison d'employer le mercure pour le Thermomètre. Il est de tous les liquides, le plus propre à mesurer de grandes différences de chaleur.

De tous les liquides propres au Thermomètre,

424. *a.* On a souvent besoin de mesurer des dégrés de chaleur, qui excèdent celui de l'eau bouillante. Le Thermomètre d'*esprit-*

de-vin devient alors absolument inutile. Les Thermomètres d'huile seroient propres à cet usage, s'ils n'avoient pas les défauts que j'ai indiqués. Le Thermomètre de *mercure*, qui n'a pas ces défauts, peut mesurer les plus hauts dégrés de chaleur de la plupart des liquides. Il soutient la chaleur de l'étain fondu, & par-conséquent de tous les alliages de plomb, d'étain & des demi-métaux, en fusion. En un mot, quand il est bien purgé d'air, il supporte aisément une chaleur de 275 dé-grés (de l'Echelle dont je parle toujours, où la température de la *glace qui fond* est à *zéro*, & celle de l'*eau bouillante* à 80). Je n'in-dique ce point, que parce que je l'ai éprouvé: car ce n'est pas là toute la chaleur que le *mer-cure* bien purgé d'air peut supporter sans bouil-lir. On a vu ci-devant (417 *g.*) que suivant M. *Braun*, cette chaleur va jusqu'à 300.

le mercure est celui qui sup-porte le plus de chaleur.

424 *b.* D'un autre côté, l'expérience prouve que les Thermomètres de M. *de Réaumur* ne peuvent pas supporter seulement toute la diminution de chaleur qu'éprouve l'Atmos-phère. Ceux que MM. les Académiciens Fran-çois portèrent à *Tornéa*, se gelèrent à — 37 (*a*). Or nous avons des observations de bien plus grands *froids* naturels: M. *Ducrest* en cite une, d'après M. *Gmelin* dans sa *Flora Siberica.* Ce Professeur rapporte qu'étant à *Jenisci* en *Sibérie*, dans l'année 1735, le Ther-momètre de M. *de Lisle* y descendit à 281

L'esprit-de-vin ne peut supporter toute la di-minut. natu-relle de la chaleur.

(*a*) *Figure de la Terre* par M. de *Maupertuis*, p. 56.

dégrés , c'est - à - dire à — 60 de notre échelle (432 *f.*).

Prodigieuse diminut. de chaleur que peut supporter le merc.

424. *c.* Mais on peut produire artificiellement des diminutions de chaleur bien plus considérables , & qu'il est utile de mesurer. Le *mercure* nous servira encore à cet usage. J'ai donné ci-devant (415 *z.*) des raisons de croire qu'il se condense , sans *se geler* , jusqu'à 640 du Thermomètre de *de Lisle* , point qui correspond à peu-près à — 261 de notre Thermomètre.

Grande étendue de variation de chaleur que le merc. peut supporter. C'est encore une propriété pour le Ther.

424 *d.* Voilà donc 300 $+$ 261 $=$ 561 *dégrés* , que le Thermomètre de *mercure* peut indiquer , c'est-à-dire environ 7 *fois* la *différence* de la chaleur de la *glace qui fond* à celle de l'*eau bouillante.* Un liquide qui a cette propriété , mériteroit par cela seul d'obtenir la préférence pour le Thermomètre.

Quatriéme raison d'employer le mercure pour le Thermomètre. Ce liquide se conforme plus promptement que tout autre aux variations de la chaleur.

Le merc. se conforme plus promptement que tout autre liquide aux variations de la chaleur.

425 *a.* Un autre avantage considérable du *mercure* sur tous les autres *liquides* , c'est qu'il se conforme le plus promptement à la température des corps qui l'environnent ; ce qui, dans la plupart des observations , épargne beaucoup de tems. Souvent même l'exactitude des observations dépend de la diligence.

Erreur de quelq. Physiciens à cet égard.

425 *b.* J'ai vu quelques Physiciens assurer, que l'*esprit-de-vin* se *réchauffe* & se *refroidit* plus promptement que le mercure. Sans

doute que, n'ayant pas eu occaſion de conſulter l'expérience, ils ont été entrainés par l'ancienne Théorie, qui ſuppoſoit que les tems des *échauffemens* & des *refroidiſſemens* étoient proportionnels à la *denſité* des corps. Mais c'étoit une erreur.

425 *c*. M. *Ducreſt*, qui emploie l'*eſprit-de-vin*, par préférence, ne conteſte pas cette propriété du mercure ; mais il objecte: « qu'à calibre égal, il faut au Thermomètre d'*eſprit-* » *de vin* une boule huit fois plus petite qu'au » Thermomètre de *mercure* ; & que par conſé- » quent à tuyau égal, celui d'*eſprit-de-vin* » parviendra tout au moins auſſi vîte à ſon » point d'équilibre, que celui de *mercure* » (*a*). Il eſt vrai qu'à tuyau égal, ſi l'on vouloit encore une étendue égale de variation, on ſeroit obligé de faire la boule du Thermomètre de *mercure* huit fois plus groſſe, que celle du Thermomètre d'*eſprit-de-vin*, & qu'alors il y auroit compenſation entre les différences des volumes & celles des *ſenſibilités* ſpécifiques. Mais M. *Ducreſt* n'a pas fait attention, qu'on ſupplée à la moindre *dilatabilité* du *mercure*, par des tuyaux étroits: ce qu'on ne peut pas faire, pour ſuppléer à la moindre *ſenſibilité* de l'*eſprit-de-vin* ; parce que plus les tuyaux ſont petits, plus l'erreur qui réſulte de ce que l'*eſprit-de-vin* s'y attache, devient grande. D'ailleurs il ſeroit impoſſible de faire ſupporter la chaleur de l'eau bouillante à des Thermomètres d'*eſprit-*

Objeċt. de M *Ducreſt* tirée de la moindre dilatabilité du *merc.* comparativ. à l'eſprit-de-vin.

On peut remédier à la moindre *dilat.* du *merc.* mais non à la moindre *ſenſib.* de l'eſprit-de-vin.

(*a*) Page 39 de l'Ouvrage déjà cité.

de-vin dont les tubes seroient capillaires: l'air ne pourroit en sortir, sans chasser la liqueur contenue dans le tube.

La moindre sensib. de l'esprit-de-vin a produit de la différ. entre les expér. de M. *Ducrest* & les miennes.

425 *d*. Je crois pouvoir attribuer en partie à la moindre *sensibilité* de *l'esprit-de-vin*, comparativement au mercure, la différence qui se trouve, entre la Table de M. *Ducrest* & la mienne, des dégrés correspondans des Thermomètres de *mercure* & d'*esprit-de-vin*. J'ai lieu du moins de le penser, en comparant nos expériences: voici celle de M. *Ducrest (a)*.

Opération de M. *Ducrest*.

425 *e*. Il divisa en 100 parties égales l'intervalle compris entre la température de l'eau bouillante & celle des caves des l'Observatoire de Paris, sur deux Thermomètres, dont l'un étoit d'*esprit-de-vin* rectifié, & l'autre de *mercure*; & il plongea ces deux Thermomètres dans un vâse plein d'eau, qu'il fit

Corresp. qui en résulte entre les *marches* du *merc.* & de *l'esprit-de*.

chauffer lentement. L'opération dura cinq heures, depuis le cinquième dégré jusqu'à l'ébullition de l'eau. Par cette expérience, que M. *Ducrest* réitera, il établit la correspondance suivante entre les *marches* de ces deux Thermomètres.

(*a*) Page 39 de l'Ouvrage déjà cité.

	Esp.-de-v.		Mercure.	
	dégrés.	Différences égales.	dég. min.	Différences en prog. arith.
Eau bouillante.	100		100	
	90	10	92,24	7,36
	80	10	84,16	8, 8
	70	10	75,36	8,40
	60	10	66,24	9,12
	50	10	56,40	9,44
	40	10	46,24	10,16
	30	10	35,36	10,48
	20	10	24,16	11,20
	10	10	12,24	11,52
Tempéré.	0	10	0	12,24
	10	10	12,56	12,56
	20	10	26,24	13,28
	30	10	40,24	14,
	40	10	54,56	14,32
	50	10	70,	15,4
	60	10	85,36	15,36
	70	10	101,44	16, 8
	80	10	118,24	16,40
	90	10	135,36	17,12
	100		153,20	17,44

425 *f.* En comparant la quatrième colonne de cette Table, avec la seconde, on peut voir que les condensations du *mercure* vont en augmentant, suivant une progression arithmétique, comparativement à des condensations égales de l'*esprit-de-vin.* Ce n'est pas que M. *Ducrest* ait trouvé cette régularité dans

Rapport de ces marches selon M. *Ducrest.*

son observation, mais il lui a paru commode de l'admettre.

425. *g.* Pour comparer cette Table avec la mienne, il faut d'abord en réduire les termes à ce qu'ils seroient, si les Thermomètres de M. *Ducrest* avoient été divisés, comme les miens, en 80 *dégrés* entre les températures de la *glace qui fond* & de l'*eau bouillante*. Il suffit pour cela de savoir, que, dans le Thermomètre d'*esprit-de-vin* de M. *Ducrest*, la température de *la glace qui fond* est à 10⅔ au-dessous de *zéro*; le reste découle des propriétés des progressions arithmétiques. J'ai trouvé, que suivant l'expérience de M. *Ducrest*, & en changeant l'Echelle comme je viens de le dire, les 5 premiers dégrés du Thermomètre d'*esprit-de-vin*, en parlant du *zéro* de mon Echelle, correspondent à 6, 35 du Thermomètre de *mercure*, & que les termes suivans de ce dernier, correspondans aux dégrés du premier pris de 5 en 5, forment une progression arithmétique décroissante, dont la différence est 0, 18.

425 *h.* M. *Ducrest* ayant pris pour terme de comparaison des variations égales du Thermomètre d'*esprit-de-vin*, tandis que j'ai comparé les variations de ce dernier à des variations égales du Thermomètre de *mercure*, il faut faire à sa Table un autre changement, qui découle de cette question: *si les dilatations du Thermomètre de mercure, correspondantes à des dégrés égaux du Thermomètre d'esprit-de-vin pris de 5 en 5 en montant depuis le terme de la glace, suivent une progression arithméti-*

que décroissante, dont le premier terme est 6, 35 & la différence commune 0, 18, quelle Loi suivront entr'elles les dilatations du Thermomètre d'esprit-de vin, correspondantes aux dilatations du Thermomètre de mercure, de 5 en 5 dégrés de celui-ci? Si l'on nomme z les dégrés du Thermomètre de *mercure* au-dessus de zéro, & v les dégrés correspondans du Thermomètre d'*esprit-de-vin* audessus de même point; on aura,

par l'expérience de M. *Ducrest*, $v = \dfrac{5}{9} \text{X} \left(322 - \sqrt{103684 - 900\,z}\right)$. Il faut donc substituer les nombres 5, 10, 15, 20 &c. jusqu'à 80, à la lettre z, pour avoir des valeurs de v, qui seront les dégrés du Thermomètre d'*esprit-de-vin*, correspondans aux dégrés 5, 10, 15, 20 &c. du Thermomètre de *mercure*.

Compar. des deux expér.

425 *i.* Voici le résultat du calcul , comparé à mon expérience.

Mercure.	Esp.-de-v. par l'exp. de M. Ducrest.	Différence.	Esp.-de v. par mon expér.
Eau bouillante. 80	80,00	0,00	80,00
75	71,21	0,59	75,80
70	66,83	0,97	67,80
65	60,80	1,10	61,90
60	55,06	1,14	56,20
55	49,57	1,13	50,70
50	44,31	0,99	45,30
45	39,24	0,96	40,20
40	34,36	0,74	35,10
35	29,63	0,67	30,30
30	25,05	0,55	25,60
25	20,60	0,40	21,00
20	16,27	0,20	16,50
15	12,05	0,15	12,20
10	7,94	—0,04	7,90
5	3,93	—0,03	3,90
Glace qui fond. 0	0,00	0,00	0,00

Le Therm. *d'esprit de-vin* de M. *Ducrest* est partout plus bas que le mien. La moindre *sensib.* de l'esprit-de-vin est une des causes de cette différence.

425 *k.* En comparant la seconde colonne de cette Table , avec la dernière , on voit que le Thermomètre *d'esprit de-vin* s'est tenu presque toujours plus bas dans l'expérience de M. *Ducrest* , que dans la mienne : les différences sont indiquées dans la troisième colonne. Ce sont ces différences que je crois pouvoir attribuer en partie à la différence de *sensibilité* du *mercure* & de l'*esprit-de-vin*.

J'ai dit que dans l'expérience de M. *Ducreſt* Explication.
la chaleur alloit en augmentant ; tandis qu'elle
alloit en diminuant dans la mienne. Ainſi le
Thermomètre d'*eſprit-de-vin* de M. *Ducreſt*,
devoit reſter toujours un peu trop bas, rélativement à ſon Thermomètre de *mercure*,
parce que celui-ci ſe dilatoit plus promptement. Dans mon expérience, au contraire, où la chaleur alloit en diminuant, mon
Thermomètre d'*eſprit-de-vin* devoit reſter un
peu plus haut que mon Thermomètre de
mercure, parce que le premier de ces liquides,
ſe condenſoit plus lentement que le dernier.
Mais comme mon expérience dura beaucoup
plus que celle de M. *Ducreſt*, mon Thermomètre d'*eſprit-de-vin* eut toujours plus de tems
pour ſe conformer à la *marche* de celui de *mer-*
cure ; & par conſéquent l'erreur réſultante de
la moindre *ſenſibilité* du premier, doit être
plus petite, & même inſenſible.

425 *l*. La comparaiſon de ces deux expé- La grande
ſenſibilité du
mercure eſt
donc un
avantage.
riences fait connoître les erreurs où l'on peut
tomber, en employant pour le Thermomètre un liquide qui tarde à recevoir les im-
preſſions de la chaleur ; & par conſéquent elle
montre l'avantage d'y employer le *mercure*.

425 *m*. Je ne crois pas cependant que toute Le défaut de
ſenſib. de l'*eſ-*
prit-de-vin
n'eſt pas la
ſeule cauſe
de la diff. des
deux expér.
la différence qui ſe trouve entre l'expérience
de M. *Ducreſt* & la mienne, provienne du
défaut de *ſenſibilité* de l'*eſprit-de-vin*. Si
cela étoit, la différence ſeroit à-peu-près la
même pour tous les dégrés : au-lieu qu'on la
voit augmenter beaucoup en montant. C'eſt-
à-dire, que le Thermomètre de M. *Ducreſt*,

refte de plus en plus en arrière relativement au mien ; jufqu'à-ce que par un effet de la conftruction des Echelles, dont le terme fupérieur eft indiqué par le même nombre, les différences vont en diminuant dans les derniers dégrés.

L'air laiffé au haut du Ther. de M. Ducreft y contribue auffi.

425 *n.* Il y a donc une autre caufe de différence, & je l'ai indiquée précédemment : c'eft *l'air* que M. *Ducreft* laiffoit dans le haut de fes Thermomètres, qui, réfiftant de plus en plus à l'afcenfion de l'*efprit-de-vin*, le comprimoit auffi de plus en plus, & forçoit même peut-être la boule à s'aggrandir, ou par l'extenfion du verre, ou du moins en prenant une forme plus fphérique.

Cinquième raifon d'employer le Mercure *pour le Thermomètre. Tout* Mercure *a la même* marche *par les variations de la chaleur.*

Les Therm. d'efpr.-de-vin ne font d'accord que lorfque la liqueur eft également fpiritueufe.

426 *a.* La différence que produit dans la marche de l'*efprit-de-vin* fon mélange avec l'*eau*, fait affez fentir que les Thermomètres faits de cette liqueur, ne peuvent s'accorder qu'autant qu'elle eft également *fpiritueufe*. Mais j'ai voulu favoir fi les différences étoient fenfibles.

Expér. fur des Ther. de liqueurs différemment fpiritueufes.

426 *b.* J'ai donc fait une fuite de Thermomètres, remplis de *liqueurs* différemment *fpiritueufes*. J'ai obfervé leur *marche* comparativement à celles de l'*eau* & du *mercure*, dans de l'eau qui fe refroidiffoit, & avec les mêmes précautions qui j'ai détaillées ci-devant. Voici le réfultat de cette expérience.

TABLE *des dégrés correspondans de dix Thermomètres faits de liqueurs différemment spiritueuses & des Thermomètres d'Eau & de Mercure.*

Mercure.	Esp. de v. distillé au bain de sable après avoir brûlé la poudre.	Esp. de v. qui brûl. la poud.	Esp. de v. rett. de la distill. au bain de sable.	Esp. de vin de M. *de l'éaumur*, 5 p. d'esp. d. v. & 1 partie d'eau.	3 Part. d'esp. de vin & 1 p. d'eau.	Eau-de-vie.	Esp. de vin aff. par l'évaporation.	1 Part. d'esp. de vin & 1 partie d'eau.	Vin vieux de Languedoc.	1 Part. d'esp. de vin & 3 p. d'eau.	Eau.
80	80,0	80,0	80,0	80,0	80,0	80,0	80,0	80,0	80,0	80,0	80,0
75	73,8	73,8	74,0	73,9	73,7	73,4	73,4	73,2	72,4	71,6	71,0
70	67,6	67,8	67,9	67,8	67,5	67,4	66,9	66,7	64,3	62,9	62,0
65	61,5	61,9	62,1	61,8	61,5	61,4	61,0	60,6	56,6	55,2	53,5
60	55,5	56,2	56,4	56,2	55,8	55,6	55,0	54,8	49,5	47,7	45,8
55	50,3	50,7	50,8	50,5	50,2	49,8	49,3	49,1	42,5	40,6	38,5
50	45,1	45,3	45,5	45,0	44,9	44,4	44,0	43,6	36,2	34,4	32,0
45	40,0	40,2	40,2	39,8	39,7	39,2	38,9	38,4	30,1	28,4	26,1
40	35,0	35,1	35,2	35,0	34,8	34,2	34,0	33,3	24,6	23,0	20,5
35	30,1	30,3	30,0	30,1	29,8	29,4	29,2	28,4	19,9	18,0	15,9
30	25,5	25,6	25,2	25,5	25,2	24,7	24,6	23,9	15,3	13,5	11,2
25	20,9	21,0	20,6	20,8	20,7	20,3	20,2	19,4	11,2	9,4	7,3
20	16,5	16,5	16,3	16,3	16,2	15,9	16,0	15,3	7,7	6,1	4,1
15	12,0	12,2	11,9	11,9	11,8	11,8	11,6	11,1	4,9	3,4	1,6
10	7,9	7,9	7,9	7,9	7,7	7,7	7,6	7,1	2,3	1,4	0,2
5	3,9	3,9	3,9	3,9	3,8	3,8	3,8	3,4	0,9	0,1	— 0,4
0	0,0	0,0	0,0	0,0	0,0	0,0	0,0	0,0	0,0	0,0	0,0

426 *c.* On voit peu de différence entre les *marches* des trois premiers Thermomètres d'*esprit-de-vin*, & j'en fus surpris moi même au premier coup-d'œil. Mais je reconnus ensuite que les liqueurs dont ils étoient faits, quoique différemment nommées, ne différoient presque point. J'en fis brûler des volumes égaux dans un même vâse, & je ne trouvai aucune différence sensible dans la quantité de flegme qu'elles laissèrent : ou plutôt, il ne resta de chacune, au fond du vâse, qu'un

Remarq. sur 3 Ther. qui paroissent de liq. différ. & qui sont d'accord.

peu d'humidité, dont la quantité ne pouvoit être déterminée.

426 *d.* Il me paroît donc que, lorsque l'*esprit-de-vin* est *déflegmé*, au point de brûler la poudre, il ne se rectifie pas sensiblement davantage, par la simple *distillation.* Le *flegme* monte avec l'*esprit*, par le dégré de chaleur qui produit des vapeurs visibles : il faut d'autres moyens pour les séparer, ce sont ceux qu'on emploie pour faire l'*alcohol* & l'*éther.*

426 *e.* Mais si l'*esprit de-vin* qui monte par la *distillation* d'une masse qui brûloit la poudre ne diffère pas sensiblement du *résidu*, il n'en est pas de même de celui qui s'*évapore* naturellement. Dans la simple *évaporation*, l'*esprit*, qui est bien plus volatil que le *flegme*, s'échappe beaucoup plus aisément. Aussi voit-on que la *marche* du Thermomètre d'*esprit-de-vin évaporé*, diffère sensiblement de celles des précédens, & que ses dilatations vont même plus en augmentant, que celles de l'*eau-de-vie.*

426 *f.* Les autres Thermomètres font voir aussi quelles différences peuvent résulter de la plus ou moins grande quantité d'*esprit* que contient une liqueur.

426 *g.* Il est donc manifeste par ces expériences, que les Thermomètres d'*esprit-de-vin* ne peuvent être exactement d'accord, que lorsque la liqueur dont ils sont faits est précisément de même nature. Je conviens que les différences sont petites depuis l'*esprit-de vin* qui est près de bruler la poudre,

jusqu'à

jusqu'à celui qui est rectifié autant qu'il peut l'être par la simple distillation. Mais un défaut, quoique petit, n'est pas moins un défaut, & on doit l'éviter lorsqu'on le peut. D'ailleurs un *esprit-de-vin*, qui peut n'être pas originairement assez *pur*, qu'on colore de diverses manières, qu'on garde quelquefois longtems dans une bouteille peu remplie ou mal bouchée, ne peut-il pas s'affoiblir assez, pour avoir une *marche* sensiblement différente de celle d'un *esprit-de-vin* bien *rectifié*?

426 *h*. Lors donc qu'on achette un Thermomètre d'*esprit-de-vin*, sans l'avoir vu construire, & sans avoir éprouvé sa liqueur, c'est un instrument qui peut être trompeur pour des expériences délicates.

On peut donc être trompé quand on les achette.

426 *i*. M. *de Réaumur* a reconnu lui-même (*a*), que la différence de *force* des *esprits-de-vin*, devoit produire de la différence, non seulement dans leur *dilatabilité*, mais encore dans ce que j'ai appelé leur *marche*. Il présumoit que leurs dégrés successivement correspondans ne devoient pas être proportionnels, mais qu'ils devoient être en raison composée des *dilatabilites* du *flegme* & de l'*esprit* dans chaque température. Il se fondoit, à cet égard, sur ce qu'il avoit reconnu que, dans les dégrés de chaleur que nous pouvons aisément supporter, la *dilatabilité* de l'*eau* est presque nulle, tandis, dit-il, *que peut-être s'en trouve-t-il entre les dégrés forts,*

M. de Réaumur avoit connu ce défaut.

Il croyoit que la marche des mélanges étoit en raison composée de celles des liq. mêlées.

(*a*) *Mém. de l'Acad.*, &c., année 1730, *in-12*, page 701.

qui *dilatent autant*, ou *presqu'autant* l'*eau*, qu'ils *dilatent* l'*esprit-de-vin*. Partant de ce principe, il croyoit que dans les observations ordinaires, on ne devoit compter que la *dilatabilité* de l'*esprit*, & non celle du *flegme*, & il indiquoit un moyen de trouver, d'après cette règle, les points correspondans de Thermomètres faits d'*esprit-de-vin* différemment *dilatables*.

Il donnoit une regle f..... sur ce principe.

426 *k.* Mais l'expérience prouve que la *marche* d'un mélange d'*eau* & d'*esprit-de-vin* n'est point, comme le pensoit M. *de Réaumur*, en raison composée de celles de ces deux liqueurs. On peut voir dans la Table précédente, que le Thermomètre composé de parties égales d'*eau* & d'*esprit-de-vin*, participe beaucoup plus de la *marche* de l'*esprit-de-vin*, que de celle de l'*eau* : & l'on voit la même chose dans tous les autres mélanges.

Mais par l'expér. , le mélange participe plus de la marche de la liq. spirit.

426 *l.* D'ailleurs, le moyen indiqué par M. *de Réaumur* suppose que l'on peut connoître aisément la quantité de *flegme* que contient l'*esprit-de-vin* qu'on emploie. Or à cause de la facilité avec laquelle l'*esprit* s'évapore, il est très-difficile de connoître ce qu'il reste d'*esprit*, dans le Thermomètre même que l'on construit avec le plus de soin. Et comment le connoîtra-t-on pour ceux qu'on achette ?

D'ailleurs, il est difficile de connoître la nature des mélanges.

426 *m.* Il suffit au contraire qu'un Thermomètre soit fait de *mercure*, pour que, toutes choses d'ailleurs égales, on soit assuré que sa *marche* sera entièrement semblable à celle de tout autre Thermomètre de *mercure*.

Mais la marche de tout mercure est la même.

426 *n.* M. *Ducrest*, qui préfère l'*esprit-de-vin*

au *mercure* pour le Thermomètre (a), reconnoît cependant cette propriété importante du

---

(*a*) La principale raiſon qui a déterminé M. *Ducreſt*
à préférer l'*eſprit-de-vin* au *mercure*, eſt relative à la meſure même de la chaleur ; &, par conſéquent, elle eſt
de même nature que la première de celles que j'ai alléguées en faveur du *mercure.* Je vais rapporter la ſienne,
qu'on trouve à la page 16 de l'Ouvrage déjà cité.

C'eſt, dit-il, *parce que, relativement à nos ſens,* l'eſprit-
de-vin *paroît être plus égal pour comparer le* froid *au* chaud,
& que le mercure *ſe comprime à proportion beaucoup plus
dans l'excès du* froid, *qu'il ne ſe dilate dans l'excès du*
chaud.

Dans l'hypothèſe de M. *Ducreſt*, le *tempéré*, ou la
température des ſouterrains profonds, eſt le point de ſé-
paration entre le *chaud* & le *froid.* Comparant enſuite *les
deux excès du* chaud & *du* froid *dont nous avons des expériences, ſçavoir, le point du* Sénégal *pour le* chaud, &
celui du voyage de Kamchatka *pour le* froid, M. *Ducreſt*
trouve que *le Thermomètre d'*eſprit-de-vin *donne pour le*
chaud *du* Sénégal 29 *dégrés* $\frac{1}{4}$, & *pour le* froid *de* Kamchatka 46 *dégrés* $\frac{7}{8}$, *dans le tems que le Thermomètre de*
mercure *donnera pour le* chaud *du* Sénégal 34 *dégrés* $\frac{2}{3}$, &
pour le froid *de* Kamchatka 65 *dégrés ; ce qui fait*, dit-il,
un excès de froid *preſque double dans le* mercure, *au-lieu
qu'il n'eſt guères plus que de la moitié dans l'*eſprit-de-vin.

M. *Ducreſt* faiſant du *froid* une matière réelle, oppoſée
dans ſes effets à celle du *chaud*, regarde la température
interne de notre globe comme un milieu exact entre les
effets de ces deux cauſes externes, & le plus grand *chaud*,
ainſi que le plus grand *froid*, obſervés à la ſurface de la
terre, comme des extrêmes également diſtans de ce
terme moyen.

Mais il me ſemble qu'il n'a pas fait attention que, dans
ſon hypothèſe, & en ſuppoſant même une intenſité égale
dans ces extrêmes oppoſés, il faudroit prouver encore
qu'il y a égalité de durée dans leur action, que notre
globe eſt également perméable à deux matières ſi différentes, & qu'il ne renferme pas des cauſes de chaleur

dernier. Il rapporte à ce sujet, « qu'ayant rem-
» pli par trois fois le même Thermomètre, de
» trois diverses sortes de mercure, dont l'un
» différoit sensiblement des autres en finesse &
» fluidité, & l'ayant chaque fois réglé au
» tempéré au même point, il trouva que l'eau
» bouillante s'accordoit aussi au même point »
(*a*). Cette expérience n'indique proprement
qu'une égale *dilatabilité*, mais on peut en infé-
rer, indépendamment des expériences immédiates, que la *marche* de tout *mercure* est uniforme.

Cette pro-
priété découlé de l'homo-
généité du mercure.

426 *o*. Nous avons une certitude de cette
propriété, dans la nature même du *mercure*.
Ce qui produit de la variété dans les *marches*
de liqueurs qui portent le même nom, (comme
les différentes espèces d'*huiles* & de *liqueurs
spiritueuses*) c'est qu'elles sont toutes *composées*,
& que, dans chaque espèce, la *composition*
varie, sans qu'on puisse l'appercevoir que par
des expériences très-délicates. Le *mercure*, au
contraire, est un liquide *homogène* : il ne se
mêle qu'avec bien peu d'autres liquides ; & s'il

---

indépendantes de celles qui agissent au-dehors. Il y auroit
donc trop d'incertitude en tout cela, pour qu'on pût regarder avec fondement la température de notre globe,
comme l'effet moyen de deux causes, uniques, extérieures, opposées, égales en puissance, en supposant même
que l'existence de celle du *froid*, comme matière distincte, fût seulement probale.

Les autres objections que fait M. *Ducrest* contre le
Thermomètre de *mercure*, ne sont tirées que de quelques
difficultés de construction que j'espère applanir.

(*a*) Page 24 de l'Ouvrage déjà cité.

est amalgamé avec quelque matière hétérogène, on s'en apperçoit bientôt par la diminution de sa liquidité.

426 *p.* Si je voulois entrer dans de plus grands détails, je pourrois alléguer en faveur du *mercure*, bien d'autres raisons, qui, quoique moins essentielles, ne laisseroient pas de mettre un nouveau poids dans la balance. Mais je ne pense pas qu'il en soit besoin, celles que j'ai alléguées suffisent pour assurer à ce liquide une préférence *exclusive* dans la construction du Thermomètre (*a*).

Le mercure mérite donc à tous égards une préférence exclusive pour le Ther.

426 *q.* Il est certain qu'on ne se mettra point à l'abri de l'erreur, tant qu'on ne sera pas parvenu à cette *exclusion*. Jusqu'alors l'*uniformité* des *Thermomètres* dépendra toujours d'une connoissance des rapports entre les *marches* des différens *fluides*, d'une attention, d'une patience, d'une dextérité ; & même d'une bonne-foi, qu'on ne peut attendre de tous les Artistes.

Cette exclusion de toute autre matière est absolument nécessaire pour éviter l'erreur.

Des termes fixes *du Thermomètre.*

427 *a.* En même tems qu'on déterminera le *fluide* qui devra être employé dans le *Thermomètre commun*, il faudra fixer aussi les *termes* de chaleur qui serviront de bâse à sa gradua

Il faut aussi décider quels seront les termes fixes du Therm.

(*a*) Un Amateur de la Physique, à qui je communiquois mes remarques sur les avantages qu'on peut retirer de l'emploi du *mercure* dans la mesure de la chaleur, les sentit si vivement, qu'il s'écria : *certainement la nature nous a donné ce minéral pour faire des Thermomètres !*

tion. Aujourd'hui qu'on croît avoir ces *termes,* on fait peu d'attention aux incertitudes dans lesquelles ont flotté à cet égard les hommes les plus célèbres, non plus qu'à l'espèce d'anarchie qui en est résultée, & dont nous ne sommes point encore sortis.

Histoire des tentatives pour avoir une échelle fixe dans cet instrument.

427 *b*. Je n'entreprendrai pas l'histoire détaillée des tentatives qu'on a faites pour avoir une *échelle* fixe à cet instrument. Je me propose seulement d'en rapporter les principales époques. Ce sera l'occasion de faire connoître plus en détail la grande diversité des instrumens qui ont été employés à la *mesure* de la *chaleur.*

Des principaux THERMOMÈTRES qui ont été construits jusqu'à présent.

Echelle arbitraire des premiers Ther.

428 *a*. C'étoit peu d'avoir des instrumens qui indiquassent des différences dans la *chaleur,* tant que ces instrumens n'étoient pas semblables, & que l'expression *dégré du Thermomètre* n'avoit pas un sens déterminé.

Renaldini vit le premier la nécessité de la déterminer.

428. *b*. La première trace que j'aie trouvée de quelque tentative pour donner au Thermomètre des *termes fixes,* & à ses dégrés un *rapport connu* avec la distance de ces *termes,* c'est le projet de *Renaldini,* dont j'ai fait mention

En 1694.

ci-devant (422 *d*). Il proposoit déja en 1694, de marquer sur le Thermomètre les points où il se tiendroit dans la *glace* & dans l'*eau bouillante,* & de diviser l'intervalle de ces points en un nombre *fixe* de parties. Il me paroît donc que nous devons à ce Physicien l'idée de ce qu'on a fait de mieux jusqu'à

préfent pour perfectionner le Thermomètre;
& que, fi l'on y a ajouté quelque chofe dès-
lors, ce n'eft qu'un peu plus d'exactitude dans
la définition des mêmes *termes*; encore eft on
bientôt retombé dans la confufion.

428 *c. Newton* parvint peu de tems après,
mais par une autre route, au but que *Renaldini*
s'étoit propofé. Il avoit fenti comme lui la
néceffité de bannir du Thermomètre les mefures arbitraires.

En 1701, il donna, dans les *tranfactions Therm. de*
philofophiques (a), une table de divers dégrés *Newton, en*
de chaleur qu'il appeloit *conftans*; & il exprima *1701.*
ces *quantités* de chaleur par les dégrés d'un
Thermomètre d'*huile de lin*, dont voici la *Il étoit d'hui-*
conftruction. *le de lin.*

428 *d.* La température de la *neige qui fond*, *Ses termes fi-*
en étoit la bâfe. *Newton*, fuppofant que le *xes à fon é-*
volume de fon *huile de lin* étoit divifé en *chelle.*
10000 parties à cette température, chercha
quel *volume* occupoit cette liqueur à la *cha-*
leur du corps humain, & il le trouva de 10256
des mêmes parties. Il appela *zéro*, le volume
10000; & 12, le point où le volume de l'*huile*
de lin avoit augmenté de $\frac{256}{10000}$. Tel fut le fondement de fon *échelle*.

428 *e.* Il employa principalement ce Ther- *Déterminat.*
momètre à mefurer certains dégrés de chaleur, *de quelques*
qu'il regardoit comme *fixes*, & il les exprima *dégr. conftans*
par des dégrés qui avoient toujours le même *de chaleur.*
rapport avec les augmentations de *volume* de
l'*huile de lin.* Il plongea, par exemple, fon

(*a*) N°. 270.

Thermomètre dans l'*eau qui bout fortement*: le volume de l'*huile de lin* y augmenta de $\frac{725}{10000}$; & faifant, 256 : 12 : : 725 : 34, il appela 34 la chaleur de l'*eau bouillante*. L'étain fondu qui commence à fe refroidir, augmentoit le volume de la même *huile* de $\frac{1516}{10000}$: or 256 : 12 : : 1516 : 72. Il appela donc 72, le dégré de chaleur de l'*étain qui fe refroidiffant a acquis la confiftance d'un amalgame.*

Prolongation de l'échelle.

428 *f.* On voit que les principes de l'*echelle* de *Newton* étoient fort fimples. En marquant *zéro* à la température de *la neige*, ou de *la glace qui fond* (438 *h*); & 12 à celle du *corps humain*. Il fuffifoit de divifer cet intervalle en 12 parties égales, pour avoir toute l'*echelle* de ce Thermomètre. Deux fuites de mêmes dégrés, en montant & en defcendant, indéterminées quant à leur étendue, la finiffoient.

Remarques fur cette première tentative.

428 *g.* On verra par la fuite que le *premier terme* choifi par *Newton*, eft le plus *fixe* qu'on ait trouvé, & qu'en s'en écartant, on eft tombé dans bien des erreurs. Mais on eft furpris que ce grand-homme n'eût pas vu, qu'il convenoit de choifir un *fecond terme* plus éloigné du premier, pour obtenir plus de fûreté dans la détermination des dégrés de fon *echelle;* & qu'il n'eût pas apperçu que la chaleur de l'*eau bouillante* pouvoit le lui fournir. Il paroît plus furprenant encore, qu'il appelât la chaleur *double, triple,* &c : celle qui étoit exprimée par des nombres de dégrés *doubles, triples,* fur fon échelle; comme fi le *zéro* de fon Thermomètre eût été le *zéro* de la chaleur. Mais lorfqu'on fe tranfporte au tems où *Newton*

ouvrit cette carrière, la furprife ceffe ; & il paroît dans ces recherches, tel qu'il a été par-tout.

429 *a.* M. *Amontons* reconnut, à-peu-près dans le même tems, le défaut des premiers Thermomètres. Il fentit le befoin de choifir un point fixe de température, & de donner aux dégrés de l'échelle, une grandeur relative à quelque chofe de déterminé.

M. Amontons vit auffi le befoin de rendre fixe l'échelle du Thermom.

429 *b.* Les expériences qu'il avoit faites fur l'augmentation que reçoit l'*air* dans fa *force élaftique*, par l'augmentation de la chaleur, lui fournirent un moyen de perfectionner le Thermomètre. Ce fut en 1702. Le Mémoire qu'il remit fur ce fujet à l'Académie Royale des Sciences de Paris dont il étoit Membre, eft plein de chofes ingénieufes, quoiqu'écrit affez obfcurement.

Il en trouva un moyen dans fes exp. fur l'augmentation de force élaftique de l'air, par la chaleur. En 1702.

429 *c.* Je ne rapporterai pas les détails de la fabrication de ce Thermomètre ; comment, par exemple, M. Amontons y condenfoit l'air : on les trouvera, s'il eft befoin, dans fon Mémoire. C'eft de fon *échelle* feulement qu'il s'agit ici.

Terme fixe unique de fon échelle, la chaleur de l'eau bouill.

Le but de M. *Amontons* étoit de *mefurer la chaleur*, par le dégré de *force élaftique* qu'elle donne à l'*air* (421 *b*). Pour cet effet il en comprimoit une certaine quantité, par les poids réunis d'une colonne de *mercure* & de l'atmofphère dans une boule foufflée à l'extrémité inférieure recourbée d'un long tube. Il choifit pour premier terme de fon *échelle*, le poids que foutenoit l'air renfermé dans fon Thermomètre, lorfqu'il étoit échauffé par l'*eau bouillante*. Son Thermomètre y étant plongé, il en ôtoit, ou il y mettoit du mercure, jufqu'à ce que, faisant une somme de la hauteur du mercure dans son tube, & de sa hauteur dans le Baromètre au moment de l'observation, cette somme fût égale à 73 pouces. Il falloit une détermination à cet égard, parce que M. *Amontons* avoit trouvé, que l'augmentation de *force élastique* de l'air par une augmentation de chaleur donnée, est proportionnelle au poids dont il est chargé (461 o).

Formation de son *échelle*.

429 *d.* Il marquoit donc 73, au point que la colonne de mercure atteignoit lorsque le Thermomètre étoit plongé dans l'*eau bouillante*. Si dans ce moment-là le Baromètre étoit à 28 pouces, la hauteur de la colonne de mercure du Thermomètre, au-dessus de son niveau dans la boule, étoit de 45 pouces; si la hauteur du Baromètre étoit moindre d'une certaine quantité, la colonne du Thermomètre devoit être plus grande de la même quantité, & réciproquement. M. *Amontons* formoit ensuite son *échelle*, en supposant que le poids de l'atmosphère étoit toujours égal à celui d'une colonne de mercure de 28 pouces. Il divisoit d'abord cette *échelle* en pouces, de haut en bas, en partant de ce premier point 73; & les nombres successifs étoient 72, 71, 70. Il subdivisoit ensuite les *pouces* en *lignes*. Mais comme le poids de l'atmosphère est variable, il falloit observer le Baromètre en même tems que ce Thermomètre, pour ajouter à l'indication de ce dernier sur son *échelle*, ou en soustraire ce dont le mercure étoit au-dessous ou au-dessus de 68 *pouces* dans le Baromètre.

Sa manière

Les variations de la chaleur étoient donc

exprimées fur ce Thermomètre, par les poids différens que l'air renfermé y foutenoit ; & ces poids étoient indiqués par les *nombres* de l'*échelle* vis-à-vis defquels la colonne de mercure fe fixoit, fauf la correction à faire pour la différence, entre la hauteur obfervée du Baromètre, & celle de 28 *pouces.* La température des *caves de l'Obfervatoire de Paris* ; par exemple, étoit exprimée par 54 *pouces* ; & celle de l'*eau qui fe gèle*, par 51 ½.

429 e. M. *Amontons* ayant employé ce Thermomètre à diverfes obfervations, découvrit bientôt combien il étoit incommode pour l'ufage ordinaire (421 *d*) ; & dès l'année fuivante, il penfa à en tranfporter les avantages fur le Thermomètre d'*efprit-de-vin*, en réglant celui-ci par comparaifon avec l'autre (*a*). Mais je l'ai dit, il divifa auffi en parties égales l'*échelle* du Thermomètre d'*efprit-de-vin* ; ce qui me donne peu d'idée de l'exactitude de fon Thermomètre d'*air* (421 *u*).

429 *f.* Ce Thermomètre coûta fûrement bien plus à imaginer que celui de *Newton*, & celui-ci cependant étoit bien préférable. Il avoit même déjà un tel dégré de perfection, qu'en confidérant féparément chacun des Thermomètres, qui dès lors ont fait quelque fenfation parmi les Phyficiens, je ne vois pas qu'il y en ait aucun qui ait de l'avantage fur celui de *Newton*, pour les principes : la fubftitution feule du *mercure* à l'*huile de lin*, eft un pas de plus vers la

---

(*a*) *Mém. de l'Académie Royale des Sciences*, année 1703.

perfection. Car quoique *Newton* n'eût pas pris la *chaleur de l'eau bouillante* pour un de ses deux *termes fixes*, comme cependant il avoir marqué ce dégré de chaleur sur son Thermomètre (428 *e*), on pouvoit s'en servir dans la suite à le construire.

Fahrenheit fit le premier cette substitution.

430 *a*. Ce fut *Fahrenheit*, à ce qui m'a paru, qui le premier employa le *mercure* à la mesure de la chaleur. Il fit mention de son Thermomètre, dans un Mémoire qu'il présenta à la *Société Royale* de Londres en 1724, sur les divers dégrés de chaleur de quelques liquides bouillans (*a*).

En 1724.

Termes fixes de son The. . la congélation forcée par le sel ammoniac & l'eau bouil.

430 *b*. Ce Thermomètre, (qui est encore fort en usage dans les pays du Nord) a pour *termes fixes*, la *congélation forcée par le sel ammoniac* (*b*), & la *chaleur de l'eau bouillante*. L'intervalle de ces deux points est divisé en 212 parties égales. Le *zéro* est au premier de ces *termes*, & le dégré 212 au dernier. Ce nombre de parties étoit déterminé par l'augmentation qu'éprouvoit le mercure dans son volume, en passant de l'une de ces températures à l'autre. Supposant le volume du mercure divisé en 11124 parties, quand le Thermomètre étoit à *zéro*, il devenoit 11124 + 212 = 11336, quand on plongeoit le Thermomètre dans l'*eau bouillante*. C'est ainsi du moins que le disent

Formation de son échelle.

(*a*) *Transf. Philos.*, N°. 381.

(*b*) *Fahrenheit* choisit la *congélation forcée par le sel ammoniac* pour le *zéro* de son Thermomètre, parce qu'il crut que c'étoit le plus grand dégré de *froid* qu'on pût produire.

Boërhaave (*a*) & *Muſſchenbroek* (*b*). Cependant *Boerhaave* lui-même ſuppoſe quelquefois une autre diviſion du volume primitif du mercure, en conſervant cependant 212 parties de ces différentes diviſions, depuis *zéro* à l'*eau bouillante* (*c*) ; mais ces différences ne font rien à la formation de l'échelle (432 *h*).

431 *a*. Je ne m'étendrai pas ici ſur le Thermomètre de M. *de Réaumur*, qui vint après celui de *Fahrenheit*. Ce Thermomètre étant le plus renommé, mérite un examen approfondi ; & je le ferai (440 & *ſuiv*).

Therm de M. de Réaumur.

431 *b*. Ce fut en 1730 que ſon Auteur le fit connoître dans les *Mémoires de l'Académie Royale des Sciences* de Paris. On y voit tous les procédés qu'il employa, tant pour trouver dans la *glace mêlée de ſel marin*, & dans l'*eau bouillante*, des *termes fixes* de température ; que pour déterminer de combien de parties le volume de l'*eſprit-de-vin affoibli*, dont il fit ſon Thermomètre, augmentoit d'une de ces températures, à l'autre.

En 1730.

Il étoit d'eſprit-de-vin affoibli.

431 *c*. M. *de Réaumur*, d'après ces expériences, fit le volume de ſa liqueur égal à 1000, lorſqu'elle étoit expoſée au *froid qui ſuffit pour geler l'eau*. Il plaça à cette température le *zéro* de ſon échelle. Et comme il avoit trouvé que le volume de ſa liqueur, *près de bouillir*, étoit 1080, il appela 80 le

Ses termes fixes: le froid qui ſuffit pour geler l'eau, & la chaleur de ſon eſprit-de-vin près de bouillir.

Formation de ſon échelle.

(*a*) Chym. 1, pag. 174.
(*b*) *Eſſais de Phyſique*, § 948.
(*c*) MARTINE, *Diſſertations ſur la Chaleur*, &c. ; *in-12*, pag. 39.

point correspondant à cette augmentation de volume. Il divisa ensuite en 80 parties égales, l'intervalle de ce point à *zéro*. La grandeur des dégrés étant ainsi déterminée, il prolongea son échelle au-dessous de *zéro*, autant qu'il fut besoin. Voilà une esquisse de ce Thermomètre ; elle diffère beaucoup de ce qu'on entend communément aujourd'hui par *Termomètre de M. de Réaumur*, comme on le verra dans la suite.

Therm. de de Lisle. En 1733.

432 *a.* En 1733, M. *de Lisle*, Professeur en Astronomie dans l'Académie des Sciences de St.-*Petersbourg*, présenta à cette Académie la description d'un autre Thermomètre, où l'on retrouve à-peu-près les mêmes principes que dans les précédens; mais différemment appliqués (*a*). Ce Thermomètre étoit

Il est de mercure.

de *mercure*, comme celui de *Fahrenheit*, & ses dégrés étoient aussi des parties aliquotes du volume de ce liquide. Mais dans celui-ci, l'exactitude du rapport de ces parties avec le tout, étoit d'une nécessité absolue : de ce rapport, & d'un seul *terme fixe*, dépendoit toute sa division.

Il n'a qu'un terme fixe : la chal. de l'eau bouillante.

432 *b.* Ce *terme fixe* étoit la *chaleur de l'eau bouillante*. M. *de Lisle* supposoit divisé en 100000, ou seulement en 10000 parties, le volume du mercure, lorsqu'il y étoit plongé. Il plaçoit à cette température, le *zéro* de son

---

(*a*) *Mémoires pour servir à l'Histoire & aux progrès de l'Astronomie & de la Géographie physique*, &c., par M. DE LISLE. St.-*Petersbourg*, 1738, in-4°., page 267.

échelle, qui par conféquent étoit numérotée en defcendant. Les degrés devoient être des parties connues de ce premier volume: quand il étoit fuppofé de 100000 parties, les dégrés étoient des 100000mes, & les traits n'étoient tracés que de 10 en 10 dégrés: mais lorfqu'il n'étoit fuppofé que de 10000 parties (cette divifion a été la plus ordinaire), chaque trait marquoit un dégré, foit $\frac{1}{10000}$ du volume du *mercure* échauffé par l'*eau bouillante*.

Ses dégrés font des parties aliquotes du volume du mercure.

432 *c.* Pour déterminer l'étendue des dé-grés de chaque Thermomètre, M. *de Lifle* péfoit d'abord le verre vuide, puis il le pé-foit entierement plein de *mercure*, dans la température actuelle de l'air. La différence de ces deux poids lui donnoit celui du *mercure*. Il expofoit enfuite ce Thermomètre à la cha-leur de l'*eau bouillante*, & il recevoit foigneu-fement tout le *mercure* que cette augmenta-tion de chaleur en faifoit fortir. C'étoit cette partie du *mercure*, qui devoit fournir la gran-deur des dégrés de l'échelle. Pour cet effet, M. *de Lifle* péfoit exactement ce *mercure forti*, & déduifant fon poids, du poids total, il fai-foit le *refte*, c'eft-à-dire, ce qui en étoit refté dans le Thermomètre, égal à 10000: après quoi il cherchoit par le calcul, combien le mercure *forti* faifoit de 10000mes parties de celui qui étoit *refté*. Quand le *mercure* s'étoit condenfé au même point qu'il l'étoit avant d'être plongé dans l'eau bouillante, M. *de Lifle* marquoit fur la monture du Thermo-mètre, le point où il étoit fixé, & il divi-foit l'intervalle compris entre ce point & l'ex-

Opération pour les dé-terminer.

trêmité supérieure d'n tube, en autant de parties, que le mercure *forti* contenoit de 10000mes du mercure *reflé*. Cette divifion déterminoit la grandeur des dégrés de fon *échelle*, qui, partant du fommet du tube, fe prolongeoit à volonté en defcendant.

Difficulté de bien conftruire ce Therm. 432 *d*. On voit affez combien il étoit difficile de bien conftruire ce Thermomètre, il ne pouvoit même avoir quelque exactitude, qu'en le faifant très-grand, & en le rendant par cela même très-peu *fenfible*. Auffi M. *de Lifle* ne conftruifoit-il par cette méthode, que des *étalons*, dont il fe fervoit pour régler de plus petits Thermomètres, par comparaifon avec ceux-là.

Défaut provenant de la dilatabilité du verre. 432 *e*. Ce Thermomètre avoit un autre défaut, auquel il étoit impoffible de remédier. La dilatation apparente du *mercure* n'étant que l'excès de fa dilatation réelle fur celle du *verre* qui le renferme, ces Thermomètres ne pouvoient être femblables, qu'autant qu'ils étoient tous de même grandeur & figure, & de *Les verres différens ont rarement une égale dilatabilité.* verres d'une égale *dilatabilité*. Or cette dernière condition, furtout, étoit impoffible; parce que les *verres* de différentes verreries, n'ont prefque jamais un même dégré de *dilatabilité*. C'eft de-là que procède l'impoffibilité qu'il y a quelquefois à les fouder enfemble. Ils fe réuniffent bien, lorfqu'ils font ramollis par la chaleur; mais quand ils fe refroidiffent, l'un des deux fe condenfant plus que l'autre, il en réfulte des tiraillemens qui les féparent, ou dans l'inftant même, ou par le plus léger effort.

432 *f.*

432 *f.* C'eſt probablement à cauſe de ces différénces de *dilatabilité* des differens *verres*, qu'on n'eſt pas d'accord ſur le point auquel la *congélation* réduit le Thermomètre de M. *de Liſle.* M. *Martine* rapporte (*a*) que ſur les *étalons* de l'Auteur même, ce point étoit à 150 ; c'eſt-à-dire, que le volume du mercure diminuoit de $\frac{150}{10000}$, en paſſant de l'*eau bouillante* à la *congélation.* M. *Ducreſt*, qui a fait avec beaucoup de ſoin, des expériences ſemblables à celles de M. *de Liſle*, a trouvé que ce point de la *congélation*, ou de la *glace fondante*, devoit être au moins à 154 (*b*). Pour qu'il y ait eu cette différence, dans des expériences que je ſuppoſe faites avec le même ſoin, il faut, ou que la boule du Thermomètre qu'employa M *Ducreſt* fut plus groſſe, ou que le vrere dont cette boule étoit faite fut moins dilatable, que dans l'expérience de M. *de Liſle*, l'une & l'autre de ces différences contribuant à augmenter la *dilatabilité* apparente du *mercure* (*c*).

Incertitude occaſionnée par ces différences, dans la fixation du terme de la *congélation* ſur ce Ther.

Fixations différentes de MM. *de Liſle & Ducreſt.*

(*a*) *Diſſertations ſur la Chaleur. &c.*, pag. 48.
(*b*) *Recueil de Piéces ſur le Thermomètre, &c.*, page 25.

(*c*) J'ai vu dans le Mémoire cité de M. *de Liſle*, qu'il avoit penſé de faire ſervir ſon Thermomètre à la correction des effets de la chaleur ſur le Baromètre, en ramenant toutes les obſervations de ce dernier à ce qu'elles ſeroient, ſi le mercure qu'il contient étoit échauffé par le dégré de chaleur de l'eau bouillante.

J'aurois fait mention dans ma première PARTIE de ce projet de M. *de Liſle*, comme étant antérieur à mes propres expériences, ſi cette PARTIE n'eût été imprimée pluſieurs années avant que le Mémoire de M. *de Liſle.*

Tome II.　　　　　　　　　　　　　P

La dilatabi- *432 g.* Cet effet de la dilatation du verre,
lité du verre rendroit toujours incertaine toute construction
s'oppose à du Thermomètre qui seroit fondée sur le rap-
toute gra- port de ses dégrés avec le volume du liquide;
duation qui surtout en employant le mercure, dont la
dépend d'un dilatabilité est moindre que celle de tous
rapport avec les autres liquides. Le Thermomètre de M.
le volume du *de Réaumur* avoit le même défaut, quoiqu'à
liquide. un moindre dégré que le Thermomètre de
M. *de Lisle*, à cause de la grande dilatabilité
de l'esprit-de-vin.

Par cela mê- *432 h.* Il est donc toujours plus sûr, de
me il faut chercher deux *termes fixes* de chaleur, qui
toujours *deux* puissent être marqués sur le *Thermomètre*,
termes fixes. c'est-à-dire sur le composé du *verre* & du
liquide, dont les dilatations combinées doivent indiquer les autres dégrés de chaleur.
Et voilà ce que fit *Newton* en ouvrant la

---

m'ait été connu. J'ignore s'il a exécuté son projet; &
peut-être que, s'il l'a entrepris, il a trouvé autant de difficulté, que ceux dont j'ai rapporté ci-devant les tentatives, qui ont été trompés par le Baromètre (105 &
suiv.)

Il falloit être plus sûr qu'on ne l'étoit dans la construction de cet instrument, pour parvenir à le corriger par le
Thermomètre. Et d'ailleurs, les expériences de M. *de
Lisle*, faites sur du mercure contenu dans une boule de
verre dilatable, ne pouvoient point être appliquées à la
dilatation du mercure dans le Baromètre, où rien ne la
modifie que sa suspension dans le *vuide*, modification
que les expériences faites dans le Thermomètre n'expriment point. Pour découvrir les effets de la chaleur sur le
Baromètre, il falloit les étudier dans le Baromètre même. Aussi le résultat de mes expériences diffère-t-il beaucoup de la règle que M. *de Lisle* eût suivie d'après son
Thermomètre.

carrière. Car s'il eut égard au volume de la liqueur dans sa division, ce fut simplement pour que le nombre de ses dégrés ne fût pas absolument arbitraire. *Fahrenheit* ne considéra non plus le volume du mercure dans son Thermomètre, que par la même raison: il avoit deux *termes fixes*, qui déterminoient immédiatement l'étendue de ses 212 dégrés.

433 *a.* M. *Micheli Ducrest* mon concitoyen, qui fit en 1740 une autre espèce de Thermomètre, employa aussi deux *termes fixes* (*a*). Il auroit été très-capable, par sa patience, son adresse & sa sagacité, de porter cet instrument à un très-haut dégré de perfection, s'il n'eût été entraîné par quelques préjugés, surtout à l'égard d'un certain rapport qu'il imaginoit, entre la température intérieure du globe terrestre, & les effets de ce qu'il appelloit les *matières du froid* & du *chaud*, dont il croyoit que cette température étoit *le milieu*. Il conclut de-là singulièrement, que l'*esprit-de-vin* étoit le liquide le plus propre au Thermomètre, & que le *zéro* de son échelle devoit être à la *température du globe terrestre* (426 *n. note*). Il marqua cette température sur ses Thermomètres, dans les *Caves de l'Observatoire Royal de Paris*, parce que ce fut à Paris qu'il s'occupa principalement de cet objet. Mais il croyoit qu'on devoit la trouver dans tous les souterrains & les puits profonds. Son

Therm. de
Ducrest.
En 1740.

Il est d'es-
prit-de-vin.

L'un de ses
termes fixes
est *la tempé-
rature des
lieux pro-
fonds.*

(*a*) *Recueil de Pièces sur le Thermomètre*, &c. page 1 & suiv.

zéro étoit placé à ce point , qu'il appeloit le *tempéré*.

L'autre est la chaleur de l'eau bouill.

433 *b*. L'autre *terme fixe* étoit la chaleur de l'*eau bouillante*. Il y plongeoit son Thermomètre , qui, quoique d'*esprit-de-vin*, supportoit ce dégré de chaleur. J'ai dit ci-devant par quel moyen il le lui faisoit supporter, sans que l'*esprit-de-vin* s'élançât *(423 g.)*.

Division de son échelle.

Il divisoit en 100 parties égales , l'intervalle compris entre ces deux points. Les dégrés dans cette portion de l'échelle étoient numerotés en montant, & il les appelloit *dégrés de chaud*. Il prolongeoit ensuite l'échelle au-dessous de *zéro* : les dégrés de cette portion étoient numerotés en descendant, & il les appelloit *dégrés de froid*.

Changement fait par M. Ducrest dans la fabrication de son Ther.

433 *c*. Quoique ce soit-là les principes distinctifs de son Thermomètre , principes auxquels il s'est montré fort attaché, j'ai sçu par des ouvriers qui ont travaillé pour lui , qu'il avoit abandonné le *tempéré*, comme moyen de construction , & qu'ayant trouvé que ses Thermomètres se tenoient à 10 $\frac{2}{3}$ *dégrés de froid* dans *la glace qui fond* , il l'employoit pour les régler.

Autres Ther. moins réguliers que les précédens.

434 *a*. Outre les Thermomètres que je viens de décrire, on en a fait plusieurs autres, que je me contenterai d'indiquer d'après M. *Martine* ; parce que leurs principes sont trop peu fixes, pour que j'eusse puisé plus de lumières aux sources.

Therm. de Florence.

434 *b*. Les *Académiciens de Florence*, dont on parloit beaucoup autrefois, à l'occasion

du Thermomètre , en avoient conftruit deux ; le *grand* & le *petit*. Ils étoient tous deux d'*ef- prit-de-vin*. Ce qu'on fçait de moins incer- tain fur la graduation de ces Thermomètres, c'eft que *la glace* (probablement en état de fu- fion) réduifoit *le grand* à 20 , & *le petit* à 13$\frac{1}{2}$, & que *la chaleur naturelle d'une vache & d'un cerf* , faifoit monter *le grand* à 80 & *le pe- tit* à 40.

434 *c*. L'ancien *Thermomètre de l'Obferva-* *toire* , *de Paris* , fait par M. *de la Hire* , eft auffi d'*efprit-de-vin*. On trouve dans les ouvrages de fon Auteur, qu'il fe tenoit à 48 dans les *Caves de l'Obfervatoire* , & que fon 28me. *dégré* correfpondait à 51 *pouc. 6 lig.* dans le Ther- momètre de M. *Amontons* , & par conféquent à la température où l'*eau commence à fe geler*.

434 *d*. Le Marquis de *Poleni* , qui a don- né beaucoup d'obfervations météorologiques, employa à ces obfervations un Thermomètre d'air , conftruit à la manière de M. *Amontons* : mais il y mit moins de mercure. Auffi les accroîffemens de *force élaftique* de l'air étoient moindres dans ce Thermomètre , que dans celui de M. *Amontons* , quoique par les mê- mes augmentations de la chaleur. J'ai rappor- té ci-devant la raifon de cette différence (*421 p.*). M. *Martine* fait correfpondre 47 *pouc.* dans le Thermomètre de *Poleni* , à 51 dans celui d'*Amontons* , & 53 feulement , à 59$\frac{1}{2}$.

434 *e*. On confervoit à la *Société Royale de* *Londres* , un *étalon de Thermomètres* , comme on conferve au *Châtelet* à Paris , l'*étalon* de la *toife* , de l'*aune* , &c. ; c'eft-à-dire , d'une me-

sure qui n'est déterminée, qu'autant qu'il y a quelque part un original consacré. M. *Du-crest* dit, que ce Thermomètre étoit d'*esprit-de-vin* (a). Il avoit ses dégrés en descendant. Le *zéro* étoit appellé *très-chaud*, le 25me. dégré, *chaud*; le 45me. *tempéré*; & le 65me. *congéla-tion*. Pendant longtems, ceux qui faisoient des Thermomètres en *Angleterre*, & qui vou-loient leur donner une marche connue, les graduoient par comparaison avec cet *étalon*, ou avec d'autres Thermomètres qui lui avoient été comparés. M. *Martine* l'ayant observé auprès d'un Thermomètre de *Fahrenheit*, trou-va qu'il se tenoit à 34 ½, lorsque celui-ci étoit à 64, & que son *zéro* devoit correspon-dre à 89 du même Thermomètre. L'établis-sement de cet *étalon* fut une fort bonne idée, si elle précéda le Thermomètre de *Nevvton*; c'est-à-dire, s'il fut fait avant le tems où l'on dût voir, que le Thermomètre pouvoit ren-fermer en lui-même les principes d'une cons-truction uniforme.

Therm. de Fowler.

434 f. On emploie aussi en Angleterre, princi-palement dans les Orangeries, un autre Ther-momètre, dont M. *Martine* fait mention. Il porte communément le nom de M. *Fowler*, parce que cet Artiste en a fabriqué un grand nombre. Il est d'*esprit-de-vin*, suivant M. *Du-crest* (b). Sa division, comme celle du précé-dent, n'est fixe, que par comparaison à un

---

(*a*) *Recueil de Pièces sur les Thermomètres*, &c. page 41.
(*b*) *Ibid*, page 42.

original. Son *zéro* est à la température de l'air, *quand il ne fait ni chaud ni froid*, & l'étendue des dégrés de l'*original* est arbitraire. M. *Martine* dit de ce Thermomètre, que lorsqu'il est plongé dans *la neige qui se dégèle*, il descend à 34 au-deffous de *zéro*, & que quand il est à 16 au-deffus de ce point, le Thermomètre de *Fahrenheit* marque environ 64.

434 *g*. Le Docteur *Hales* se fit, pour ses expériences sur la végétation, un Thermomètre particulier, dont M. *Martine* parle encore. Il fut d'*esprit de vin*, suivant M. *Ducrest* (*a*). Son *zéro* étoit à la *congélation*, & l'intervalle de ce point, à celui où le faisoit monter *la cire fondue qui commence à se figer*, étoit divisé en 100 parties égales. M. *Martine* a trouvé que ce second point correspond à 142 sur le Thermomètre de *Fahrenheit*.

Therm. de *Halles.*

434 *h*. Enfin M. *Martine* décrit un Thermomètre employé depuis longtems à *Edimbourg* à des observations météorologiques, publiés dans des *Essais de Médecine*. Ce Thermomètre est d'*esprit de-vin*: son échelle est divisée en *pouces* & 10mes. de *pouce*, depuis un point indéterminé. *La neige qui fond* le réduit à 8 $\frac{1}{10}$; & il s'élève à 22 $\frac{2}{10}$, par *la chaleur du corps humain.*

Therm- d'Édimbourg.

434 *i*. À ces différens Thermomètres, décrits par M. *Martine*, j'en ajouterai un autre, qu'on emploie aujourd'hui affez communément à *Londres*, & qui, depuis quelque tems,

Therm. de *Londres* & de *Lyon.*

(*a*) *Recueil de Pièces sur les Thermomètres*, &c. page 41.

P iv

est aussi appellé *Thermomètre de Lyon*, parce que M. *Cristin* l'y a mis en usage. Ce Thermomètre est de *mercure*: son *zéro* est à la *congélation*, & l'intervalle de ce point à la chaleur de l'*eau bouillante*; est divisé en 100 dégrés égaux.

435 *a*. On voit par l'histoire abrégée que je viens de donner des tentatives qu'on a faites en divers temps pour procurer au Thermomètre une expression déterminée, & par les divers procédés qu'ont employé successivement des Physiciens & des Sociétés, dont le nom pouvoit accréditer leurs méthodes, qu'il n'y a point encore de stabilité, point d'usage généralement suivi, dans la construction de cet instrument. Cependant il doit servir de mesure *commune* de la chaleur.

435 *b*. Il semble bien que le public s'est fait une sorte de régle, au travers de toutes ces incertitudes: la *congélation*, l'*eau bouillante*, sont des termes marqués sur presque tous les Thermomètres, je sais même que bien des amateurs & des artistes les déterminent convenablement. Cependant, les moyens assurés d'y parvenir ne sont pas encore assez connus, ni peut-être bien appréciés, par plusieurs de ceux qui les emploient. C'est ce qui m'engage à traiter cette matière, d'après des expériences qui serviront peut-être à l'éclaircir. J'y joindrai quelques réflexions sur les changemens qu'on a introduits peu-à-peu dans les procédés, & sur ceux qui en sont résultés dans les Thermomètres.

Du Terme fixe inférieur.

436 *a.* La *congélation*, qui paroît consacrée pour *terme fixe inferieur*, a été différemment entendue, presque sans qu'on s'en soit apperçu. Les uns l'ont prise pour la température où *l'eau se gèle*, & d'autres pour celle où *la glace fond*. Il est vrai que la différence de ces deux températures n'est pas ordinairement bien grande, mais elle n'est pas *fixe*. Et d'ailleurs, une très-petite différence est nuisible à ce point, parce qu'il influe de près sur la portion de l'*échelle* que le Thermomètre parcourt le plus ordinairement. Je me contenterai d'examiner à cet égard, les Thermomètres de *de Réaumur* & de *Fahrenheit*, comme étant le plus en usage.

Il importe sur-tout de bien déterminer le terme fixe inférieur.

436 *b.* Dans le vrai Thermomètre de M. *de Réaumur*, celui dont le *terme supérieur* étoit au volume 1080 de sa liqueur, la *température des caves de l'Observatoire Royal de Paris* à 1010 $\frac{1}{4}$, & le *zéro* à 1000 (*a*), ce *zéro* étoit déterminé par une congélation artificielle, produite par de la glace mêlée de salpêtre, de sel ammoniac ou de sel marin (*b*).

Du terme fixe inférieur, ou du zéro de M. de Réaumur.

Il étoit déterminé par une congélation artificielle.

436 *c.* On n'a pas tardé à sçavoir que les congélations artificielles ne s'arrêtoient pas au dégré de *froid* qui suffit pour produire la glace :

M. de Réaumur le définit froid qui suffit pour geler.

(*a*) *Mém. de l'Académie, &c.* année 1730, *in-12*, page 717.

(*b*) *Mém. de l'Académie, &c.* année 1730, *in-12*, page 670.

M. *de Réaumur* donna lui-même, en 1734, un Mémoire *sur les différens dégrés de froid qu'on peut produire en mêlant de la glace avec différens sels* .... Son Thermomètre sert de mesure à ces *différens dégrés de froid;* & le *zéro* est le point d'où il les compte. Ce *zéro* est toûjours censé le *terme de la congélation artificielle,* quoiqu'il le définisse en ajoutant; *c'est-à-dire, le froid qui suffit pour geler.*

Le procédé de M. de Réaumur ne pouvoit donner ce froid d'une manière fixe.

436 *d.* Malgré cette définition, il restoit trop d'incertitude dans ce terme, pour qu'il fût généralement adopté. Il est bien difficile de saisir un point fixe, dans une diminution successive de chaleur, qui peut aller jusqu'à 15 dégrés au dessous de *zéro* dans le Thermomètre de M. *de Réaumur.* C'est l'effet du mélange de deux parties de glace & d'une partie de sel marin. C'est cependant par ce mélange que M. *de Réaumur* déterminoit son *zéro,* ou ce *froid qui suffit pour geler.* Je vais rapporter en entier le procédé qu'il indique lui-même.

Ce procédé décrit par M. de Réaumur.

436 *e.* « On sçait assez, dit-il (*a*), comment » se fait la glace artificielle: les procédés usi- » tés journellement, sont ceux-mêmes dont » on se servira pour geler l'eau qui environne » la boule de notre Thermomètre. Le vâse ou » elle est contenue, doit être mis dans autre » vâse d'un plus grand diamètre, & au moins » de même hauteur. Le fer blanc est encore » une matière propre à ces sortes de vâses. Le

(*a*) *Mém. de l'Académie,* &c. année 1730, *in-12,* page 670.

» vuide qui reste entre les parois des deux vâ-
» ses, sera rempli de glace qui aura été bien
» pilée & mêlée avec une bonne dose, soit
» de salpêtre, soit de sel ammoniac, soit de sel
» marin. Une précaution accélère la congéla-
» tion, c'est de couvrir le dessus des vâses : l'air
» extérieur est moins capable d'arrêter l'effet
» qu'on veut produire. Les faiseurs de liqueurs
» glacées se contentent de mettre au-dessus
» des vâses, quelques serviettes ou quelques
» torchons. On fera encore mieux, si, sur le
» linge étendu sur les bords du vâse, on met
» une couche de glace pilée qu'on recouvrira
» de plusieurs torchons ou serviettes.

» À mesure que l'eau, qui entoure la boule
» du Thermomètre, se refroidit, la liqueur
» descend dans le tube. Quand la surface de
» cette eau est gelée, la liqueur est bien près
« du plus bas terme où elle descendra. Lors-
» qu'on jugera qu'elle est à-peu-près aussi bas
» qu'elle peut aller, si elle est au-dessous du
» terme (où doit être marquée la *congélation*,
» c'est-à-dire, au volume de 1000 parties), on
» fera entrer de l'esprit-de-vin peu-à-peu avec
» une des petites mesures, ou avec un pe-
» tit entonnoir, & cela jusqu'à ce que l'es-
» prit-de vin s'élève dans le tube à la hau-
» teur du fil qui marque le *terme*. On sera en-
» suite attentif si la liqueur ne continue pas à
» descendre : si elle descend encore, on ajou-
» tera encore ce qu'il faut de liqueur pour la
» faire monter au terme marqué. Lorsqu'elle
» y reste constamment, on peut retirer la boule
» de la glace. Mais pour n'avoir pas la peine

» de briſer la glace, & ne pas faire courir
» riſque au Thermomètre, il vaut mieux laiſ-
« ſer fondre la glace, & attendre qu'elle laiſſe
» ſortir librement la boule, ou accélérer la
» fonte de la glace, en jettant deſſus de l'eau
» chaude.

» Nous devons avertir qu'il arrive quelque-
» fois, qu'après avoir fait entrer dans le tube
» la petite quantité d'eſprit-de-vin, qui ſem-
» bloit néceſſaire pour élever la liqueur juſ-
» qu'au fil, qu'après avoir vu ſa ſurface de ni-
» veau avec le fil, elle vient, dans un quart
» d'heure, à l'excéder d'une ligne ou de da-
» vantage. On croiroit que c'eſt que la glace
» commence à ſe fondre; cependant l'éléva-
» tion de l'eſprit-de-vin eſt quelquefois dûe
» à une autre cauſe: il a fallu du tems pour ſe
» rendre à celui qui en deſcendant a rencon-
» tré les parois du vâſe. On a preuve certaine
» que c'eſt cette cauſe qui produit la quanti-
» té excédente de volume de liqueur, lorſ-
» qu'on voit que ſa ſurface ſe ſoutient con-
» ſtamment au même terme: elle s'y ſoutient
» pendant plus de huit à dix heures, lorſque
» les vâſes ſont dans un endroit frais, & qu'ils
» ont été bien enveloppés. Il faut donc retirer
» ce qu'il y a de liqueur au-deſſus du fil. . . .

Moment de la fixation du zéro de M. de Réaumur.   436 *f.* On voit par ce fragment du Mémoire de M. *de Réaumur*, que, pour régler ſon Ther-momètre, il attendoit que l'eau douce du pe-tit vâſe fût entiérement gelée, & que l'eſprit-de-vin ne deſcendît plus.

Répétition de la même expér.   436 *g.* Pour ſçavoir ſi l'on pouvoit obtenir par ce procédé une température réellement fixe

au moment où l'eau se gèle , & pour en connoître le dégré , je répétai l'opération de M.
de Réaumur.

436 *h.* J'employai à cette expérience un Thermomètre de mercure à petite boule , afin de mieux appercevoir les variations de chaleur que subiroit l'eau douce. Je pris un petit vâse de verre , cylindrique , d'un pouce de dia-mètre , que je remplis d'eau douce à la hau-teur de 2 pouces $\frac{1}{4}$: je le mis au milieu d'un autre vâse d'environ 7 pouces de diamètre , & de 2 pouces $\frac{1}{2}$ de haut : je remplis de glace mêlée de sel marin , le vuide qui restoit entre les parois des deux vâses , je mis mon petit Thermomètre dans l'eau douce ; & j'observai.

436 *i.* Le mercure du Thermomètre se con-densa successivement: il étoit encore un peu au-dessus du fil de *la glace qui fond*, quand les parois intérieures du petit vâse commen-cèrent à se tapisser de glace. Il descendit en-suite à ce fil, & s'y tint pendant quelques mo-mens. La glace s'étendoit insensiblement de bas en-haut , & de la circonférence à l'axe. Dès qu'elle commença à toucher la boule du Thermomètre , ce qui se fit d'abord par-dessous, le mercure descendit au-dessous du *fil.* Une colonne d'eau fluide s'étendoit en-core de la surface à la partie supérieure de la boule, & cependant le mercure s'étoit déja abbaissé de 3 *d.* $\frac{1}{2}$ au-dessous du fil. Quand l'eau fut entiérement gelée , le mercure se trouva à — 5 $\frac{1}{2}$; il continua à descendre jusqu'à — 10 $\frac{1}{2}$, puis il remonta ; mais il n'atteignit le *fil*,

que lorsque la glace commença à fondre dans le petit vâse.

Il n'y a point de température perman. dans le refroidiſſem. produit par les congélat. forcées.

436 *k*. Je répétai cette expérience avec un Thermomètre à plus groſſe boule, & les réſultats furent les mêmes, quant au fond; c'eſtà-dire, que je ne pus découvrir par ce procédé aucune température permanente & déterminée, excepté depuis le moment où la glace du petit vâse commençoit à fondre.

M. de Réaumur n'a pu trouver un même terme, *que par des circonſtances ſemblables.*

436 *l*. Cependant M. *de Réaumur* aſſûre que ces Thermomètres s'arrêtoient toujours au même point, lorſque la glace étoit formée; ce qui me fait conjecturer qu'il employoit toujours les mêmes vâses, & le même mélange de ſel & de glace, que ſes boules étant d'environ 4 pouces $\frac{1}{2}$ de diamètre (*a*) tardoient tellement à ſe réfroidir que le mélange de ſel & de glace avoit le tems de ſe réchauffer, avant que la liqueur du Thermomètre en eût acquis la température, & que le point où la liqueur ne ſe condenſoit plus, & ſe réchauffoit avec toute la maſſe de l'eau ſalée n'étoit le même dans toutes ſes épreuves, qu'à cauſe de la parité de circonſtances.

Mais ce n'eſt pas un terme fixe.

436 *m*. Surquoi je ferai remarquer deux choſes: la première, qu'une température qui dépend de circonſtances arbitraires, & qui ne ſont pas même indiquées par M. *de Réaumur*, ne peut ſervir de baſe au Thermomètre; la ſeconde, que, puiſque l'eau du petit vâse *ne com-*

____

(*a*) *Mém. de l'Académie*, année 1730, *in-12*, page 660.

mençoit point à fondre, quand M. *de Réaumur* fixoit le point de la *congélation*, ou le dégré 1000 sur ses Thermomètres, ce point étoit nécessairement *au-dessous* du terme qu'on a adopté depuis, qui est celui *où la glace fond.* Il est vrai que la différence ne doit pas être bien grande, puisqu'au moyen d'*enveloppes*, & *dans un endroit frais*, le Thermomètre restoit sensiblement au même point, *pendant huit à dix heures.*

Il est un peu au-dessous du point où la glace fond.

Je crois être parvenu à connoître assez sûrement cette température correspondante à 1000 ou à *zéro*, dans le vrai Thermomètre de M. *de Réaumur*, mais ce n'est pas encore le moment d'en parler.

437 *a*. *Fahrenheit* avoit pris pour *terme inférieur*, une température plus *fixe*. Le *zéro* de son échelle étoit déterminé par une *congélation forcée* avec du sel ammoniac. Ce point fixe avoit sur celui de M. *de Réaumur*, l'avantage d'être le terme extrême d'une congélation forcée, & quoique ce terme puisse varier, suivant les doses & d'auttes circonstances, cependant, quand on a trouvé le *maximum*, on peut le reproduire assez sûrement.

Terme fixe inférieur de Fahrenheit: la congélation forcée par le sel ammoniac. Avantage du term. inférieur de Fahrenheit sur celui de de Réaumur.

437 *b*. Mais la difficulté de l'opération, & l'incertitude qui accompagne toujours les choses compliquées, ont fait abandonner cette méthode: & comme l'Auteur de ce Thermomètre avoit indiqué la *congélation* au 32me de ses dégrés, on est parti de ce point, & l'on a rapporté ce 32me. dégré au *zéro* de M. *de Réaumur*, en employant aussi différens moyens pour le fixer. Il règne donc la même incerti-

La diffic. de l'opér. a fait changer ce terme de Fahrenheit.

Il est devenu aussi incertain que celui de M. de Réaumur.

tude à cet égard dans l'un & l'autre de ces Thermomètres (*a*).

L'expression de congélation, étant vague, a produit bien des erreurs.

438 *a.* On voit par tout ce que je viens de dire, que la différence des dégrés de chaleur, confondus sous l'expression vague de *congélation*, a dû produire bien des erreurs, & qu'il est essentiel ce les prévenir pour la suite.

La glace qui fond, ou l'eau dans la glace, est le terme qu'il convient de choisir.

438 *b.* On y parviendra, en convenant d'une méthode uniforme, & qu'on peut aujourd'hui déterminer sûrement ; c'est d'employer pour le *terme fixe inférieur* de tout Thermometre, *la glace qui fond*, ou *l'eau dans la glace*.

Manière de prendre ce terme dans la glace pilée qui fond, mêlée d'eau.

438 *c.* Ces deux expressions, qui ont été indifféremment employées, n'indiquent en effet qu'une seule & même température. Lorsque la glace disposée à fondre est mêlée d'eau, cette eau produit le même effet sur le Thermomètre, que la *glace qui fond*, pourvu que le vâse soit plein de glace, & que l'eau remplisse seulement les interstices. Il faut que la *glace* soit pilée, afin qu'elle environne mieux le Thermomètre (*b*). Il convient aussi qu'il

---

(*a*) M. *Martine*, qui recommande beaucoup le Thermomètre de *Fahrenheit*, & qui traite de sa construction, indique indifféremment, par le dégré 32 des températures qui ne sont point semblables, celle de la *glace qui fond*, & celle de *l'eau qui se gèle.* (*Dissertations sur la Chaleur*, &c. pages 38, 40, &c.).

(*b*) Les choses les plus simples coûtent quelquefois à trouver. Je l'ai éprouvé en voulant piler de la glace. Je ne me suis pas avisé d'abord de le faire dans un linge avec un maillet. C'est cependant le moyen le plus commode. Ceux qui l'ignorent seront bien-aises de l'apprendre ici.

y ait au moins un pouce de *glace* au - deſſous
de la boule, car ſi la boule pouvoit atteindre le fond du vâſe, elle ſeroit bientôt aban-
donnée par la *glace*, qui s'élève en fondant.
La boule ne ſeroit plus alors que dans
de l'eau, à laquelle le fond du vâſe communique ſa chaleur, & qui par - là ſe réchauffe peu-à-peu, à meſure que la *glace* s'en
éloigne.

438 *d.* Voici pourquoi la *glace qui fond* &
l'eau dans la glace, produiſent abſolument le
même effet ſur le Thermomètre. La *glace qui
fond* eſt toujours environnée de l'*eau* qui s'en
détache, & c'eſt cette eau qui communique
ſa température aux corps environnés de *glace
en fuſion*. Ainſi, quoiqu'il y ait probablement
quelque différence entre la température de la
glace diſpoſée à fondre, & celle de la *glace fondue*, ou de l'*eau* qui vient de ceſſer d'être
glace, cette différence n'influe point ſur le
Thermomètre. Notre température fixe eſt
proprement celle de l'*eau produite ſucceſſivement par la glace*, & qui s'accumule dans
ſes interſtices. Voici quelques expériences qui
prouvent la fixité de ce dégré de chaleur.

438 *e.* Dans le froid rigoureux de Février
1755, faiſant quelques expériences ſur la formation de la glace, je ſuſpendis dans l'eau
pluſieurs Thermomètres, dont le *terme fixe
inférieur* avoit été déterminé comme je viens
de le dire. Ce terme étoit marqué par un fil
ſur les tubes; & la boule, ainſi que la portion du tube compriſe entr'elle & le fil, étoient
plongées dans l'eau.

Tome II.   Q

Le commencement de la *congélation* n'est pas une température fixe.

La glace prend la température de l'air ambiant, tant qu'elle ne fond pas.

438 *f.* Le commencement de la congélation n'étoit pas toujours indiqué par le même point du Thermomètre, l'eau restoit fluide quelquefois, quoique le Thermomètre fût descendu de plus d'un dégré au-dessous du fil. Quand la glace étoit entièrement formée, elle se refroidissoit de plus en plus, jusqu'à ce qu'elle eût acquis la température extérieure : & les Thermomètres qu'elle environnoit, indiquoient la même température que ceux qui étoient exposés à l'air ; leurs variations étoient seulement plus ou moins lentes, suivant l'épaisseur de la glace.

Mais dès qu'elle fond, elle a une tempér. fixe.

438 *g.* J'approchai du feu plusieurs de ces vâses, avec leurs Thermomètres. Dès que la glace se disposoit à fondre autour de la boule, la liqueur remontoit au *fil*, & elle s'y tenoit fixée, tant que la boule restoit environnée d'une croûte de glace de quelques lignes d'épaisseur. Mais dès qu'il se faisoit des ouvertures à cette glace, ou que l'eau qui se rassembloit dans le vâse pouvoit atteindre la boule par le dessus, cette eau que le feu avoit réchauffée faisoit subitement remonter la liqueur.

La *neige* qui fond a la même tempér. que la glace qui fond.

438 *h.* La *neige* est une glace raréfiée, qui, relativement à ses diverses températures, suit les mêmes loix que la glace proprement dite. Or j'ai éprouve très-souvent, tant dans les villes qu'à la campagne, & sur les montagnes, que quand la *neige* fond, elle réduit exactement à *zéro* les Thermomètres où ce point a été fixé dans de *la glace pilée mêlée avec l'eau qu'elle produit en fondant.*

438 *i.* Ce *dégré de chaleur* est donc *fixe.* C'est encore le plus facile à produire partout : il n'exige qu'une operation à la portée du moindre des artistes, & il peut être aisément vérifié par tous ceux qui veulent un Thermomètre exact, sans pouvoir le faire eux-mêmes. Ce *terme fixe* est d'ailleurs adopté par le plus grand nombre de ceux qui font des Thermomètres ; on peut donc espérer qu'il le sera enfin de tous.

C'est donc là une tempér. bien déterminée qu'il convient d'adopter pour terme fixe inférieur du Thermom.

Du terme fixe supérieur dans le Thermomètre.

439 *a.* Le *terme fixe supérieur* de presque tous les Thermomètres qu'on fait aujourd'hui, est la *chaleur de l'eau bouillante.* Mais ce terme ne peut être regardé comme *fixe,* qu'avec ces deux conditions : un *même dégré d'ébullition,* & un *même poids de l'atmosphère.*

L'eau bouill. est le terme supérieur adopté généralement. Mais il n'est fixe qu'à deux conditions.

439 *b.* Quand l'eau commence à bouillir, elle n'a pas encore son plus haut dégré de chaleur. Il faut pour cela, que toute sa masse soit en mouvement, c'est-à-dire, que le bouillonnement parte du fond du vâse, & qu'il se répande sur toute la surface de l'eau, avec la plus grande impétuosité qu'il puisse acquérir. Depuis le commencement de l'ébullition, jusqu'à son plus haut période, l'eau éprouve une augmentation de chaleur de plus d'un *dégré.*

La premiere est qu'elle bouille au plus haut dégré possible.

439 *c.* Les artistes font rarement attention à cette différence. Mais, quoiqu'elle soit essentielle, elle est bien petite, en comparaison de celle qu'on a introduite dans l'un des Thermomètres, dont on fait le plus communément

Cette condition est assez souvent négligée par les Artistes. Mais c'est là une petite

différente, en comparaif. de celle qui s'est introduite dans le *terme supérieur de* M. *de Réaumur.*

usage aujourd'hui ; je veux dire, celui de M. de Réaumur. Les vrais principes de ce Thermomètre se font presque entièrement effacés. J'ai cherché à les découvrir, & je vais rendre compte du succès de mes recherches.

Du vrai Thermomètre de M. de Réaumur.

M. de Réaumur n'appeloit point son dégré 80 la chal. de l'eau bouillante ;

440 *a.* Lorsque j'ai décrit ci-devant le Thermomètre de M. *de Réaumur* (431), on a pu comprendre déjà que ce Thermomètre ne soutenoit point la *chaleur de l'eau bouillante* : & si l'on remonte aux détails que M. *de Réaumur* a donnés lui-même de ses procédés, on verra

Mais celle que son esprit-de-v. pouvoit supporter sans bouillir.

bien que ce n'étoit point là son but. Il ne cherchoit qu'un *dégré fixe de chaleur*, dont son esprit-de-vin affoibli fût susceptible, & il crut le trouver dans la température de cette liqueur, lorsqu'elle ne peut plus s'échauffer davantage sans bouillir (*a*). C'est-là le point que M. *de Réaumur* nommoit 1080, ou seulement 80 dans son Thermomètre (*b*).

Cependant on nomme *Ther. de* M. *de Réaumur* tous ceux dont le dégré 80 est la chaleur de l'eau bouillante.

440 *b.* Je suppose que ce dégré de chaleur étoit fixe ; mais certainement il étoit bien différent de celui de l'eau bouillante, auquel cependant on rapporte communément ce point que M. *de Réaumur* appelloit 80 sur son Thermomètre. Et l'on donne sous son nom ces nouveaux Thermomètres, si différens du sien, quoiqu'il y ait encore un grand nombre de

---

(*a*) *Mém. de l'Académie des Sciences*, *&c.* année 1730, *in-12*, page 688.

(*b*) *Ibid*, page 717, & *passim.*

ces inſtrumens répandus dans toutes les parties du monde, tant par M. *de Réaumur* lui-même, que par M. l'*Abbé Nollet*, qui a ſuivi les mêmes, principes.

440 *c.* Comment donc peut-on eſpérer de s'entendre ſur les obſervations de la chaleur, lorſque ſous la même dénomination, on a des *meſures* ſi différentes? Voici un exemple des erreurs qui peuvent en réſulter. Je le rapporte, parce qu'il a été l'occaſion de mes recherches ſur le Thermomètre de M. *de Réaumur.* Ce change-ment a jetté la plus gran-de incertitu-te dans les obſervations de la chaleur.

440 *d.* Un de mes amis, perſuadé, comme on l'eſt encore communément, que la tempé-rature des *puits profonds*, ſemblable à celle des *Caves de l'Obſervatoire Royale de Paris*, eſt à 10$\frac{1}{4}$ ſur tout Thermomètre dont l'*échelle* eſt de 80 parties, fut fort étonné de voir, au mois d'Août, un de ces Thermomètres marquer environ 9 dégrés, dans deux *puits* de ſa maiſon de campagne. Il me fit part de cette obſervation, & l'ayant repétée, je donnai la torture à mon eſprit, pour trouver dans quelque propriété du terrein ou de l'eau, ou dans quelqu'autre circonſtance locale, la cauſe de cette prétendue ſingularité. Heureuſement je ne trouvai rien d'extraordinaire, ce qui me fit ſoupçonner, que la température des *Caves de l'Obſervatoire de Paris*, étoit mal indiquée ſur les Thermomètres modernes; & je formai le deſſein de m'en éclaircir. Exemple.

441 *a.* Le projet de déterminer exactement la température des *Caves de l'Obſervatoire de Paris*, ſur un Thermomètre qui me fût bien connu, n'étoit pas ſans quelque difficulté. Projet d'exp. dans les caves de l'Obſerv. de Paris.

Ne pouvant l'exécuter moi-même, j'avois besoin de quelqu'un qui pût mériter de ma part une entière confiance, & qui fût disposé à m'obliger.

441 *b.* Je m'adressai à M. *Varenne de Béost*, Receveur général des Finances de Bretagne & Correspondant de l'Académie Royale des Sciences; persuadé que, s'il avoit du tems, il ne me resteroit rien à desirer pour l'exécution de mon projet. M. *de Béost* voulut bien se charger de ces observations; & il les fit avec des soins & une complaisance qui surpassèrent mes desirs. Non content d'y apporter lui-même toutes les précautions nécessaires, pour éviter l'erreur, il y intéressa M. *Brisson*, de l'Académie des Sciences, dont les lumières & l'habitude dans les expériences de ce genre, le secondèrent efficacement.

441 *c.* Pour prévenir les erreurs que pouvoit produire la différence des Thermomètres, j'envoyai un des miens à M. *de Béost* : il étoit de *mercure*, & très-sensible. M. *de Béost* le plaça, le 23e. Février 1765 à 8 heures du soir, dans une niche des souterrains de l'Observatoire : la même où MM. *de Réaumur* & *Ducrest* ont observé leurs Thermomètres : une petite table, qui en occupe le milieu, peut servir à la distinguer.

441 *d.* Le lendemain, à 9 heures ½ du matin, M. *de Béost* se rendit à l'Observatoire. Il entra seul dans la niche, tenant une très-petite bougie d'une main, & de l'autre, une pointe déliée, dont il se servit pour marquer promptement sur la monture du Thermomètre, le

point où aboutiſſoit le mercure ; ce point fut
à + 9 ½ de l'*échelle* dont j'ai toujours parlé.
La température extérieure étoit à + 4, en
plein air & au ſoleil.

441 *e*. Les précautions qu'avoit pris M. *de* Raiſon de la répéter.
Béoſt pour éviter d'échauffer le Thermomètre
en l'obſervant, devoient me ſatisfaire. Cependant la grande ſenſibilité de mon petit inſtrument m'inquiétoit, & comme M. *de Beoſt* me
l'avoit renvoyé, je me déterminai à lui en
faire parvenir deux autres, moins ſenſibles.
Je les accompagnai d'un étui ouvert par les
deux bouts, dans lequel il pouvoit les ſuf-
pendre, pour garantir leur boule de la chaleur
de la bougie, & de celle de ſon corps. On
verra cependant que M. *de Béoſt* avoit évité,
par ſa diligence, l'erreur qu'auroit pu occaſionner la grande ſenſibilité de mon premier
Thermomètre.

441 *f*. J'envoyois deux Thermomètres à M. Doute de M. *de Béoſt* ſur l'uniformité de températu- ture de ces ſouterrains.
de Béoſt, pour qu'il éclaircît un doute que
lui avoit laiſſé la première obſervation. Il
avoit cru remarquer, en portant ſucceſſivement
mon premier Thermomètre en divers endroits
des caves, que la température de ces ſouterrains n'étoit pas uniforme. Cependant, comme
les obſervations qui differoient de la première,
indiquoient plus de chaleur, M. *de Béoſt* ſoup-
çonnoit auſſi, que le Thermomètre pouvoit
avoir conſervé une partie de celle qu'il avoit
acquiſe dans le tranſport.

441 *g*. Pour éclaircir ce doute, il falloit dépo- Projet d'ex- périence à ce ſujet.
ſer des Thermomètres, dans les lieux où la
température avoit paru différer le plus. Mais

Q iv

ceux que j'avois deſtinés à cette expérience, ne purent y être employés : l'un des deux ſe rompît dans le voyage. J'étois en de bonnes mains pour réparer cette perte. M. *Briſſon* remplaça mon Thermomètre rompu, par cinq autres, dont un étoit de *mercure*, & quatre d'*eſprit-de-vin*. Je parlerai dans la ſuite de la graduation de ces Thermomètres (445 *a*).

Obſervation du 19 Avril 1765.

441 *h*. Le 18ᵉ. Avril, à 10 heures du matin, M. *de Béoſt* les plaça avec le mien dans la niche dont j'ai parlé ci-devant ; & le lendemain à midi, il y retourna pour les obſerver. Il avoit imaginé cette fois-là, de marquer par un trait le point où les liqueurs ſe ſeroient fixées. Il employa pour faire ces traits une règle échancrée par ſon milieu, afin que les tubes ne l'empêchaſſent pas de s'appliquer ſur les montures. Ces traits paſſèrent tous à-peu-près par le 10ᵐᵉ. dégré des Thermomètres.

Préparatif par une troi-ſième obſerv.

441 *i*. Après cette obſervation, M. *de Béoſt* porta un des Thermomètres d'*eſprit-de-vin*, à l'extrémité d'un cul-de-ſac qui termine du côté du Nord la gallerie où ſe trouve la niche ; il en laiſſa un avec le mien dans cette niche : il en plaça un autre auprès d'une petite ſtatue de la Vierge, & le quatrième, au pied de l'eſcalier des caves. Enfin le Thermomètre de *mercure* de M. *Briſſon* fut porté au Midi des ſouterrains, dans cette eſpèce de grotte, où la filtration de l'eau forme des ſtalactites.

Obſervation du 20 Avril 1765.

441 *k*. Le 20ᵐᵉ. M. *de Béoſt* retourna aux ſouterrains avec M. *Briſſon*. Le premier Thermomètre que ces Meſſieurs obſervèrent, s'étant trouvé plus bas qu'il n'étoit le 19ᵐᵉ. ils en

conclurent d'abord, que dans l'observation de ce jour-là, les Thermomètres avoient été échauffés, dans l'opération, un peu longue, par laquelle les points où ils se trouvoient avoient été marqués sur leurs montures.

441 *l.* L'habitude que M. *de Béoſt* avoit acquiſe, fit que cette fois-là il n'eut recours à aucun expédient. Les Thermomètres étoient ſéparés, & il en eſtima la hauteur d'un coup-d'œil. Il trouva mon Thermomètre dans la niche, à $+ 9\frac{1}{2}$, comme dans l'obſervation du 24me. Février; & tous les autres ſe trouvèrent à-peu-près au même point. La température extérieure étoit à $+ 6\frac{1}{2}$, il pleuvoit; & le *mercure* ſe tenoit à 27 *pouces* 8 *lignes* dans le Baromètre. *Elle confirma celle du 24 Février.*

441 *m.* Tous les Thermomètres furent laiſſés ce jour-là dans un petit caveau, qui eſt immédiatement derrière la niche, du côté de l'Orient; & le lendemain, ces Meſſieurs y retournèrent à 9 heures du matin. Après être entrés dans les ſouterrains, ils en fermèrent la porte, & ils s'approchèrent avec beaucoup de précaution des Thermomètres. Ceux de M. *Briſſon* ſe trouvèrent à $+ 9\frac{3}{4}$, & le mien à $+ 9\frac{1}{2}$. La température de l'air extérieur étoit à $+ 8\frac{1}{2}$ à l'ombre; le tems étoit beau, & le Baromètre ſe tenoit à 27 *pouces* 10 *lignes* $\frac{1}{2}$. *Obſervation du 21 Avril. Elle confirma auſſi la première.*

441 *n.* Cette quatrième obſervation étoit aſſez conforme à la première & à la troiſième, pour qu'on pût en conclurre, qu'elles indiquoient exactement la température de ces ſouterrains. Cependant, comme la ſeconde obſer- *Quatrième obſervation projettée à cauſe de la diſparité de la ſeconde.*

vation avoit été un peu différente des trois autres, ces Messieurs jugèrent à propos d'en faire une cinquieme. Ils dispersèrent de nouveau les Thermomètres. Un de ceux de M. *Brisson* fut placé dans le cul-de-sac voisin de la niche : un autre fut mis au pied de la petite statue de la Vierge : un troisième fut porté à la partie la plus occidentale des caves ; & le Thermomètre de *mercure* de M. *Brisson*, dans la grotte aux stalactites : le mien resta derrière la niche, avec un Thermomètre d'*esprit de vin*.

Observation du 23 Avril. 441 *o*. Le surlendemain, 23me. Avril, ces Messieurs descendirent aux caves. Les trois premiers Thermomètres furent trouvés à $+ 9\frac{1}{8}$: le Thermomètre de *mercure* de M. *Brisson*, à $+ 9\frac{2}{3}$; & le mien, à $+ 9\frac{3}{9}$: le Thermomètre d'*esprit - de - vin* qui l'accompagnoit, étoit à $+ 9\frac{7}{8}$. La température extérieure, à $+ 11\frac{1}{2}$; le Baromètre à 27 *pouces* 8 *lignes* par un tems assez beau.

La température des caves de l'Observatoire est uniforme. 441 *p*. L'ensemble de ces observations montre d'abord que la température est sensiblement égale dans toute l'étendue des souterrains de l'Observatoire, & que par conséquent la différence trouvée hors de la niche, dans l'observation du 24e. Février, venoit de la chaleur communiquée au Thermomètre dans le transport. Les trois dernières observations faites sur mon Thermomètre, indiquent aussi, qu'il avoit été un peu échauffé dans celle du 19e. Avril ; & La seconde observation étoit défectueuse. ce qui le prouve encore, c'est que ce Thermomètre, qui se tint toujours un peu plus bas que tous les autres dans les observations suivantes, avoit été d'accord avec eux ce jour-là. Ainfi l'obfervation du 19ᵉ. Avril ne doit pas être comptée.

441 *q*. En réuniffant les quatre autres obfer- vations, qui diffèrent très-peu, & dont les différences peuvent provenir de bien d'autres caufes que de la différence de température, on peut en conclurre, avec affez de certitude, que depuis le 23ᵉ. Février, jufqu'au 23 Avril 1765, la température des caves de l'Obfer- vatoire fut toujours à $+ 9\frac{1}{4}$ de mon Thermo- mètre.

441 *r*. Pour connoître fi cette température étoit variable, M. *de Béoft* laiffa dans les *caves* un Thermomètre, fur la monture duquel il marqua le point où il étoit fixé. Un Domeftique de M. *Maraldi*, qui conduit ordinairement les curieux dans ce dédale, fe chargea d'obferver le Thermomètre chaque fois qu'il y defcendroit. Il le fit jufqu'au 24 Juin, tems auquel M. *Maraldi* l'emmena à la campagne. En Octobre 1766. j'eus occafion d'aller à Paris; & M. *de Béoft* ayant eu la complaifance de me conduire dans toutes les places de ces fouterrains où il avoit fait des obfervations, ce Domeftique nous affura, que, pendant tout le tems qu'il avoit obfervé le Thermomètre, il n'y avoit apperçu aucune variation.

441 *f*. Outre ces diverfes obfervations, j'avois fongé à une autre, qui me paroiffoit effentielle. Celles qui avoient été faites en Février & Avril 1765, indiquoient la température des *caves de l'Obfervatoire* au fortir de l'Hyver; durant lequel les diminutions de chaleur avoient dû s'y accu-

Première dé- termination de la tempé- rature de ces fouterrains.

Obfervat. continuées jufqu'au 24 Juin.

La tempér. de ces caves fut conftante.

Raifon de l'Obferv. à la fin de l'Eté.

muler, pour peu que la température extérieure y influe. Il falloit donc observer aussi à la fin de l'Été, pour sçavoir si la chaleur n'avoit point pénétré dans ces souterrains.

Observation du 23 Octobre.

441 *t.* Je communiquai mon desir à M. *de Beost*, qui voulut bien encore le satisfaire. Il porta mon Thermomètre dans les caves, le 22ᵉ. Octobre de la même année, à 5 heures du soir; & le lendemain, à 8 heures ½ du matin, il y retourna. A l'instant où il fut à portée de mon Thermomètre, il planta une aiguille sur la monture, au point où le *mercure* étoit fixé; & ce fut à $+ 9\frac{1}{3}$.

Toutes ces observ. sont sensiblement d'accord.

441 *u.* Voilà une suite d'expériences aussi complette qu'on puisse la désirer, & leurs différences sont si petites, qu'en prenant le milieu entr'elles, il doit indiquer avec une exactitude suffisante, *la température des caves de l'Observatoire de Paris*, & une température qu'on peut regarder comme constante.

Déterm. de la tempér. des caves de l'Observat. sur le Therm. de mercure.

441 *x.* Je ne puis donc m'écarter essentiellement du vrai, en fixant la température de ce lieu rénommé, à $+ 9 \frac{6}{10}$ *du Thermomètre de mercure.*

Différ. de la températ. des caves de l'Observat. sur ce Ther. & sur celui de M. de Réaumur

442 *a.* Dans le vrai Thermomètre de M. *de Réaumur*, celui qu'il a décrit dans le Mémoire que j'ai déja cité, la température des *caves de l'Observatoire* est à $+ 10 \frac{1}{4}$; & dans le Thermomètre de *mercure* dont je parle, elle est à $+ 9 \frac{6}{10}$. Voilà donc une première différence bien établie entre ces deux Thermomètres, quant à leurs *indications*.

Cette différ. seroit en sens contraire, si

442 *b.* Mais par une différence bien prouvée aussi dans leur construction, différence qui

provient de ce que les liquides dont ils font faits ne font pas femblables, celle qui fe trouve entre leurs *indications*, devroit être en fens contraire. On a vu dans la table que j'ai donnée des *marches* de divers Thermomètres femblablement gradués (426 *b*), que le Thermomètre dont la liqueur eft la même que celle de M. *de Réaumur*, fe tient à $+7\frac{2}{10}$, quand le Thermomètre de *mercure* eft à $+10$. Il ne peut point y avoir d'erreur dans ce rapport ; car ces Thermomètres font reftés plufieurs jours à ces mêmes points dans ma cave. *(les 2 Ther. étoient femblablement divifés.)*

442 *c.* Puis donc que mon Thermomètre de *mercure* s'eft tenu à $+9,6$, dans les caves de l'Obfervatoire, celui de M. *de Reaumur* s'y feroit tenu à $+7,6$, fi fon *échelle* avoit été femblable à la mienne. Mais M. *de Réaumur* a toujours vu fon Thermomètre dans ces *caves*, à $+10\frac{1}{4}$: donc fon *échelle* eft différente de celle de mon Thermomètre, fait de même liqueur que le fien, divifé en un même nombre de dégrés ; mais dont les *termes fixes* font, la *glace qui fond*, & l'*eau bouillante*. (Pour plus de commodité dans l'expreffion, j'appelerai ce dernier Thermomètre, *mon Thermomètre d'efprit-de-vin*). *(Déterm. de la tempér. des caves fur un Ther. d'efp.-de-vin divifé comme celui de mercure. — Cette même températ. fur le Therm. de M. de Réaumur.)*

442 *d.* En fuppofant que l'*échelle* du Thermomètre de M. *de Réaumur* & la mienne, commencent au même point ; l'obfervation faite dans les *caves* donne le rapport entre leurs dégrés, de 7, 60 à 10, 25. On voit d'abord par-là, que le dégré 80 de M. *de Réaumur* indique une chaleur beaucoup moindre que le dégré 80 de mes Thermomètres ; & *(Pofition du terme fixe fupérieur de M. de Réaumur, fur mon Th., en fuppofant que les deux échelles commencent au même point.)*

en partant du rapport ci-deſſus , on trouve que le dégré 80 du Thermomètre de M. *de Réaumur* ne devroit correſpondre qu'à 59, 3 de mon Thermomètre d'*eſprit-de-vin*. (10, 25: 7, 60 : : 80, 0 : 59. 3).

Il réſulte de cette pre-mière com-paraiſon qué les deux é-chelles ne doi-vent pas commencer au même point.

442 *e*. En voyant par ce calcul, combien le rapport tiré immédiatement de l'obſervation dans les *caves*, abbaiſſoit le dégré 80 de M. *de Réaumur*, ſur mon *échelle*; je compris que toute la différence des indications de nos Ther-momètres dans les *caves*, ne pouvoit provenir de la différence du dégré 80 de M. *de Réaumur* avec la chaleur *réelle* de l'*eau bouillante*, qui eſt mon dégré 80 ; & je fus confirmé par-là dans l'idée que nos *échelles* ne commençoient pas au même point ; c'eſt-à-dire, que le *zéro* de M. *de Réaumur* étoit au-deſſous du point où la *glace fond*, qui eſt mon *zéro*. Je penſai alors à chercher dans la manière dont M. *de Réaumur* déterminoit ſon dégré 80 , quelque moyen de connoître à-peu-près ce terme fixe. Voici ſon procédé décrit par lui-même.

Procéd.de M. de Réaumur, pour déter-miner ſon terme fixe ſu-périeur.

« 442 *f*. Après avoir choiſi, dit-il (*a*), un » petit matras de verre dont le col étoit aſſez » délié, j'ai rempli le matras juſqu'un peu au-» deſſus de l'origine de ſon col, avec de petites » meſures; il en eſt entré 400, juſqu'à l'endroit » déſigné. J'ai marqué cet endroit avec un fil » lié autour du col. Alors j'ai mis le matras » dans une boîte de fer blanc, que j'ai poſée » dans une boîte plus grande, remplie de

---

(*a*) *Mém. de l'Académie des Sciences* , *&c.* 1730, *in-12*, page 688.

» glace pilée, & mêlée avec du fel. En un
» mot, j'ai fait geler l'eau qui environnoit le
» matras. L'*efprit-de-vin* eft defcendu au-def-
» fous du fil. J'ai fait entrer dans le matras
» autant de mefures qu'il en a fallu, afin que
» l'*efprit-de-vin* fe trouvât encore à la hauteur
» du fil. Enfin mon fil m'a marqué le terme
» d'un volume de 400 mefures d'*efprit-de vin*,
» condenfé par la congélation artificielle de
» l'eau. Ce que je cherchois, étoit d'avoir en
» parties de ce même volume, fa différence
» avec le volume de la même quantité d'*efprit-*
» *de-vin dilaté par la chaleur de l'eau bouillante*
» (*a*). J'ai donc fait chauffer & bouillir de
» l'eau. A la vapeur feule de l'*eau bouillante*,
» j'ai échauffé le matras, qui contenoit l'*efprit-*
» *de-vin*. Quand je l'ai jugé affez échauffé,
» pour qu'il n'y eût pas à craindre que la cha-
» leur de l'*eau bouillante* le fit caffer, je l'ai
» enfoncé peu-à-peu dans cette eau; *bientôt*
» *l'efprit-de-vin a commencé à bouillir; & auffi-*
» *tôt j'ai retiré le matras*. J'avois eu la précau-
» tion d'entourer fon col d'un fecond fil que
» je pouvois faire gliffer en montant. Avec ce
» fil, j'ai marqué l'endroit où l'*efprit-de-vin*
» étoit refté *après que les bouillemens avoient*
» *été appaifés*. Auffi-tôt j'ai remis l'*efprit-de-vin*
» dans l'*eau bouillante*. Il s'eft élevé au-deffus
» du fil & bientôt il a bouilli. J'ai retiré le

(*a*) Voilà une expreffion équivoque ; & l'on en
trouve plufieurs autres femblables qui peuvent avoir
donné lieu à l'erreur où l'on eft tombé fur le dégré
80 de M. *de Réaumur.*

» matras. J'ai élevé le fil j'usqu'à l'endroit où
» *l'esprit-de-vin* s'est trouvé *après que les bulles
» ont eu disparu.* Quand j'ai eu repété ce
» manège jusqu'à 5 ou 6 fois au plus, le
» terme de l'élévation marquée par le fil *après
» les bouillonnemens cessés,* s'est trouvé cons-
» tamment le même; ainsi je l'ai regardé comme
» le *terme de la plus grande dilatation que l'eau
» bouillante puisse donner à cet esprit-de-vin,
» sans le faire bouillir* (*a*). Dans d'autres expé-
» riences, dont il suffira de rapporter les résul-
» tats, *j'ai suivi de pareils procédés.* Pour ache-
» ver celle que nous avons commencé de
» détailler, il ne restoit plus qu'à mesurer la
» capacité de l'intervalle compris entre les
» deux fils, en mesures pareilles à celles dont
» il y avoit 400 jusqu'au premier fil, jusqu'à
» celui qui marquoit le terme de la congéla-
» tion artificielle. J'ai trouvé que cet espace
» contenoit 35 de ces mesures. Ainsi le volume
» de *l'esprit-de-vin,* qui, condensé par la glace
» artificielle, étoit 400, *rarefié par la chaleur
» de l'eau bouillante* (*b*), étoit 435. Cet *esprit-
» de-vin* étoit du meilleur qui se trouve ordi-
» nairement chez les Marchands. Brûlé dans la
» cuillière, il ne laissoit point d'eau; il allu-
» moit la poudre ».

(*a*) C'est-là la vraie définition du dégré 80 de M.
de Réaumur, comme on le verra bientôt.

(*b*) Autre Expression équivoque. M. *de Réaumur*
ne regardoit l'*eau bouillante* que comme un *moyen;*
& on l'a prise sur cette expression, souvent répétée,
comme un *terme fixe* dans son Thermomètre.

442 *g.* Après bien des expériences fur les divers dégrés de dilatabilité de différens mélanges d'*eau* & d'*esprit-de-vin*, M. *de Rèaumur*, par des confidérations qu'il indique, fe détermina pour celui dónt le volume augmente de $\frac{80}{1000}$ dans l'épreuve que je viens de rapporter. Ce mélange doit être d'environ 5 parties d'*esprit-de-vin qui brûle la poudre*, & d'une partie d'*eau* ; on le trouve par la règle que M. *de Réaumur* indique lui-même (*a*). *[L'esprit-de-vin de M. de Réaumur étoit mêlé d'un cinquieme d'eau.]*

442 *h.* Si l'on fait attention à ce procédé de M. *de Réaumur*, on verra bien que fa liqueur, quoique plongée dans l'*eau bouillante*, n'en acquéroit pas toute la chaleur, puifqu'il retiroit fon matras dès que la liqueur commençoit à bouillir. C'eft donc une bien grande erreur, que de nommer le dégré 80 de M. *de Réaumur*, le *terme de l'eau bouillante*. *[Son terme fixe fupérieur eft bien audeffous de l'eau bouill.]*

442 *i.* On voit encore que ce dégré n'eft pas même le terme de fon *esprit-de-vin* bouillant ; puifqu'il n'obfervoit le volume de cette liqueur dans le matras, qu'au momerr où elle ceffoit de bouillir. *[Il n'eft qu'à la chaleur de fon esprit-de-vin qui ceffe de bouillir.]*

442 *k.* Mais comment déterminer ce dégré ? Les premières diminutions de la chaleur dans un liquide qui bout & qu'on retire de deffus le feu, font fi rapides, qu'un Thermomètre ne peut les fuivre. D'ailleurs, leur plus ou moins de rapidité dépend, entr'autres, du volume du liquide, & M. *de Réaumur* n'a pas indiqué la *[Chaleur trèsdifficile à déterminer.]*

(*a*) *Mém. de l'Académie des Sciences*, *&c.* 1730, *in*-12, page 701.

quantité d'*eſprit-de-vin* qu'il employoit. Il eſt donc bien difficile de déterminer ce dégré de chaleur, par des expériences immédiates.

Les deux *termes fixes* de M. *de Réaumur* é-tant vagues, ne peuvent ſervir à faire connoître ſon *échelle*.

442 *l*. Ayant un point de correſpondance bien établi, entre mon Thermomètre & celui de M. *de Réaumur*, par l'expérience faite dans les caves de l'Obſervatoire, il m'auroit ſuffi de connoître ſûrement l'un des *termes fixes* de l'*échelle* de M. *de Réaumur*, pour que tout ſon Thermomètre m'eût été connu. Mais l'un & l'autre de ces *termes* étant vague, le problème devenoit très-difficile. La route que j'ai ſuivie pour le réſoudre, s'eſt trouvée fort longue, parce que j'ai été réduit à des tâtonnemens. Cependant, comme j'ai lieu de croire que cette route eſt ſûre, je la ſuivrai auſſi dans mon expoſition.

La chaleur de ſon *eſprit-de-vin bouillant*, peut donner une idée de ſon *terme fixe ſupérieur*.

443 *a*. Ma première reſſource fut dans une température fixe, celle de la liqueur de M. *de Réaumur* quand elle bout. Cette température étoit aſſez ſemblable au *terme fixe ſupérieur* de M. *de Réaumur*, pour qu'on pût la conſidérer d'abord comme ce terme même, & aſſez éloignée du point des *caves*, qui devoit être l'autre terme de comparaiſon, pour que la différence du *terme* vrai au ſuppoſé, n'influât que très-peu ſur la détermination du *terme fixe inférieur*.

Avantage de cette manière de le chercher.

443 *b*. La température de cet *eſprit-de-vin bouillant*, pouvoit bien différer autant du dégré 80 de M. *de Réaumur*, que la température de la *glace qui fond* différoit de ſon *zéro*. Mais la diſtance du point 80 à celui des *caves* étant 7 fois plus grande que celle de celui-ci à *zéro*,

une erreur sur le point 80 devoit influer 7 fois moins sur le *terme* opposé, que la même erreur sur celui-ci ne devoit influer sur le point 80. (442 *d.*).

443 *c.* Je fis donc bouillir, au bain-marie, de l'*esprit-de vin* affoibli par une cinquième partie d'*eau*, & j'y plongeai mon Thermomètre de même liqueur : il monta à $64\frac{3}{100}$. Je suppofai donc d'abord que ce point étoit correspondant à 80, sur le Thermomètre de M. *de Réaumur.*

443 *d.* J'avois ainsi deux termes de comparaison entre ces Thermomètres :

80 du Th. de M. *de Réaumur*, correspondoient à . . . . $64\frac{3}{10}$ sur le mien ;

& $10\frac{1}{4}$ . . . (dans les *caves*) . . . . . $7\frac{6}{10}$

$\overline{69\frac{1}{4}}$ $\left\{\begin{array}{l}\text{L'intervalle de}\\ \text{ces deux points}\\ \text{sur le Thermo-}\\ \text{mètre de M. }de\\ \textit{Réaumur.}\end{array}\right.$ $\overline{56\frac{7}{10}}$ $\left\{\begin{array}{l}\text{Intervalle}\\ \text{de ces 2}\\ \text{points sur}\\ \text{mon Th.}\end{array}\right.$

Ces intervalles étant cenfés correspondans, il en réfultoit, que le nombre des dégrés de M. *de Réaumur*, dans un certain intervalle, étoit au nombre des miens dans le même intervalle, comme 69, 75 à 56, 70.

443 *e.* En partant de ce nouveau rapport, la température des *caves* étant sur mon Thermomètre à 7, 6; si le *zéro* des deux Thermomètres étoit au même point, cette température feroit sur le Thermomètre de M. *de Réaumur* à 9, 35 (5670 : 6975 : : 7, 6 : 9, 35). Mais M. *de Réaumur* l'a obfervée à 10, 25; donc fon *zéro* feroit plus bas que le mien de 10, 25 — 9, 35 = 0, 90.

Chaleur de cet *esprit-de vin bouillant,* exprimée en dégrés de mon *Therm.*

Rapport entre les dégrés des 2 Ther. conclu de cette expér.

Pofition du *zéro* de M. *de Réaumur*, sur mon *Therm.* d'après cette fixation.

443 *f.* C'étoit approcher ſûrement du vrai, que de trouver le *zéro* de M. *de Réaumur* plus bas que le mien. Car certainement la *glace qui ſe forme*, qui eſt ſon *zéro*, a moins de chaleur que la *glace qui fond*, qui eſt le mien. Quant à la fixation de cette différence, qui réſultoit du dernier rapport, je ſçavois qu'elle étoit affectée de l'erreur laiſſée dans l'un des termes de com-paraiſon, provenant de ce que le dégré 80 de M. *de Réaumur* étoit la température de ſa li-queur *ceſſant de bouillir*, & non *bouillante*.

443 *g.* Cette erreur, en plaçant le dégré 80 de M. *de Réaumur* un peu trop haut ſur mon Thermomètre, augmentoit vicieuſement le nombre de mes dégrés correſpondant à 69 $\frac{1}{4}$ de M. *de Réaumur*. Ainſi le rapport de ſes dé-grés aux miens, devoit être celui de 69, 75 à 56, 70, *moins la différence de température de la liqueur bouillante à celle qui ceſſe de bouillir.* Par conſéquent 7, 6 de mon Thermomètre (obſervation dans les *caves*), devoient faire un peu plus de 9, 35 de M. *de Réaumur*. Et com-me c'étoit de la différence de 9, 35 à 10, 25, que je concluois la place du *zéro* de M. *de Réau-mur* ſur mon Thermomètre, cette différence devant être un peu moindre, le *zéro* de M. *de Réaumur* devoit être auſſi un peu moins au-deſ-ſous du mien, qu'il ne ſe trouvoit par le calcul précédent.

443 *h.* Pour parvenir plus ſûrement à déter-miner cette différence, je m'arrêtai à chercher quelque point correſpondant des deux Ther-momètres dans une température inférieure à *zéro*. Parce que dans le calcul d'une telle ob-

fervation, l'erreur du rapport établi devoit influer en fens contraire : elle devoit placer le *zéro* de M. *de Réaumur* au-deffus du vrai point, par la même raifon, qu'en partant de l'obfervation faite dans les *caves*, elle le place au-deffous. Et en prenant une moyenne proportionnelle entre les deux pofitions trouvées du *zéro* de M. *de Réaumur*, proportionnellement affectée de l'erreur, je pouvois avoir & le vrai lieu de ce *zéro*, & le vrai rapport entre les dégrés des deux Thermomètres, & le point correfpondant fur le mien au dégré 80 de M. *de Réaumur*, en un mot tout ce que je cherchois.

au-deffous de zéro.

443 *i.* J'avois un avantage particulier dans ce moyen, c'eft qu'il devoit me faire connoître, fi l'erreur que je fuppofois dans le rapport des dégrés étoit réelle, & dans le fens que je l'imaginois. Car fi, contre mon opinion, ce rapport étoit jufte, le calcul de la nouvelle obfervation, devoit placer le *zéro* de M. *de Réaumur* au même point, que par l'obfervation faite dans les *caves*. Et fi l'erreur du rapport étoit en fens contraire, je devois trouver ce *zéro* plus bas encore, que par cette obfervation.

Avantage de ce moyen.

443 *k.* Je n'avois donc befoin que de ce point correfpondant des deux Thermomètres au-deffous de *zéro*, & je le trouvai dans la *congélation artificielle*, produite par le mélange de deux parties de *glace difpofée à fondre*, & d'une partie de *fel marin*, dont M. *de Réaumur* a conftamment trouvé la température, à 15 dégrés au-deffous de fon *zéro*.

La tempér. du mélange de 2 part. de glace & d'une partie de fel marin, choifie pour cette obfervation correfpond.

443 *l.* Je pris une livre de *fel marin* & deux

Expér. dans ce mélange avec mon Th.

livres de *glace pilée*, je les étendis par couches alternatives, suivant que le prescrit M.
de Réaumur, & j'y ensevelis mon Thermomètre d'*esprit-de-vin*. Il descendit à —12,7; &
il demeura demi-heure à ce point, sans que l'addition d'une demi-dose de *glace* & de *sel*, chan-
geât rien à la température du premier mélange.

443 *m.* Je répétai cette expérience avec
double dose de *glace* & de *sel*, pour sçavoir
si la quantité absolue de ces matières produisoit quelque différence dans la température qui en résultoit. Mon Thermomètre s'arrêta précisément au même point.

443 *n.* Ainsi —12,7, de mon Thermomètre d'*esprit-de-vin* correspondent à —15
du Thermomètre de M. *de Réaumur.*

443 *o.* En réduisant —12,7, de mon
Thermomètre, en dégrés de M. *de Réaumur*,
suivant le rapport de 5670 à 6975, on aura —15,65 de M. *de Réaumur*, au lieu
de —15 qu'il a trouvé par l'observation.
Ces $\frac{65}{100}$ de différence, sont la quantité dont
le *zéro* de M. *de Réaumur* est indiqué plus
bas que le mien par cette observation.

443 *p.* Voilà donc les deux positions que
je cherchois du *zéro* de M. *de Réaumur*, dé-
duites d'un même rapport entre les dégrés
de deux Thermomètres. L'une, par l'observation dans les *caves*, est —0,90, & nous
avons vu que ce point devoit être trop bas
(443 *g.*): l'autre, par la *congélation forcée*,
est —0,65; qui par la même raison se trouve
trop haut (443 *h.*). Et il suit de la nature de
ces erreurs, que dans le rapport de 5670 à

6975, le nombre 5670 est trop grand, comme je le présumois (443 *g.*)

443 *q.* Le vrai *zéro* de M. *de Réaumur*, qui doit se trouver entre ces deux termes, est distant de chacun d'eux, en sens contraire, porportionnellement à la distance à mon *zéro* des points indiqués sur mon Thermomètre dans chacune des observations. Car l'erreur produite par le vice du rapport, exprimée en parties de dégré, est d'autant plus grande, que le nombre de dégrés calculés par ce rapport est plus grand.

La vraie position est entre ces deux-là, & peut être déterminée.

443 *r.* Par conséquent :

Comme la somme des *dégrés* dans les deux observations (7, 6 + 12, 7.) . 20, 3 est à la somme des deux *erreurs* au-dessus & au-dessous du *zéro* de M. *de Réaumur*, qui est la différence des deux positions trouvées . . . . (0, 90 — 0, 65) 0, 25

Déterminat. du zéro de M. de Réaumur sur mon Ther.

Ainsi le nombre des *dégrés* dans l'observation au-dessous de *zéro* . . . . 12, 7 est à l'erreur dont le résultat de cette observation est affectée, soit à la quantité dont le vrai *zéro* de M. *de Réaumur* est *au-dessous* de la position (— 0, 65) résultante du calcul de cette observation ; . . . 0, 15

Ainsi encore le nombre des dégrés dans l'observation faite au-dessus de *zéro* 7, 6 est à la quantité dont le vrai *zéro* de M. *de Réaumur* est *au-dessus* de la position (— 0, 90) résultante du calcul de cette observation . . . 0, 10

R iv

Par l'un & l'autre de ces résultats, le *zéro* de M. *de Réaumur* se trouve placé *au-dessous* de mon *zéro* d'une même quantité, qui est 0, 8; ou $\frac{4}{5}$ de dégré de sa propre *échelle*: car 0, 65 $+$ 0, 15 $=$ 0, 80, & 0, 90 $-$ 0, 10 $=$ 0, 80.

443 *s*. On se rappelle que M. *de Réaumur* définissoit son *zéro*, le *froid qui suffit pour geler* (436 *c*.). Or $\frac{4}{5}$ de dégré au-dessous de mon *zéro*, sont à-peu-près le milieu entre les résultats de plusieurs expériences que j'ai faites, pour connoître à quelle température est l'*eau*, quand elle commence à se convertir en glace. Par conséquent les expériences immédiates concourent à fortifier cette fixation du *zéro* de M. *de Réaumur*.

443 *t*. Les mêmes observations qui me servoient à fixer ce point, me fournissoient en même tems un nouveau rapport entre les dégrés des deux Thermomètres. Car l'intervalle de $+$ 10 $\frac{1}{4}$ à $-$ 15, sçavoir 25 $\frac{1}{4}$ sur le Thermomètre de M. *de Réaumur*, qui est la somme des dégrés des observations dans les *caves* & dans la glace mêlée de sel, est semblable à l'intervalle correspondant de $+$ 7, 6 à $-$ 12, 7; sçavoir 20, 3, sur mon Thermomètre. Ainsi 25 $\frac{1}{4}$ dégrés de M. *de Réaumur*, correspondent à 20 $\frac{1}{10}$ de mes dégrés. Et généralement, *le nombre des dégrés de M.* de Réaumur, *dans un certain intervalle, est au nombre de mes dégrés dans le même intervalle, comme 2525 à 2030, ou* sensiblement, *comme 66 à 53.* C'est-là le rapport auquel je me suis arrêté. Il est semblable à celui de

6975 à 5601 & non 5670, nombre que j'avois admis d'abord, préfumant cependant qu'il étoit trop grand (443 *g.*).

443 *u.* En calculant par ce rapport les 80 degrés de l'*échelle* de M. *de Réaumur* au-deffus de fon *zéro*, moins $\frac{8}{10}$ dont ce *zéro* eft au-deffous du mien, on trouvera que le point 80 de M. *de Réaumur* correfpond à 63 $\frac{7}{10}$ fur mon Thermomètre (66 : 53 :: 80 — 0, 8 : 63, 7.).

Détermination du dégré 80 de M. de Réaumur fur mon Therm.

443 *x.* Ce point de mon *échelle* diffère de $\frac{16}{10}$ de dégré, de 64 $\frac{7}{10}$ où, comme je l'ai dit (443 *c.*), la liqueur de M. *de Réaumur* porte mon Thermomètre quand elle bout, c'eft-à-dire, qu'à l'inftant où elle ceffe de bouillir, elle a perdu $\frac{6}{10}$ de *dégré* de fa plus grande chaleur. L'eau en perd environ 1 *dégré* en paffant de l'un à l'autre de ces états, mais l'eau eft moins *fenfible* à la chaleur que l'*efprit-de-vin*. J'ai dit ci-devant (442 *k.*), qu'il eft difficile de déterminer exactement ces *pertes*; cependant on peut juger affez fûrement, que celle de $\frac{6}{10}$ de *dégré* dans la liqueur de M. *de Réaumur*, conclue du calcul ci-deffus, ne doit pas s'écarter de la vérité. Ainfi ce réfultat eft une nouvelle preuve de l'exactitude des déterminations précédentes.

Expérience qui confirme cette détermination.

443 *y.* En combinant le rapport fixé entre les dégrés des deux Thermomètres, avec la différence trouvée entre le *zéro* de M. *de Réaumur* & le mien, qui eft une quantité conftante à ajouter ou à fouftraire, fuivant les cas, on a deux formules, par lefquelles on peut réduire les obfervations faites fur l'un

Formules pour trouver tous les points réciproquement correfpond. des 2 Ther.

des deux Thermomètres, en dégrés de l'autre. Si l'observation est faite sur celui de M. *de Réaumur*, en nommant *a* le nombre des dégrés observés, on aura le point corresp. sur le

mien, par cette formule, $\dfrac{53}{66} \times \overline{a \mp 0, 8}$;

le signe —, servant pour les dégrés de M. *de Réaumur* au-dessus de son *zéro*, & le signe †, pour ceux qui sont au-dessous. Et si l'observation est faite sur mon Thermomètre, on aura le point correspondant du Thermomètre de M. *de Réaumur*, par cette autre

formule $\dfrac{66\, a}{53} \overset{\dagger}{\underset{-}{}}\, 0, 8$; le signe †, servant

pour les dégrés de mon Thermomètre qui sont au-dessus de mon *zéro*; & le signe —, pour ceux qui sont au-dessous : la lettre *a*, tenant la place du nombre des dégrés *observés* sur mon Thermomètre.

Grande diff. du vrai point de *l'eau bouil.* sur le Ther. de M. *de Réaumur*, avec celui où on le place communém.

443 ζ. Maintenant si l'on cherche par cette dernière formule, à quel dégré la chaleur *réelle* de l'*eau bouillante*, qui est 80 sur mon Thermomètre, porteroit le Thermomètre de

M. *de Réaumur*, on trouvera $\dfrac{66 \times 80}{53} \dagger\, 0,$

8 = 100, 4. On voit par-là d'un coup-d'œil, quel écart on fait en supposant que la *chaleur de l'eau bouillante* est au dégré 80 de M. *de Réaumur*.

Cette différ. avoit déjà été remarquée.

444 *a*. Je puis ajouter aux preuves que j'ai données jusqu'ici des erreurs où l'on est

tombé fur le Thermomètre de M. *de Réau-*
mur, les remarques de deux Obfervateurs qui
m'ont précédé dans cette recherche.

444 *b*. M. *Martine* (*a*) avoit préfumé que
le dégré 80 de M. *de Reaumur* n'indiquoit
que la chaleur de fon *efprit-de-vin bouillant*,
& par cette raifon, il le faifoit correfpondre
au dégré 180 de *Fahrenheit*, c'eft-à-dire, à

$$\frac{180 - 32 \times 80}{212 - 32} = 65\tfrac{7}{9}$$ du Thermomètre

de mercure divifé en 80 parties entre la *glace*
qui fond & *l'eau bouillante* (430 *c*.), qui ré-
pondent à 62, 6, de mon Thermomètre
d'*efprit-de vin* (426 *b*.). Le peu d'attention
qu'on a fait à ce premier doute, fur la température exprimée par le dégré 80 de M. *de Réau-*
mur, provient certainement de ce qu'on n'a
pu croire qu'il différât tellement de la chaleur de l'*eau bouillante* : il falloit des expériences directes pour le perfuader.

444 *c*. M. *Martine* n'a pas autant approché
du vrai fur le *terme fixe inférieur* de M. *de*
Réaumur. Il ne paroît pas qu'il connût la différence de *marche* des Thermomètres de *mercure*
& d'*efprit-de-vin* : c'eft-pourquoi il calcule leurs
dégrés, comme s'ils ne differoient qu'en nombre
dans la même étendue. Partant de fa conjecture
fur le dégré 80 de M. *de Réaumur*, il eftime
que fes dégrés font à ceux de *Fahrenheit*, à peu-
près comme 80 à 180 — 32 ; & il emploie ce

(*a*) *Differtations fur la Chaleur*, *&c.*, *in-12*, Paris
1751, page 34.

rapport pour chercher à quel dégré de ce dernier Thermomètre doit correſpondre le *zéro* du premier. C'eſt du moins ce qui réſulte des expreſſions ſuivantes. « Comme le dégré $10\frac{1}{4}$ de M. *de Réaumur* eſt, dit-il, la chaleur conſtante des » caves de l'Obſervatoire, ou notre dégré 53, » je conclus de-là que ſon point de la *congélation*, au-lieu de répondre préciſément à notre » dégré 32, eſt un peu au-deſſus du dégré 34 ». Voici comment M. *Martine* a dû faire ſon calcul

pour trouver ce réſultat:
$$53 - \frac{180 - 32 \times 10\frac{1}{4}}{80}$$

$= 34\frac{1}{7}$; ce qui fait $2\frac{1}{8}$ dégrés au-deſſus du point que l'on nomme *congélation* dans le Thermomètre de *Farhenheit*.

444 *d.* M. *Martine* plaçoit le *zéro* de M. *de Réaumur* au-deſſus de la *congélation*, parce qu'il croyoit que les groſſes boules de ſes Thermomètres, n'avoient pas le tems de ſe conformer à la température de la glace formée autour d'elles, avant la fonte de cette glace (*a*). J'ai dit ci-devant, que la lenteur des Thermomètres de M. *de Réaumur* à ſe conformer à la température ambiante, avoit pu lui faire trouver accidentellement un terme fixe dans la formation de la glace (436 *m*); ce qui a quelque rapport avec la remarque de M. *Martine*. Mais ce terme eſt certainement au-deſſous de celui où la glace fond, & non pas au-deſſus.

444 *e.* M. *Ducreſt* avoit remarqué, comme

(*a*) *Diſſertations ſur la Chaleur*, déjà citées, page 30.

M. *Martine*, mais par une autre route, que le dégré 80 de M. *de Réaumur* étoit bien inférieur *à l'eau bouillante*. Ayant comparé ses Thermomètres avec plusieurs de ceux que M. *de Réaumur* avoit construits lui-même, il trouva que l'un devoit marquer la chaleur de *l'eau bouillante* par 105 $\frac{1}{2}$, un autre par 110 $\frac{1}{4}$ (c'est le gros Thermomètre de l'Observatoire) ; & un troisième par 115 $\frac{1}{2}$ (*a*).

   444 *f.* Quoique les *termes fixes* de M. *de Réaumur* soyent très-vagues dans leurs principes, je ne doute point qu'ils ne fussent accidentellement déterminés pour lui; & par conséquent je ne puis croire que les différences observées par M. *Ducrest*, entre ces trois Thermomètres, soient dûes à la différence de leur construction. Je pense plutôt qu'elles proviennent de la difficulté de comparer ces Thermomètres (très-peu *sensibles* à cause de leurs grosses boules), avec des Thermomètres à petites boules, tels que ceux de M. *Ducrest*.

   444 *g.* M. *Brisson* a éprouvé cette difficulté, lorsqu'à ma prière, il a observé mon Thermomètre de *mercure* auprès d'un de ces gros Thermomètres de M. *de Réaumur*, qui lui appartient. Les hauteurs relatives de ces Thermomètres, placés l'un auprès de l'autre, changeoit tellement du matin au soir, qu'à des températures à-peu-près semblables, il s'est trouvé quelquefois, dans leurs rapports, près d'un dégré de différence. Et comme ces change-

---

Therm. faits par M. de Réaumur.

Ces différ. proviennent du peu de sensibilité des gros Therm. de M. de Réaumur.

Exp. faite par M. Brisson, qui le prouve.

mens de rapport se faisoient dans les parties inférieures de leurs *échelles*, si l'on avoit voulu conclurre de chacune de ces observations faites sur le même Thermomètre, le point où l'auroit porté l'*eau bouillante*; il en seroit résulté des écarts aussi considérables que ceux que M. *Ducrest* a trouvés entre des Thermomètres différens.

Autre preuve tirée des observ. mêmes de M. Ducrest.

444 *h.* Une circonstance des observations de M. *Ducrest*, concourt à prouver que les différences qu'il a observées entre ces Thermomètres faits par M. *de Réaumur*, proviennent de leur peu de sensibilité; c'est que M. *Ducrest* a supposé le dégré de l'*eau bouillante* plus bas; & par conséquent plus rapproché du vrai, sur celui de ces Thermomètres qu'il a comparé le plus long-tems avec un des siens. C'est aussi celui qu'il a pris pour règle, en déterminant la correspondance de son *échelle* avec celle de M. *de Réaumur*. J'ai du moins un Thermomètre fait avec le plus grand soin par M. *Ducrest* lui-même, & garni de diverses *échelles*, où la chaleur de l'*eau bouillante* est marquée à 105 $\frac{1}{7}$ sur l'*échelle* qui porte le nom de M. *de Réaumur*.

Erreur de M. Ducrest sur le zéro de M. de Réaumur.

444 *i.* J'ai vu aussi par ce même Thermomètre fait en 1741, que M. *Ducrest* plaçoit, dès ce tems-là, le *zéro* de M. *de Réaumur*, à la température de *la glace qui fond.* Ainsi, bien près de son origine, le Thermomètre de M. *de Réaumur* fut déjà altéré.

Vérifications des *déterminations* précédentes.

444 *k.* Lorsque je remarquai ces disparités des observations de MM. *Martine* & *Ducrest*, entr'elles & avec les miennes; elles ne me donnèrent point de défiance sur le rapport que

j'avois trouvé entre le Thermomètre de M. *de Réaumur* & le mien. J'avois été conduit pas-à-pas dans la recherche de ce rapport, par des expériences qui n'avoient pu m'égarer. Cependant je désirois de le vérifier par quelqu'autre terme de comparaison, mais il est difficile de trouver des températures fixes, & qu'on puisse sûrement reproduire.

445 *a.* Je dois à M. *Brisson* les seules épreuves de ce genre que j'aie pu faire jusqu'à présent. Cet Académicien, ayant trouvé des difficultés dans la manière dont M. *de Réaumur* construisoit son Thermomètre, l'a changée fort utilement, en employant pour *terme fixe supérieur,* la *chaleur de l'homme en santé*; température qu'il a trouvée, en toute saison, à $32\frac{1}{4}$, sur des Thermomètres construits par M. *de Réaumur* lui-même, en les tenant sous son aisselle au moins une heure.

M. Brisson a déterminé la chal. humaine sur le Ther. de M. de Réaumur, & l'a prise pour terme fixe.

445 *b.* M. *de Réaumur*, parlant de la vérification de son Thermomètre, dans l'*Art de faire éclorre les oiseaux domestiques* (a), place la *chaleur humaine* à 32 seulement. « On fera » passer, dit-il, la boule sous sa chemise, on » l'appliquera immédiatement sur la peau du » ventre ; & pour le mieux encore, on la con- » duira jusques sous l'aisselle ; on l'y laissera » pendant environ *un quart d'heure :* dans l'ins- » tant qu'on l'aura retirée d'un lieu où un œuf » seroit couvé avec succès, on examinera si la » surface de la liqueur est au-dessus ou au-des- » sous du fil qui marque le 32me. dégré : dans

M. de Réaumur l'avoit indiquée un peu plus bas, dans son Art de faire éclorre les oiseaux.

____

(*a*) *In-12*, Paris, 1749, Tome I, page 136.

» l'un & l'autre cas, le Thermomètre est mal
» gradué «.

Raison de cette différence.

445 *c.* M. *de Réaumur*, craignant les effets de l'ennui ou du découragement chez ceux qui ne prennent aux arts qu'un intérêt de mode, n'exigeoit qu'*un quart-d'heure* pour cette vérification de son Thermomètre. Voilà sans doute pourquoi il fixoit la *chaleur humaine* à 32. Mais un quart-d'heûre ne suffit pas, pour qu'un Thermomètre soit échauffé autant qu'il peut l'être par la chaleur du corps ; c'est-à-dire, pour que l'aisselle elle-même participe entièrement à la chaleur interne : il faut pour cela au moins une heure ; pendant laquelle encore, il faut presser fortement le bras contre le corps, & le tenir bien couvert. Dans le premier quart-d'heure, on voit le Thermomètre monter jusqu'au 32me. dégré de M. *de Réaumur* ; mais il faut souvent encore plus de trois quarts-d'heure, pour que la liqueur parcoure ce $\frac{1}{2}$ dégré que M. *Brisson* a trouvé au-delà de ce que M. *de Réaumur* exige. Lorsque le Thermomètre est parvenu à ce point, il reste fixe, quand même on le laisse sous l'aisselle durant plusieurs heures.

La chaleur humaine déterminée sur mon Therm.

445 *d.* Voilà donc un nouveau terme de comparaison dans nos Thermomètres. Pour l'employer à la vérification de mes formules, je mis sous mon aisselle, en été, mon Thermomètre d'*esprit-de-vin*. L'ayant vu fixe au bout d'une heure, j'arrêtai le fil qui devoit marquer ce point : il répondit à 25, 3, sur mon *échelle*. J'ai réitéré plusieurs fois cette expérience, en diverses saisons ; & je n'ai trouvé qu'$\frac{1}{10}$ de

différence ,

férence, quelquefois en plus, d'autres fois en moins.

445 *e.* Si l'on applique à cette observation, la formule donnée ci-devant, on aura pour le point correspondant du Thermomètre de M. *de* Réaumur,

$$\frac{66 \times 25,3}{53} + 0,8 = 32,3;$$ ce qui

diffère bien peu de 32, 5, trouvé par M. *Brisson*, sur les Thermomètres faits par M. *de Réaumur* lui-même. On ne pouvoit attendre plus d'exactitude dans une vérification de ce genre.

446 *a.* Cette méthode employée par M. *Brisson* pour construire le Thermomètre de M. *de Réaumur*, l'a préservé non-seulement de l'erreur prodigieuse qu'on fait toujours en prenant dans l'*eau bouillante* le *terme fixe supérieur* de ce Thermomètre; mais encore de celle où l'on est tombé, en y employant indifféremment le *mercure*, ou des *esprits-de-vin* de divers dégrés de force.

446 *b.* Comme par cette méthode on diminue la distance des deux *termes fixes*, on diminue aussi pour les dégrés intérieurs de l'*échelle* l'erreur produite par la différence des *marches* des différens *liquides*; par exemple, lorsqu'on prend l'*eau bouillante* pour *terme fixe supérieur*; la *chaleur humaine*, qui est à 25, 3, sur mon Thermomètre d'*esprit de-vin*, est à 29, 9, sur le Thermomètre de *mercure*, & seulement à 24, 5, sur celui d'*eau-de-vie*. C'est ce qu'on peut voir aisément par la table que j'ai donnée de la correspondance de ces Thermomètres. Mais si

Application de la *formule* précédente, qui sert de vérification.

M. *Brisson* a évité, par la méthode, l'erreur qu'on fait sur l'étendue de l'échelle de M. *de Réaumur*.

Et celle qui résulte de la différence de marche de différens liquides.

l'on prend la *chaleur humaine* pour terme fixe, & que par conséquent on l'exprime semblablement sur ces trois Thermomètres, l'erreur par cela même cesse à ce point ; & elle diminue considérablement dans les dégrés intermédiaires jusqu'à *zéro*, qui est aussi un point commun (418 *m. note*). Il est vrai qu'elle est transportée dans la partie supérieure de l'*échelle* (*ibid*) ; mais cette partie nous est indifférente pour les observations ordinaires.

Effet de la méthode de M. *Brisson* à cet égard , sur la partie la plus utile de l'échelle.

446 *c.* L'effet de ce changement , sur la partie inférieure de l'*échelle*, est tel, qu'on pourroit employer de l'*eau-de-vie*, au lieu d'*esprit-de-vin*, sans erreur sensible ; & que la plus grande différence qu'on trouveroit, en substituant le *mercure* à l'*esprit-de-vin*, ne seroit que d'environ ⅐ de dégré 418 *m. note*). Il est

Cette méthode peut donc être utile en certains cas.

donc très-utile de connoître cette ressource : elle peut servir à construire des Thermomètres pour les observations ordinaires, lorsqu'on ne pourroit pas se procurer le liquide qu'on seroit généralement convenu d'y employer.

Mais elle ne peut être fondamentale.

446 *d.* Mais on sent bien que cette méthode ne peut être fondamentale. Le Thermomètre est destiné à mesurer des dégrés de chaleur bien plus grands que celui du corps humain , & j'ai déjà fait remarquer, qu'on ne se délivre dans la partie inférieure de l'*échelle*, des disparités qui résultent de la différence des liquides , qu'en augmentant beaucoup ces disparités dans la partie supérieure. D'ailleurs la chaleur du *corps humain* n'est ni assez facile à saisir, ni assez semblable dans tous les corps, ni assez fixe dans le même corps, pour servir de régle

dans un instrument qu'on emploie souvent à des expériences très-délicates.

446 *e.* Cette indétermination, quoique resserrée dans des limites étroites, est un défaut essentiel à ce point ; parce qu'étant à une petite distance de l'autre *terme fixe*, la moindre erreur dans sa fixation s'apperçoit dans toutes les parties de l'*échelle* : au lieu qu'en prenant un point fort éloigné, tel que celui de l'*eau bouillante*, les erreurs qui peuvent s'y glisser se divisent dans un plus grand espace, & cessent par conséquent d'être sensibles à quelque distance de leur origine. *Le terme de l'eaubouil. est préférable a celui de la chaleur humaine.*

446 *f.* Il faut encore remarquer sur la méthode de M. *Brisson*, que, quoiqu'elle parte d'un point connu sur le Thermomètre de M. *de Réaumur*, elle ne peut servir à construire ce Thermomètre (tel du moins que son auteur l'avoit annoncé dans tous ses ouvrages), sans qu'on y introduise encore la fixation de son *zero* à $\frac{8}{10}$ de dégré au-dessous de la température de *la glace qui fond*. *Différ. du terme infér. de M. Brisson avec celui du vrai Therm. de M. de Réaumur.*

446 *g.* Il paroît que M. *de Réaumur*, après avoir décrit son Thermomètre, & publié les premières observations qu'il avoit faites avec cet instrument, n'avoit pas cru que la différence de son premier *zero* avec la température de *la glace qui fond*, valût la peine d'être considérée, & qu'il vint à la négliger dans la pratique. Il y fut vraisemblablement déterminé par l'appareil qu'exigeoit sa première méthode ; peut-être aussi qu'il apperçut, que le commencement de la *congélation* n'étoit pas une température bien fixe, ni bien aisée à saisir. *Il paroît que M. de Réaumur étoit venu lui-même à négliger cette différ.*

Ce qu'il y a de certain, c'est qu'il a employé la *glace* pilée & *disposée à fondre*, pour fixer le *zéro* de plusieurs de ses Thermomètres; & que M. *Brisson*, qui l'a vu opérer, a adopté cette méthode.

447 *a*. Ce changement, fait par M. *de Réaumur* dans la manière de fixer son *zéro*, adopté par M. *Brisson*, me fournit une nouvelle vérification des points que j'ai déterminés sur le *vrai* Thermomètre de M. *de Réaumur*; c'est-à-dire, toujours celui qu'il a décrit lui-même. Car nous avons l'observation de ce Thermomètre dans les *caves de l'Observatoire*, faite aussi par lui-même, & celle des quatre Thermomètres d'*esprit-de-vin* de M. *Brisson*, qui ont toujours été d'accord dans ce même lieu, & qui ne diffèrent du *vrai* Thermomètre de M. *de Réaumur*, que par la manière de fixer le *zéro*.

447 *b*. Le 21 Avril 1765, ces Thermomètres se trouvèrent à $9\frac{1}{4}$ dans les *caves*. Je prends l'observation de ce jour-là pour terme de comparaison, parce qu'elle fut faite avec beaucoup d'exactitude, & qu'elle tient le milieu entre celles du 20 & du 23, dont elle diffère très-peu. J'écarte l'observation du 19, où visiblement les Thermomètres furent échauffés par la manière dont M. *de Béost* les observa (441 *p*).

447 *c*. Nous avons donc à comparer le vrai Thermomètre de M. *de Réaumur*, qui se tenoit à $10\frac{1}{4}$ dans les *caves*, avec le Thermomètre de M. *Brisson* (où la chaleur du corps humain est, comme dans le Thermomètre de M. *de Réaumur*, à $32\frac{1}{3}$; mais dont le *zéro* est *la glace qui fond*), lequel se tient à $9\frac{1}{4}$ dans les *caves*.

Nouvelle vérification de détermination de son vrai Therm. tirée de cette différence.

Observation du Ther. de M. Brisson dans les caves de l'Observ.

Différ. de cette observ. avec celle de M. de Réaumur sur son vrai Therm.

447 *d.* Il faut d'abord remarquer, que le point 32 $\frac{1}{2}$, étant déterminé par des expériences immédiates faites par M. *Brisson* sur les deux Thermomètres, est bien un point commun; mais que la grandeur de l'intervalle à diviser par 32 $\frac{1}{2}$, & par conséquent la grandeur des dégrés respectives, dépend du point d'où on les compte; c'est-à-dire, du point où le *zéro* est placé.

447 *e.* Je suppose que j'ai bien déterminé la différence de ce point sur les deux Thermomètres, en la fixant à $\frac{8}{10}$ de dégré, dont le *zéro* de M. *de Réaumur* est plus bas que celui de M. *Brisson*, qui est semblable au mien. L'intervalle de *zéro* à $+ 32 \frac{1}{2}$, est donc plus petit de $\frac{8}{10}$ de dégré, sur le Thermomètre de M. *Brisson*, que sur celui de M. *de Réaumur*; & par conséquent, les dégrés du premier sont à ceux du dernier, comme 32, 5 à 32, 5 $+ 0$, 8 $= 33$, 3. Et comme le nombre des dégrés dans le même intervalle est en raison inverse de leur grandeur, on aura le nombre de dégrés de M. *de Réaumur*, correspondant à $+ 9 \frac{1}{4}$ de l'autre Thermomètre par cette proportion ; 33, 3 : 32, 5 :: 9 $\frac{1}{4}$: 9, 5. Ainsi l'intervalle compris entre le *zéro* du Thermomètre de M. *Brisson*, & le point observé dans les *caves*, quoique de 9 $\frac{1}{4}$ *dégrés*, sur l'*échelle* de ce Thermomètre; ne contenoit réellement que 9 $\frac{1}{10}$ des vrais *dégrés* de M. *de Réaumur*.

447 *f.* Si l'on ajoûte maintenant à 9 $\frac{1}{10}$, les $\frac{8}{10}$ dont j'ai trouvé que le vrai *zéro* de M. *de Réaumur* devoit être plus bas que celui de M. *Brisson*; on aura 10 $\frac{1}{10}$, qui diffère de $\frac{1}{10}$

mur, les deux
observations
font d'ac-
cord.

seulement, de 10 $\frac{1}{4}$ qu'avoit observé M. *de Réaumur*, & cette différence, qui se trouve par le calcul, n'est pas saisissable dans l'observation.

Avantage de
cette vérifi-
cation.

447 *g.* Cette dernière vérification, qui indique encore plus d'exactitude que la précédente dans ma fixation de ce point fondamental du Thermomètre de M. *de Réaumur*, est en même tems la plus sûre ; car elle résulte de la comparaison des deux Thermomètres, sous l'aisselle d'un même individu ; ce qui donne plus sûrement un point commun : & peut-être que la petite différence que j'ai trouvée dans la vérification précédente, ne procède que d'une différence semblable entre *la chaleur naturelle* de M. *Brisson* & la mienne, que nous n'avons pû comparer. M. *Brisson* tenta bien d'en faire l'épreuve sur mon Thermomètre ; mais il trouva quelque difficulté à le séparer de sa monture, & il y renonça, de peur de le rompre.

Elle confir-
me les déter-
minat. pré-
cédentes de
toutes les
parties du
Therm. de
M. de Réau-
mur.

447 *h.* J'ai déterminé le *zéro* de M. *de Réaumur*, par une route qui a produit en même tems la fixation de toutes les autres parties de ce Thermomètre, & par une route absolument différente, je suis arrivé au même résultat sur ce point particulier. C'est donc une nouvelle preuve, en faveur du tout ensemble des rapports que j'ai établis, entre le Thermomètre de M. *de Réaumur* & *mon Thermomètre d'esprit-de-vin.*

Déterm. des
rapports en-
tre le *Therm.*
de M. de

448 *a.* Mon but principal dans les expériences que je viens de détailler, étoit de connoître le rapport du *vrai Thermomètre* de M. *de Réau-*

mur, avec le *Thermomètre de mercure divisé en 80 parties, entre la glace qui fond & l'eau bouillante.* Mon Thermomètre d'*esprit-de-vin*, semblable à celui de M. *de Réaumur* par sa liqueur, & à ce Thermomètre de *mercure* par son *échelle* (418 *c*), peut nous servir maintenant de terme de comparaison. J'ai donné (426 *b*) les *marches* correspondantes de *mon Thermomètre d'esprit-de-vin* & de celui de *mercure* : je viens de montrer le rapport du premier avec celui de M. *de Réaumur*, on peut donc trouver tous les points correspondans de ces trois Thermomètres.

Réaumur, & le Ther. de mercure divisé en 80 parties.

448 *b*. Voici une Table qui indique cette correspondance de 5 en 5 dégrés du Thermomètre de *mercure*; les dégrés intermédiaires s'estimeront aisément.

Table de dégrés corresp. entre le vrai Thermomètre de M. de Réaumur, & les Thermomètres de même liqueur que le sien & de mercure, divisés en 80 parties entre la glace qui fond & l'eau bouillante.

	Thermomètre de mercure.	Therm. de la liq. de M. de Réaumur: même éch. que celui du merc.	Vrai Therm. de M. de Réaumur.
Eau bouillante...	80	80,0	100,4
	75	73,9	92,8
Terme fixe supérieur du Therm. de M. de Réaumur.	70	67,8	85,2
	66,6	63,7	80,0
	65	61,8	77,8
	60	56,2	70,8
	55	50,5	63,7
	50	45,0	56,8
	45	39,8	50,4
	40	35,0	44,2
	35	30,1	38,3
Température du corps humain, par des observations immédiates sur les trois Ther.	30	25,5	32,6
	29,9	25,3	32,5
	25	20,8	26,7
Tempér. des caves de l'Observat. de Paris, par observ. imméd. sur le Ther. de merc & sur celui de M. d Réaumur.	20	16,3	21,1
	15	11,9	15,6
	10	7,9	10,6
	9,6	7,6	10,25
	5	3,9	5,7
Glace qui fond...	0	0,0	0,8
Terme fixe infér. de M. de Réaumur, ou son zéro..	0,8	0,7	0,0
Temp. du mélange de 2 parties de glace qui fond, & d'une partie de sel marin, par observ. imméd. sur les trois Thermom.	5	3,8	3,9
	10	7,5	8,5
	15	11,2	13,1
	17,	12,7	15,0

448 *c.* Maintenant que l'on voit les grandes différences qui se trouvent réellement entre des Thermomètres qui sont si généralement confondus sous la même dénomination, on ne sera plus surpris des contradictions qu'on remarquoit quelquefois dans les observations de la chaleur.

448 *d.* C'est principalement à l'invitation de M. *de la Lande*, que j'ai écrit sur le Thermomètre. Les travaux astronomiques de ce célèbre Académicien, ne lui ayant pas permis de s'occuper d'un Mémoire qui lui avoit été remis, sur ces contradictions que renferme souvent le langage des Physiciens dans l'expression des dégrés de chaleur, il m'envoya ce Mémoire, & j'y trouvai entr'autres ce qui suit. « On voit des » observations de chaleur, faites *sur le Thermomètre de M. de Réaumur*, qui paroissent » absolument impossibles ; par exemple, la » chaleur de *Syrie* à 50 dégrés, du *Sénégal* à » 39 dégrés.... D'un autre côté, il est fait » mention dans le *Magasin universel* de Venise » (3e. nombre, pag. 478), d'une chaleur » extraordinaire de *Berlin*, qui étoit à 22 dé-» grés sur le Thermomètre de M. *de Réaumur* ; » ce qui ne fait au contraire qu'une chaleur » très-médiocre ».

448 *e.* Les observations précédentes expliquent ces contradictions. Il est très-probable que le Thermomètre de *Berlin* étoit fait d'*esprit-de-vin*, qu'on l'avoit rendu capable de supporter l'*eau bouillante* ; & que son dégré 80 exprimoit cette température. Dans cette supposition 22 dégrés de ce Thermomètre, en fai-

Grande diff. dans les Th. qu'on a confondus sous le nom de M. *de Réaumur.*

Exemple des contradict. qui en sont résultées dans les observations.

Explication de ces contradictions.

ſoient 28 du *vrai* Thermomètre de M. *de Réau-mur*; & c'eſt la plus grande chaleur que M. *de Réaumur* lui-même ait obſervée à Paris, pendant le tems qu'il faiſoit ces obſervations, qu'il donnoit annuellement dans les Mémoires de l'Académie. L'obſervation du *Sénégal* ſut faite ſur le *vrai* Thermomètre de M. *de Réaumur*, je l'ai rapportée dans la première Partie de cet Ouvrage; ainſi 39 *dégrés* ne font qu'environ 30 *degrés* ½ du Thermomètre *de Berlin*, ou même 29 ¼, ſi le Thermomètre *du Sénégal*, quoique fait par M. *de Reaumur*, avoit ſon *zéro* à *la glace qui fond*, comme cela eſt poſſible (446 *g*). Cette chaleur, à la vérité, eſt encore bien grande; mais il eſt des circonſtances particulières qui peuvent l'avoir produite. Quant à l'obſervation de *Syrie*, je ſuis convaincu qu'elle eſt très-défectueuſe. Il eſt impoſſible que les hommes vivent dans une température qui excède de plus de 17 dégrés de M. *de Réaumur*, la chaleur ordinaire de leur *ſang*. Il étoit ſi difficile de bien conſtruire ce Thermomètre, qu'on ne doit point être étonné de telles erreurs.

Il ne convient point de conſerver deux eſpèces de Therm.

448 *f.* Le nombre & la nature des expériences qui m'ont fourni les rapports que je viens de donner, entre le *vrai* Thermomètre de M. *de Réaumur*, (celui qu'il a décrit lui-même), & le Thermomètre de *mercure* diviſé en 80 parties entre *la glace qui fond* & *l'eau bouillante*, me perſuadent que ces rapports peuvent être employés avec confiance, pour réduire en dégrés de l'un de ces Thermomètres, les obſervations faites ſur l'autre. Il ſembleroit donc qu'on pourroit employer indif-

féremment ces deux Thermomètres, mais l'expérience nous apprend que, si les principes des inftrumens ne font pas fimples, & les procédés faciles, les Ouvriers & les Amateurs mêmes, s'en écartent bien aifément. On voit à quel point le dégré 80 de M. *de Réaumur* a été changé, fans qu'on s'en foit apperçu ; on voit même quelle incertitude il y eut dès l'origine dans la fixation de fon *zéro* ; & l'on peut aifément comprendre, combien d'obfervations nous font enlevées par ces changemens ; combien même font devenues trompeufes : en un mot, on voit que nous fommes prefqu'à recommencer fur toutes les obfervations de la *chaleur.*

448 *g.* Il ne faut donc plus changer légèrement dans le Thermomètre, ni les *procédés*, ni les *termes fixes* qui feront une fois confacrés. Et puifqu'on en eft encore à convenir généralement d'un *terme fixe fupérieur*, je crois qu'on doit s'arrêter à la température de l'*eau qui bout fortement*, en y joignant la condition dont je vais parler.

Ni de changer légèrement celui qui fera confacré.

*De l'influence du poids de l'air, fur la chaleur de l'*eau bouillante.*

449 *a.* L'*eau qui bout fortement*, n'a un même dégré de chaleur, que lorfqu'elle eft également comprimée, ou chargée d'un même poids. C'eft ce que prouvent clairement deux expériences connues.

L'eau bouil. n'a un même dég. de chal. qu'étant chargée d'un même poids.

449 *b.* L'*eau* qui a ceffé de *bouillir* dans l'air libre, reprend fon *bouillonnement* fous le réci-

Exp. dans la pompe pneumatique.

pient de la machine du vuide, dès qu'on en pompe l'air; elle *bout* donc par une moindre chaleur, lorsqu'elle est moins chargée. La *marmite de Papin* nous montre d'un autre côté, quelle chaleur l'eau peut acquérir, lorsque ses *bouillonnemens* sont reprimés par quelque obstacle qui résiste fortement.

Dans la marmite de Papin.

449 c Or l'*eau bouillante*, dans laquelle on plonge les Thermomètres, est chargée du *poids de l'atmosphère*; poids variable suivant les tems & les lieux. Ainsi, pour avoir un *terme fixe* de chaleur sur le Thermomètre, par le moyen de l'*eau bouillante*, il faut nécessairement, ou marquer toujours ce point par la même *hauteur du Baromètre*; ou trouver une équation qui ramène les résultats de toutes les expériences de ce genre à ce qu'ils seroient par une *hauteur* déterminée.

L'eau qui bout dans l'air libre est chargée du poids variable de l'Atmosphère.

Il faut une équation pour rendre fixe ce terme.

449 d. *Fahrenheit* découvrit cette influence du *poids de l'air* sur la *chaleur* de l'*eau bouillante* dès l'année 1724 (*a*), & peu de tems après qu'il eut imaginé son Thermomètre. Il dût cette découverte à l'exactitude avec laquelle on peut déterminer ce dégré de chaleur sur les Thermomètres de *mercure*, il étoit trop vague sur les Thermomètres d'*esprit-de-vin* ou d'*air*, pour qu'on pût y demêler les effets des changemens de *poids de l'atmosphère*.

Farenheit découvrit cette variation en 1724.

449 e. La plus considérable des expériences que j'aie trouvées sur cet objet, a été faite sur le *Canigou*, qui est la plus haute sommité des

Expér. de M. le Monnier sur le Canigou:

(*a*) Phil. Transf., No. 385.

Pyrenées (*a*). Le 6ᵉ. Octobre 1739, M. *le Monnier* (le Médecin) porta sur cette montagne, un Thermomètre de *mercure*, qui avoit été gradué à *Perpignan*, le Baromètre étant à 28 *p*. 2 *l*. Arrivé au sommet, où le *mercure* s'abbaiffa dans le Baromètre à 20 *p*. 2 *l*. ⁷⁄₁₂, M. *le Monnier* plongea fon Thermomètre dans l'*eau bouillante*, & il la trouva moins chaude qu'à Perpignan de 15 dégrés de la divifion de M. *de Lifle*, qui font environ 7 ⅓ de mon Thermomètre de *mercure* (*b*).

Différence dans la chal. de l'eau bouil. fur le Canigou & à Perpignan.

450 *a*. J'ai fait plufieurs obfervations du même genre en 1762. Je paffai cette année-là par le *Mont-Cenis*, au mois de Mai, allant à *Turin* & à *Gênes*, & j'y repaffai à mon retour au mois d'Août fuivant. La neige, qui couvroit encore toutes les fommités des Alpes au mois de Mai, m'empêcha d'obferver la chaleur de l'*eau bouillante* fur quelques-uns des pics qui dominent cette gorge. Au mois d'Août je ne fus pas plus heureux, le vent & la pluie ne me permirent pas d'aller au-delà du hameau le plus élevé de cette montagne, qu'on nomme *Tovet-deffus.*

Nouvelles expériences.

450 *b*. Dans le voyage de *Genève*, à *Gênes,*

Chal. de l'eau bouil. obfervée à diverfes hauteurs fur la route de Genève à Gênes.

(*a*) *Mém. de l'Académie des Sciences, &c.* année 1740, *in-12*, page 131.

(*b*) L'intervalle entre la température de la *glace qui fond* & celle de l'*eau bouillante* fur le Thermomètre de M. *de Lifle*, renferme, fuivant M. *Martine*, 150 dégrés, & par les expériences de M. *Ducreft*, 154 (432). C'eft d'après cette dernière eftimation que j'ai dit dans le texte que 15 dégrés de M. *de Lifle* en font 7 ⅓ de mon Thermomètre de *mercure.*

j'obfervai la chaleur de l'*eau bouillante* en dix ftations différemment élevées, & au retour je fis la même expérience en feize ftations, dont dix étoient les mêmes où j'avois obfervé précédemment. Le Thermomètre que j'employai à ces expériences étoit de *mercure*, il n'avoit que 6 à 7 pouces de long. Je le plongeois nud dans l'*eau bouillante*, & je marquois le point où fe fixoit le *mercure*, en y amenant celui de plufieurs fils, placés au haut du tube, qui s'en trouvoit le plus près. Je prenois enfuite, avec un compas, la diftance de ce fil au fommet du tube, & je l'exprimois en *parties* d'une certaine *échelle*, avec laquelle j'avois mefuré la diftance de ce fommet au point de *la glace qui fond*. Je fouftrayois enfuite la diftance trouvée depuis le fil de l'*eau bouillante* au fommet, de la diftance totale du point de *la glace qui fond* à ce fommet : le refte étoit la diftance des points de *la glace qui fond*, & de l'*eau bouillante*. Je ne rapporterai pas le détail de ces expériences ; les réfultats fuffiront pour le but que je me propofe.

450 *c.* Le Baromètre étant à Gènes à 28 *p.* 5 *l.*, je mefurai fur le tube de mon Thermomètre l'intervalle compris entre le point de *la glace qui fond*, & celui où le porta l'*eau bouillante*, & je trouvai cet intervalle de 829 *parties* de l'*échelle* dont je viens de parler. A Tovet-*deffus*, le *mercure* defcendit à 21 *p.* 11 *l.* $\frac{1}{4}$, & je trouvai fur le même Thermomètre l'intervalle entre le même point de *la glace qui fond*, & celui où le fit monter l'*eau bouillante*, de 773 des mêmes *parties*. La diffé-

rence des *hauteurs du Baromètre* fut donc de 6 *pouces* 5 *lig.* $\frac{1}{4}$, & celle de *la chaleur de l'eau bouillante* fur le Thermomètre, de 56 *parties.*

450 *d.* Voulant connoître le rapport de ce réfultat tiré de la comparaifon des extrêmes, avec ceux des obfervations intermédiaires, comparées fucceffivement deux à deux, je rangeai féparément celles du mois de Mai, & celles du mois d'Août, dans l'ordre des *hauteurs du Baromètre.* La table qui les renfermoit étoit divifée en quatre colonnes: la première contenoit les *hauteurs du Baromètre*: dans la feconde étoient les *intervalles* trouvés fur le Thermomètre entre la *glace qui fond* & *l'eau bouillante*: je plaçai dans la troifième les *différences* fucceffives des *hauteurs du Baromètre*, & dans la quatrième les *différences* correfpondantes des *intervalles* trouvés fur Thermomètre.

Table de différens dégrés de chaleur de l'eau bouil. à différentes hauteurs du Baromètre.

450 *e.* En comparant les *différences* du Baromètre avec celles du Thermomètre, je ne les trouvai pas par-tout dans le même rapport; je crus même remarquer que celles du Thermomètre devenoient plus grandes comparativement aux premières, à mefure que la hauteur abfolue du Baromètre diminuoit: c'eft-à-dire, que les diminutions de chaleur de l'*eau bouillante* alloient en croîffant, comparativement à des abbaiffemens du Baromètre égaux entr'eux. J'aurois cherché la loi que fuivoient ces accroîffemens, s'ils avoient été plus réguliers, mais mon Thermomètre n'avoit pu me fournir des déterminations affez exactes. Je me contentai donc d'employer les extrêmes des deux fuites d'obfervations, & d'en prendre

Différences entre les rapports.

le terme moyen, juſqu'à ce que par de nouvelles expériences, faites avec un inſtrument
plus exact, j'euſſe pu reconnoître ſi en effet
les *differences* du Thermomètre ſuivent une
autre loi que celles du Baromètre.

Rapports des extrêmes.

450 *f.* Les deux extrêmes de mes obſervations du mois de Mai furent à *Turin* & à la
Grand-Croix, ſur le *Mont-Cenis.*

Le Barom. étant à *Turin* à 328 *l.* $\frac{1}{4}$, l'*in-*
terv. ſur le Thermomètre fut . . . 822
        à la *Grand - Croix* 273 $\frac{1}{4}$; . . 782

Différences . . . *lignes* 55 $\frac{1}{2}$; *part.* 40

Les extrêmes de mes obſervations du mois
d'Août furent à *Gènes* & à *Tovet-deſſus.*

Le Barom. étant à *Gènes* à 341 *l.*; l'*in-*
terv. du Thermomètre fut . . . 829
        à *Tovet - deſſus* 263 $\frac{3}{4}$; . . 773

Différences . . . . *lignes* 77 $\frac{1}{4}$; *part.* 56

Comparaiſon de ces rapports.

450 *g.* Ces deux réſultats donnent ſenſiblement le même rapport entre les *différences*
du Baromètre & celles du Thermomètre; car
55 $\frac{1}{2}$: 40 :: 77 $\frac{1}{4}$: 56 $\frac{4}{111}$. Ce qui pourtant ne
détruit pas mon ſoupçon que les diminutions
de chaleur de l'*eau bouillante* vont en croîſſant, comparativement à des abbaiſſemens égaux
du Baromètre, parce que dans les obſervations comparées de *Gènes* & de *Tovet-deſ-*
ſus ſont renfermées les différences de *Gènes*
à *Turin*, & de *Tovet-deſſus* à la *Grand Croix*,
dont

dont les premières, dans ma fuppofition, tendroient à diminuer le rapport entre la diminution de chaleur de l'*eau bouillante* & l'abbaiffement du Baromètre, & les fecondes tendroient
à l'augmenter. Il y auroit donc compenfation;
& en effet elle fe trouve dans les obfervations
mêmes. Mais, je le répète, je n'ai pas eu affez de confiance dans l'exactitude des déterminations de la chaleur de l'*eau bouillante* par mon
Thermomètre à chaque obfervation, pour en
conclurre encore la loi que fuivent les différences de cette chaleur, comparativement à celles du Baromètre.

450 *h.* Dans ce qui me refte à dire fur ce
fujet, je me contenterai donc de joindre les
deux réfultats ci-deffus, ce qui donnera le
rapport de 133 ¼ à 96, entre la *différence* de
hauteur du Baromètre exprimée en *lignes*, &
la *différence* correfpondante des *intervalles* des
deux *points* du Thermomètre exprimée en
parties de mon *échelle* ($55\frac{1}{2} + 77\frac{2}{4} = 133\frac{1}{4}$,
$40 + 56 = 96$).

450 *i.* Pour comparer mes expériences avec
celle de M. *le Monnier*, il faut reduire en
dégrés, ces 96 *parties*, & pour cet effet, il
faut fe rappeller que les 829 *parties* trouvées
à *Gènes*, entre le point de la *glace qui fond* &
celui de l'*eau bouillante* (le Baromètre étant à
28 p. 5 lig.), repréfentent les 80 dégrés d'un
Thermomètre de *mercure* fait à Gènes. Ainfi
96 *parties* font 9 dégrés ¼ ($829 : 80 :: 96 : 9\frac{1}{4}$),
& cette différence fur le Thermomètre, cor-
refpond, comme je l'ai dit, à 133 ¼ lig. d'abbaiffement du mercure dans le Baromètre.

Marginal notes:

*Rapport en-
tre les diffé-
rences de hauteur du
Bar. & celles
de la chaleur
de l'eau bouil.*

*Comparai-
fon de ce
rapport avec
celui que
trouva M. le
Monnier fur
le Canigou.*

Différence qui se trouve entr'eux.

450 *k*. L'abbaissement du mercure dans l'observation de M. *le Monnier* n'ayant été que de 8 pouces ou 96 lignes, pour qu'elle fût d'accord avec la mienne, il faudroit que la différence de la chaleur de l'*eau bouillante* n'eût été que de 6 dégrés $\frac{1}{7}$ (133 $\frac{1}{4}$: 9 $\frac{1}{4}$ :: 96 : 6 $\frac{1}{7}$ ou environ), & l'on a vu ci-devant qu'elle fut de 7 dégrés $\frac{4}{7}$.

Raison probable de cette différence.

Cette différence paroit être une nouvelle preuve de ce que j'ai dit-dessus, que les diminutions de chaleur de l'*eau bouillante* pourroient bien aller en croissant, comparativement à des abbaissemens toujours égaux du Baromètre.

Détermination de la hauteur du Baromètre, à laquelle on ramenera la chaleur observée de l'eau bouillante.

451 *a*. Pour trouver par le résultat moyen de mes observations, l'équation qui doit servir à corriger sur le Thermomètre l'effet des *différences* du *poids de l'air* sur la *chaleur* de *l'eau bouillante*, il faut d'abord choisir une *hauteur du Baromètre* à laquelle on doive ramener toutes les observations. Je crois que la *hauteur* de 27 *pouces* est la plus convenable, parce qu'il est peu de Villes où l'on ne l'observe quelquefois, ce qui diminuera par conséquent le nombre des cas où cette correction sera nécessaire. J'ajouterai pour raison de mon choix, que toutes les observations que j'ai faites du Thermomètre, tant pour lui-même qu'à l'occasion de celles du Baromètre, & conséquemment toutes les formules qui en découlent, sont relatives à cette fixation.

Intervalle des deux points fixes du Ther. à cette

451 *b*. Dans l'observation que je fis à *Gènes*, le Baromètre étant à 28 *p*. 5 *l*. ou 341 *lignes*, l'*intervalle* du point de l'*eau bouillante* à celui

de la *glace qui fond*, fut, comme je l'ai dit, de 829 *parties*. En fuivant le rapport de 133 $\frac{1}{4}$ (*lig.*), à 96 (*part.*), entre l'*abbaiffement* du mercure dans le Baromètre & la *diminution* de l'*intervalle* du Thermomètre, on trouvera qu'à la hauteur de 27 p. ou 324 lignes, cet *intervalle* doit être de 816, 8 des mêmes *parties*

$$\left(829 - \frac{96 \times \overline{341 - 324}}{133 \frac{1}{4}} = 816, 8\right)$$

hauteur dé-terminée du Baromètre.

451 *c.* Je penfe que pour l'objet particulier de la correction du Thermomètre, on ne peut fe tromper effentiellement, en fuppofant que les *différences* de *chaleur de l'eau bouillante* font proportionnelles aux *différences* de *hauteur du Baromètre.* Car lors même qu'elles ne le feroient pas, ces dernières *différences* ne feront que bien rarement affez grandes pour *exiger plus d'exactitude.* Je fuppoferai donc que ces *différences* font proportionnelles, c'eft-à-dire que, quand les abbaiffemens du mercure dans le Baromètre font égaux entr'eux, les diminutions correfpondantes de hauteur du Thermomètre dans l'*eau bouillante*, font auffi égales entr'elles, quelles que foient les hauteurs abfolues du Baromètre, & par conféquent quels que foient les intervalles obfervés entre les deux *points* du Thermomètre.

Les differ. de chal. de l'eau bouil. fuppo-fées proport. aux differ. de hauteur du Baromètre.

451 *d.* La hauteur de 27 pouces dans le Baromètre, étant celle que je propofe pour y ramener la fixation du *terme* de l'*eau bouillante* fur le Thermomètre, j'appellerai *fondamental*, l'*intervalle* des deux *termes fixes* du Thermomètre à cette hauteur du Baromètre. J'ai dit

Rapport de la variation d'une ligne dans le Bar. avec l'interv. fondamental du Therm.

que cet *intervalle* étoit de 816, 8 *parties* d'une certaine *échelle*, sur le Thermomètre que j'ai employé à ces expériences. J'ai dit aussi que 133 $\frac{1}{4}$ *lig.* de différence dans le Baromètre, ont produit dans l'intervalle des deux *points* du Thermomètre une différence de 96 des mêmes *parties*. Ainsi 133 $\frac{1}{4}$ *lig.* de différence dans le

Baromètre, correspondent à $\dfrac{96}{816, 8}$ ou un

peu moins de $\dfrac{133, 25}{1134}$ de l'*intervalle fonda-*

mental, & par conséquent 1 *lig.* de différence dans le Baromètre, correspond à $\frac{1}{1134}$ de l'*intervalle fondamental* du Thermomètre.

Division de l'interv. fon-damental d'a-près ce rap-port.

451 *e.* Nous pouvons donc considérer cet *intervalle fondamental*, comme divisé en 1134 parties, & poser pour base de l'équation cherchée, que l'*intervalle observé* des deux *points* du Thermomètre, diffère de l'*intervalle fonda-mental*, d'autant de 1134mes. de celui-ci, qu'il y a de *lignes* de différence entre la *hauteur observée* du Baromètre, & la *hauteur fixe*, qui sera 324 lignes ou 27 pouces.

Formules pour corriger la *chal. obser-vée* de l'*eau bouillante*.

451 *f.* D'après cette détermination, les corrections à faire aux *intervalles observés* sur le Thermomètre, pour avoir l'*intervalle fonda-mental*, sont exprimées par les formules sui-vantes.

Nommant *a* le nombre de *lignes* dont la hauteur du Baromètre différe de 324 lignes, au moment où l'on met le Thermomètre à l'*eau bouillante*, si la différence est en *plus*, il faudra rabbaisser le *point* observé de l'*eau bouillante* de la partie $\dfrac{a}{1134 + a}$ de l'*intervalle* qu'on aura observé entre ce point & celui de la *glace qui fond.* Et si la différence du Baromètre est en moins, il faudra élever le *point* observé de l'*eau bouillante*, de la partie $\dfrac{a}{1134 - a}$ de l'*intervalle observé.*

451 g. Ces formules découlent de ce que j'ai supposé d'entrée, que les corrections à faire sur le Thermomètre doivent être uniquement proportionnelles à la différence de hauteur du Baromètre, sans égard à sa *hauteur absolue*, & je le repéte, je crois qu'à ne considérer que le Thermomètre, une plus grande exactitude seroit superflue; & c'est du Thermomètre qu'il s'agit ici. Mais il est d'autres faces sous lesquelles on peut envisager le même phénomène, qui demandent des déterminations plus exactes. J'ai des vues à ce sujet, pour lesquelles j'attends des occasions, ou du loisir (*a*).

Remarques sur ces formules.

(*a*) J'ai espéré, pendant quelque tems, que les observations relatives à cet objet seroient faites avant l'impression de cet Ouvrage qui a été fort retardée. J'avois construit, avec beaucoup de soin & de travail, un Thermomètre dont je pouvois attendre la plus grande exactitude; & au mois d'Août de l'année 1765, je partis avec mon frère, pour aller observer la chaleur de l'*eau bouillante* sur une montagne qui domine l'Abbaye de *S.-Sixt* en *Faussigny.* On voit, de Genève, cette montagne, qui en est distante de 11 lieues; la glace qui couvre

Manière de les employer à la correction du point de l'eau bouil. sur le Ther.

451 *h*. Les corrections qu'exigent les formules que je viens d'indiquer, s'exécuteront fort aifément par le moyen d'une *échelle de mille parties*. On mefurera l'*intervalle obfervé* en parties de cette *échelle*, & en y appliquant ces formules, on aura, en mêmes *parties*, la quantité dont on devra élever ou abbaiffer le *point obfervé* de l'eau bouillante.

Importance de cette correction.

451 *i*. Quoique cette correction du Thermomètre foit principalement néceffaire pour

---

fon fommet durant toute l'année, indiquant fa grande hauteur, nous l'avoit fait choifir pour nos expériences. Nous montâmes depuis l'*Abbaye*, pendant fix heures, & en grande partie par des chemins fi roides, qu'ils ne font fréquentés que par les chamois. Mais, avant d'atteindre la plus haute fommité, qui furpaffe le *Canigou*, où M. *le Monnier* a fait la même expérience, le Thermomètre fe rompit. Il ne falloit pas moins que la magnificence du fpectacle & la pureté de l'air, pour nous faire fupporter patiemment une telle cataftrophe. Je n'entreprendrai point de peindre l'afpect des montagnes & des vallées qui nous environnoient ; je n'en donnerois qu'une foible idée. Comment exprimerois-je fur-tout l'effet que produit dans cette étonnante variété d'objets, le *Mont-Blanc*, cette maffe énorme, hériffée de glaces éternelles, depuis fon fommet, qui paroiffoit atteindre les dernières régions de l'Atmofphère, jufqu'à fon vafte pied, qui étoit à 800 toifes au-deffous de nous ! L'obfervation du Baromètre nous apprit que nous étions élevés de 1133 toifes au-deffus du Lac de Genève ; & transportant, avec un niveau, cette hauteur fur le *Mont-Blanc*, dont nous étions éloignés d'environ 4 lieues, il nous parut qu'elle n'en faifoit pas plus de la moitié. Le fpectacle de cette montagne eft fans comparaifon plus beau à cette diftance, qu'il ne l'eft de fon pied, dans la vallée de *Chamouni*, où les curieux vont d'ordinaire pour la voir.

les obſervations de chaleur qui approchent ou ſurpaſſent celle de l'*eau bouillante*, & pour les Thermomètres conſtruits en des lieux fort élevés, elle n'eſt cependant pas inutile dans les cas ordinaires. Le Baromètre eſt ſouvent à 28 *p. 5 l.* au bord de la mer, & à *26 p. 6 l.* dans l'intérieur des terres, ſans parler des montagnes, & dès nos climats, en tirant au Nord, on peut voir la même différence de hauteur du mercure dans un même lieu. Or cette *différence* dans le *poids de l'air*, produit plus *d'*$\frac{1}{30}$ de *différence* dans l'*intervalle* de nos *termes fixes*, ou 2 dégrés du Thermomètre de M. *de Réaumur*. Ainſi deux Thermomètres, bien conſtruits d'ailleurs, faits à cette différence de hauteurs du Baromètre, différeroient de $\frac{1}{2}$ dégré, au 25me. de ceux de M. *de Réaumur*, chaleur fort ordinaire dans nos climats, en été : or, cette différence mérite d'être conſidérée, lorſqu'il s'agit d'obſervation délicates.

AVERTISSEMENT.

*Au moment où cette feuille va sous presse, le Ther-
momètre dont j'ai parlé dans la note du §. 451
g, est réparé ; & j'ai commencé de nouvelles observations, qui me paroissent intéressantes. Mais
il me manque du loisir pour les achever, & je ne
puis plus arrêter l'impression de mon ouvrage,
comme je l'ai fait tant de fois en pareil cas. Je
laisse donc subsister cet article tel qu'il est. Je
continuerai cependant mes expériences autant
qu'il me sera possible, & si je les ai finies à tems,
on en trouvera les résultats à la fin de cet ouvrage ; sinon, elles pourront faire l'objet d'un Mémoire particulier, qu'en ce cas, je prendrois
la liberté d'envoyer à l'Académie Royale des
Sciences de Paris.*

Fixité des termes de la glace qui fond & de l'eau bouillante.

452 *a.* Les diverses expériences que j'ai rapportées, tant sur l'*ébullition de l'eau*, que sur la
fonte de la glace, contribueront à augmenter la
confiance qu'on avoit déja dans la fixité des températures de l'eau réduite à ces deux états. J'a-
jouterai encore une réflexion qui concourra au
même but.

Elle est l'effet de l'homogénéité de l'eau.

452 *b.* L'*eau pure* est une matière homogêne
& semblable en tout lieu. Il est donc naturel
que dans les mêmes températures, elle pro-
duise les mêmes phénomènes. C'est à cette qualité de l'*eau* que nous devons l'avantage de pouvoir comparer les observations de la chaleur,
& c'est elle aussi qui doit nous donner de la
confiance.

452 *c.* Il eſt vrai que l'*eau* qui coule, ou qui ſéjourne à la ſurface de la terre, n'eſt pas également *pure*, mais les mélanges qui peuvent altérer eſſentiellement ſon homogènéité ſont aiſément apperçus. Toute *eau* qui ne les manifeſtera pas au goût, ſera propre à déterminer les points fixes du Thermomètre. Et s'il reſte le moindre doute à cet égard, nous pouvons prendre l'*eau* dans une ſource pure & commune, en employant à cet uſage celle que la pluie & la neige fourniſſent par-tout.

Si l'on craint l'effet de la différen. des eaux, il faut employer l'eau de pluie.

452 *d.* Nous voilà donc aſſurés d'avoir deux *termes* très-*fixes* dans le Thermomètre. Il ne s'agit plus que de conſidérer, quelle doit être la diviſion de l'intervalle compris entre ces deux *termes*.

On a donc deux termes très-fixes dans le Ther.

De l'échelle *du Thermomètre.*

453 *a.* Un objet dont on s'eſt fort occupé, & qui me paroît aujourd'hui de bien petite importance, c'eſt la *diviſion* de l'*échelle* du Thermomètre, ou la grandeur abſolue de ſes dégrés.

De la grandeur abſolue des dégrés du Therm.

453 *b.* Il eſt abſolument néceſſaire que tous ceux qui veulent retirer quelque utilité de cet inſtrument, s'accordent à n'y employer jamais qu'un même liquide, & à déterminer toujours de la même manière les deux termes fondamentaux. Mais pourvu qu'on ſoit d'accord ſur ces points, il importe peu, que l'intervalle des deux *termes fixes* ſoit diviſé en un nombre plus ou moins grand de parties égales. Ce ſont les différences phyſiques qu'il faut éviter ſoigneuſement, mais il n'y a rien à craindre des diffé-

Elle eſt indifférente en elle-même.

rences numériques. Tout est déterminé dans celles-ci, dès qu'elles sont connues, presque tout est vague ou difficile, lorsqu'il s'agit d'évaluer les effets des autres.

Il convient de conserver celle à laquelle le Public est habibitué.

453. *c.* Je ne proposerai donc point d'avoir une *échelle* fixe pour le Thermomètre. Je dirai seulement que, les *échelles* de *Fahrenheit* & de M. *de Reaumur* étant admises aujourd'hui pour les observations ordinaires, je crois qu'il convient de les conserver. Le Public demeure trop de tems à comprendre le langage des Physiciens, & à s'y conformer, pour entreprendre de changer son habitude.

Les dégrés de *Fahrenheit* peuvent ètre conservés pour les *pays du Nord.*

453 *d.* On peut donc diviser en 180, ou en 80 parties, l'*intervalle fondamental* du Thermomètre. Par la prémière de ces divisions, on aura le *Thermomètre de Fahrenheit*, en marquant 212 au point de l'*eau bouillante*, & 32 à celui de *la glace qui fond*, & en plaçant le *zéro* à 32 de ces dégrés au-dessous de ce dernier point. Ce Thermomètre est assez généralement adopté dans les Pays du Nord : mais comme je l'ai dit ci-devant (437 *b.*) on a abandonné les principes de son auteur, & il est encore besoin que l'on convienne d'une manière de le construire.

Le Ther. de mercure divisé en 80 parties servira dans les Pays où celui de M. *de Réaumur* est adopté.

453 *e.* Le Thermomètre dont on divisera l'*intervalle fondamental* en 80 parties, servira pour les Pays où celui de M. *de Réaumur* est adopté. Il différera sans doute beaucoup du premier Thermomètre de ce nom. Mais cette différence & bien d'autres, sont déja introduites : & tandis qu'elles trompent aujourd'hui, parce qu'on les ingnore, elles cesseront de nuire, dès que les Physiciens cesseront de com-

parer les observations faites fur de nouveaux Thermomètres bien connus, avec celles où les précédens ont été employés.

453 *f.* Je ferai remarquer encore (& on peut le voir par la table que j'ai donnée ci-devant) que le Thermomètre de *mercure*, dont le dégré 80 eſt à la température de l'*eau bouillante*, s'accorde bien mieux avec le vrai Thermomètre de M. *de Réaumur*, dans les observations ordinaires, que le Thermomètre d'*esprit-de-vin*, dont le 80me. dégré eſt auſſi la température de l'*eau bouillante*. Et ſi l'on conſidère même, l'effet qu'a produit fur le Thermomètre de M. *de Réaumur*, le changement qu'on y a introduit preſque dès ſon origine, en plaçant ſon *zéro* à la température de *la glace qui fond*, on verra que la différence de ce Thermomètre, avec celui de *mercure* dont je parle, ne ſera d'aucune importance pour le Public, qui ne s'occupe que des variations de température de l'air, & à qui les différentes expoſitions du Thermomètre, font de bien plus grandes illuſions, que la différence réelle de ces deux inſtrumens.

Les dégrés du premier diffèrent très-peu de ceux du dernier, dans les observations ordinaires.

453 *g.* Mais ſi l'habitude déja formée pour les diviſions de *de Réaumur* & de *Fahrenheit*, exige qu'on les conſerve dans les observations ordinaires ; il n'en eſt pas de même pour les expériences où ces diviſions deviennent incommodes. Il me paroît qu'alors on peut utilement changer la diviſion, & même le *zéro* de l'*échelle*, ſuivant que le cas particulier l'exige.

Mais on ne doit point ſe gêner à conſerver ces dégrés dans les expér. particulières.

453 *h.* C'eſt ainſi que je me ſuis déterminé à employer une nouvelle *échelle* pour le Thermomètre qui doit accompagner le Baromètre

Exemple de l'utilité qu'il peut y avoir à changer, &

les dégrés, & même la position de l'échelle.

(365). Il étoit bien plus simple & plus sûr, de diviser l'*intervalle fondamental* en parties correspondantes à l'*échelle* du Baromètre, & de placer le *zéro* à la chaleur moyenne, que de se soumettre à la nécessité de faire un calcul à chaque observation.

Autre exemple.

453 *i.* J'ai changé encore l'*échelle* du Thermètre pour la seconde fonction qu'il remplit dans les observations du Baromètre, relatives à la connoissance de la densité de l'air. On verra mieux encore par cet exemple, combien il est commode de ne pas s'asservir à une certaine échelle (610).

Remarque générale à ce sujet.

453 *k.* En général, quand on emploiera le Thermomètre à des observations particulières & assez fréquentes pour qu'on gagne beaucoup de tems & de facilité en changeant son *échelle*, je crois qu'il faut la changer. On ne doit craindre aucune erreur, pourvu qu'on ait soin d'indiquer, en quel nombre de parties on divise l'*intervalle fondamental*, & le point où l'on place le *zéro*. Par ces indications seules, ceux qui voudront répéter ou continuer les mêmes observations, pourront aisément, ou construire de semblables Thermomètres, ou placer l'*échelle* particulière qui leur convient, à l'un des côtés d'un Thermomètre ordinaire ; ou même encore, suppléer par le calcul à la différence des *échelles*.

Il convient que l'échelle soit divisée en parties é- gales.

453 *l.* Je n'ai parlé jusqu'ici que de *divisions en parties égales*, parce que c'est ainsi qu'il conviendra presque toujours de diviser l'*échelle* du Thermomètre. La condition la plus généralement essentielle, est qu'on puisse tou-

jours, & à coup sûr, conftruire des Thermomètres femblables à ceux qui auront fervi dans
certaines expériences : & la *divifion en parties
égales* étant la plus aifée, fera auffi la mieux
imitée. Que fi, dans quelques expériences,
les changemens correfpondans à ces dégrés
égaux, ne leur étoient pas proportionnels, on
exprimeroit plus aifément & plus sûrement
leurs rapports, par des fuites de nombres, ou
par des *Tables*, que par des divifions actuelles.

453 *m.* C'eft par cette raifon que je ne propofe point de divifer le Thermomètre en *dé-*
grés tels, qu'ils expriment des *différences de*
chaleur égales entr'elles, quoique cela fût poffible d'après mes expériences. Il fuffit que l'on
connoiffe les rapports de fes *dégrés égaux*, avec
les variations *réelles* de la chaleur. C'eft à quoi
eft deftinée la *Table* que j'ai donnée ci-devant (422 *lll.*). Cependant fi le Thermomètre
devoit être employé à des expériences fré-
quentes, où la connoiffance des variations
réelles de la chaleur fût néceffaire, on pourroit alors l'accompagner d'une *échelle* qui les
exprimeroit immédiatement. J'ai décrit ci-devant la manière de la conftruire (422 *hhh* & *s.*)

De la conftruction du Thermomètre.

454 *a.* Si mes recherches fur le Thermomètre s'étoient bornées à fa fabrication, je
n'aurois peut-être parlé de cet inftrument, que
pour indiquer les ufages auxquels je l'ai employé dans mes expériences. Mais j'ai vu les
erreurs qu'on faites depuis longtems dans la

comparaiſon des dégrés de chaleur, & j'ai cru néceſſaire de les montrer, en indiquant les moyens de les prévenir dans la ſuite. L'uſage général du Thermomètre à *mercure*, eſt un de ces moyens: ce qui m'oblige à quelques détails ſur la manière de le bien conſtruire.

Du choix des Tubes pour le Thermomètre.

Il faut employer des tubes dont le diamètre ſoit égal dans toute leur longueur.

Moyen de les calibrer.

455 *a.* Quoiqu'il ſoit poſſible de connoître les inégalités de diamètre d'un *tube*, & d'y avoir égard dans la diviſion de ſon *échelle*, il convient mieux d'employer des *tubes* exactement cylindriques. Pour *calibrer* ces *tubes*, on y introduit un peu de *mercure*, qu'on fait couler ſucceſſivement d'un bout à l'autre, en meſurant avec un compas l'eſpace qu'il occupe. Quand un *tube* eſt bien *cylindrique*, la petite colonne de *mercure* conſerve toujours la même longueur. C'eſt un procédé ſûr & facile, indiqué par M. l'*Abbé Nollet* (a).

Il convient d'employer des tubes capillaires.

455 *b.* Les *tubes capillaires* ſont préférables aux autres, parce qu'ils exigent de moins groſſes boules. Par-là les Thermomètres ſont moins fragiles, & plus *ſenſibles*. La groſſeur du *tube* la plus convenable pour les expériences ordinaires, eſt d'environ un quart de ligne e diamètre intérieur.

Objection.

455 *c.* On a dit que l'effet des tuyaux capillaires ſur la hauteur des fluides qu'ils contiennent, peut nuire à la régularité des Thermo-

---

(a) *Leçons de Phyſique Expérimentale*, Tome IV, page 376.

mètres. Mais cet effet n'a lieu que lorsque Réponse.
ces tuyaux communiquent avec un réservoir,
où le fluide eſt en liberté ; & il ne l'eſt pas
dans la boule du Thermomètre.

455 *d.* Quand on a beſoin d'une grande pré- Les *tubes*
ciſion, il faut préférer les *tubes* minces à dont le verre
ceux dont le verre eſt épais : la colonne de ſont préféra-
mercure ſe trouvant plus près de l'*échelle* dans bles.
les *tubes* minces, l'œil détermine plus ſûrement
le point où elle y correſpond.

455 *e.* La longueur des *tubes* eſt aſſez arbi- De la lon-
traire, pourvu que la boule lui ſoit propor- gueur des tu-
tionnée : cependant il y a quelques limites dans bes.
la pratique. Un *tube* trop court, produit des
dégrés trop petits. Un *tube* trop long eſt inutile
& embarraſſant, ſi l'*échelle* ne l'occupe pas en
entier ; & ſi elle l'occupe, il exige une trop
groſſe boule. Une longueur de 9 pouces eſt
plus que ſuffiſante dans la plupart des cas : elle
contiendra les 80 dégrés de l'*intervalle fonda-*
mental, 20 dégrés au-deſſous, & 4 à 5 au-deſſus, & ces dégrés feront d'environ une *ligne* :
ce qui ſuffit pour obſerver avec toute l'exactitude & la commodité néceſſaire. Quant aux
Thermomètres qu'on deſtinera à des expériences particulières, on proportionnera la
grandeur de leurs dégrés, ou celle de leurs
tubes, à l'uſage auquel ils feront deſtinés.

De la Boule du Thermomètre.

456 *a.* Les dimenſions que doit avoir un Avantage
Thermomètre, ſont ſouvent déterminées par d'un moyen
l'uſage qu'on veut en faire, & quand on a de déterminer la groſ-

seur de la boule pour un *tube* donné.

Méthode particulière.

Méthode générale de M. *Durand.*

trouvé un *tube* tel qu'il le faut, on n'eft pas toujours certain de pouvoir le remplacer fi l'on vient à le perdre. Ceux qui ont éprouvé cette difficulté, connoîtront l'avantage d'une méthode affurée de déterminer le diamètre de la *boule ;* ils fçavent qu'à force de vuider & de remplir un Thermomètre, lorfqu'on eft obligé d'y fouffler de nouvelles *boules,* le *tube* fe falit au point d'être hors d'ufage, & qu'il peut devenir trop court.

456 *b.* Je n'ai eu jufqu'à préfent d'autre méthode pour proportionner les *boules* aux *tubes,* que de comparer les nouveaux tubes, à des Thermomètres bien proportionnés. La pratique me rendoit cette méthode affez sûre, mais tous les amateurs ne peuvent l'acquérir.

456 *c.* On fera donc bien aife de connoître une formule qu'employoit M. *Durand,* pour trouver le rapport que les *boules* devoient avoir avec leurs tubes. Voici la route qu'il avoit fuivie pour y parvenir.

PROBLÊME.

Trouver le diamètre d'une boule de Thermomètre, pour un tube d'une grandeur & d'un diamètre donné, & pour tel nombre de dégrés qu'on voudra dans l'étendue de fon échelle.

On fuppofe qu'on laiffe un pouce & demi, ou deux pouces, fur la longueur du tube, tant pour fouffler la *boule,* que pour *tirer en pointe* l'autre extrêmité du tube, & pour ce
qu'il

qu'il faut laisser d'espace au dessus de l'*eau
bouillante* dans les Thermomètres ordinaires.

Soit la *longueur du
tube* (non compris cet
excédent, qui peut va-
rier), mesurée en dia-
mètres du tube . . . . $= a$

Soit la *capacité to-
tale de la boule & du
tube*, exprimée par tel
nombre que l'on vou-
dra . . . . $= c$

Soit la *partie* de cette
capacité comprise en-
tre les deux points de
la *glace qui fond* & de
l'*eau bouillante* (ou la
capacité de l'*intervalle
fondamental*), expri-
mée en mêmes parties
que la capacité totale . . . . . . $= d$

Soit le *nombre des
dégrés* de l'*intervalle
fondamental* . . . . $= m$

Soit le *nombre des
dégrés* qu'on veut dans
l'*échelle*, outre ceux de
l'*intervalle fondamen-
tal*, tant au-dessus
qu'au-dessous de cet
intervalle . . . . $= n$

Soit enfin le *dia-
mètre de la boule*, me-
suré en diamètres du

Tome II. V

tube . . . . $= b$

C'est ce *diamètre* qu'il faut trouver.

SOLUTION.

La capacité totale du tube, sans y comprendre celle de la *boule*, sera . . . . $\dfrac{dm + dn}{m}$

Demonst. La capacité d de l'*intervalle fondamental* est à la capacité du reste du tube, comme m est à n; parce que ce sont deux cylindres qui ont des bâses égales, & qui par conséquent sont entr'eux comme leurs hauteurs. On a donc $m : n :: d : \dfrac{dn}{m}.$ Donc $\dfrac{dn}{m}$ est la capacité de la partie du tube qui excédera l'*intervalle fondamental*, à laquelle ajoutant la capacité d de cet intervalle, on a $\dfrac{dn}{m} + d,$ ou $\dfrac{dn + dm}{m}$

Si l'on soustrait cette

capacité du tube, de la capacité totale c de la boule & du tube, re-ftera la capacité de la boule $c - \dfrac{dn + dm}{m}$,

ou. . . . . . . $\dfrac{cm - dm - dn}{m}$

Si l'on divife cette capacité de la boule, par la capacité du tube, le quotient exprimera combien de fois la pre-mière capacité con-tient la dernière. Ce quotient eft. . . . $\dfrac{cm - dm - dn}{dm + dn}$

Par conféquent la boule eft égale à $\dfrac{cm - dm - dn}{dm + dn}$ cylin-dres, de a diamètres du tube de hauteur, fur 1 diamètre de bâfe. Donc fa folidité cylin-drique, exprimée en fo-lidités cylindriques du tube, fera . . . . $a \times \dfrac{cm - dm - dn}{dm + dn}$

Mais le diamètre de cette boule eft égal à celui de la bâfe du cy-lindre dans lequel elle feroit infcrite, & la fo-lidité de ce cylindre eft égale à $\frac{1}{2}$ ſolidité de la ſphère.

Donc la ſolidité de ce cylindre ſeroit . . $\quad \frac{2}{3} a \times \dfrac{cm - dm - dn}{dm + dn}$

Formule pour trouver la groſſeur de la *boule.*

Donc le diamètre de ſa bâſe, égal au diamètre de la boule, ſera .

$$\sqrt[3]{\frac{1}{2} a \times \dfrac{cm - dm - dn}{dm + dn}} \text{ ou..} \quad \sqrt[3]{\frac{1}{2} a \times \left(\dfrac{cm}{d(m+n)-1}\right)}$$

C'eſt cette dernière formule qui fournit la ſolution du probleme dans tous les cas.

APPLICATION.

Application.

On ſuppoſe que le volume du mercure dans l'*eau bouillante*, eſt à ſon volume dans la *glace qui fond*, comme . . . . 65 à 64

Que la capacité totale de la boule & du tube, renferme le mercure dilaté par l'*eau bouillante*; donc . . . . $c = 65$

L'*intervalle fondamental* exprime la diminution du volume du mercure dans la glace qui fond; donc . . . . $d = 1$

Que dans le Thermomètre ordinaire,

l'*intervalle fondamental*
soit divisé en 80 dégrés,
& qu'on ajoûte 20 dé-
grés, soit au-dessous,
soit partie au-dessous,
& partie au-dessus, ces
portions du tube seront
entr'elles comme 80 à
20, ou comme 4 à 1 ;
donc. . . . . $\left\{ \begin{aligned} m &= 4 \\ n &= 1 \end{aligned} \right.$

(Ces nombres se-
ront donc toujours sub-
stitués dans la formule,
lorsqu'il s'agira d'un
Thermomètre ordi-
naire. Et lorsque le rap-
port de l'*intervalle fon-*
damental à l'excédent
que devra avoir l'*é-*
chelle, sera différent,
on substituera à 4 & 1,
pour la valeur de m &
n, les nombres qui ex-
primeront ce rapport.)

Supposé que le tu-
be donné ait 428 $\frac{1}{3}$ de
ses diamètres en lon-
gueur, on fera . . . . . . $a = 428\frac{1}{3}$

Et substituant tous
ces nombres dans la
formule, on aura . . . .

$$b = \sqrt{\tfrac{1}{2} \times 428\tfrac{1}{3} \times \frac{65 \times 4}{1(4+1)}} - 1 = \sqrt[3]{32767\tfrac{1}{2}} = 32$$

V iij

Donc, dans le cas donné le diamètre de la *boule* doit être de 32 diamètres du tube.

Il faut pour cela meſurer exactement le diamètre du tube.

456 *d.* Il ne s'agit plus pour la pratique, que de meſurer exactement le diamètre des tubes, & de ſouffler une *boule* d'une groſſeur donnée. Voici les moyens que j'emploie.

Manière de le meſurer.

456 *e.* Pour meſurer le diamètre du tube, je préſente à ſon ouverture, ſur l'un des bouts coupé bien net, une *échelle* tracée au bord d'une pièce de métal fort mince, & dont les parties ſont des quarts de ligne. Un œil exercé eſtime fort bien $\frac{1}{32}$. de ligne, & cela ſuffit (*a*).

Calibres pour ſouffler les boules de juſte groſſeur.

456 *f.* Je fais enſuite ſur le bord d'une carte à jouer pluſieurs *entailles* à angles droits, dont la largeur eſt égale au diamètre que doit avoir la *boule*, & les habiles ouvriers s'y conforment aiſément. Il faut pluſieurs *entailles*, parce que la *boule* eſt rarement de juſte groſſeur du premier coup, & que la carte ſe brûle, lorſqu'on y préſente une *boule* trop groſſe.

Il faut faire les boules un peu plus grandes que la formule ne l'indique.

456 *g.* Il faut toujours faire le diamètre des *boules* un peu plus grand que le calcul ne l'indique, tant à cauſe de l'épaiſſeur du verre, qui fait environ $\frac{1}{4}$ de ligne, que parce que la *boule* diminue un peu en ſe refroidiſſant, & encore, parce que les *boules* ſont le plus ſouvent des ſphéroïdes applatis par leurs *poles*, & qu'on ne peut guères les meſurer que par leur *équateur*,

---

(*a*) Ceux qui pourroient ſe procurer une *échelle* d'une *ligne*, diviſée en 20 parties par l'excellente machine de Monſieur le Duc *de Chaulnes*, pourroient, à l'aide d'une loupe, prendre avec une très-grande facilité & beaucoup de juſteſſe des 40mes. de *ligne*.

à caufe du tube. Cette différence entre les diamètres de la boule, vient de ce qu'en fondant le verre pour la fouffler, les parties qui doivent former fon *équateur*, fe préfentent plus naturellement à la flamme du chalumeau, & comme elles font ainfi plus échauffées, & par conféquent plus ramollies, elles s'étendent plus aifément.

De la manière de remplir le Thermomètre.

457 *a.* Une des attentions qu'on doit avoir dans la fabrication des Thermomètres, c'eft d'y employer, autant qu'il eft poffible, des tubes bien nets & bien fecs : autrement le mercure dans fes mouvemens abandonne çà & là de petites bulles, ce qui diminue la longueur de fa colonne. J'indiquerai cependant un moyen d'y remédier, lorfqu'on n'aura pas l'avantage du choix.   *Il faut que les tubes foient très-nets & très-fecs.*

457 *b.* La même raifon qui exige des tubes bien nets, oblige plus néceffairement encore à employer du mercure bien pur. La Chymie fournit pour cela des moyens affurés, on peut le revivifier du cinabre, ou même le diftiller fimplement. Mais ces moyens ne font pas à la portée de tout le monde, & d'ailleurs on trouve aifément du mercure affez pur chez les Droguiftes. Il fuffit donc de pouvoir le diftinguer, & en voici un moyen facile.   *Et le mercure très-pur.*

457 *c.* Il faut prendre un vâfe de porcelaine ou de fayence, y verfer environ demi-once du mercure qu'on veut connoître, & le faire cir-   *Moyen de le connoître.*

culer dans le vâse avec divers dégrés de vitesse. Si le mercure ne salit point le vâse, & qu'il se meuve avec vivacité, il est certainement pur. Mais s'il est paresseux à se prêter aux mouvemens qu'on lui imprime, & qu'il laisse après lui des traînées, ou des traces noirâtres, c'est une preuve qu'il est altéré, & qu'il produiroit dans les tubes le même effet qu'on lui voit produire dans le vâse.

Et de le conserver net.

457 *d.* Quand on a du mercure qui peut soutenir l'épreuve dont je viens de parler, il suffit pour l'employer, de nettoyer sa surface des saletés, ou de la pellicule qu'elle contracte à l'air. Le moyen le plus simple, & en même tems le meilleur, est de le passer dans un *cornet* de papier fin & net, au fond duquel on laisse un trou aussi petit qu'il peut l'être sans arrêter le mercure. Ce trou se forme mieux, lorsqu'on coupe avec des ciseaux le bord du papier.

Manière de remplir le Ther. de mercure.

457 *e.* Il n'est pas aussi aisé de bien remplir un Thermomètre de *mercure*, qu'un Thermomètre d'*esprit-de-vin*. Mais aussi, c'est peu d'avoir rempli celui-ci; il s'agit ensuite de le régler: & c'est-là que les difficultés se présentent; au-lieu que, pour le Thermomètre de mercure, il n'y a de difficulté qu'à le bien remplir. Je vais décrire la méthode que j'emploie pour le faire à coup sûr.

Réservoir qu'on doit mettre à l'extrémité du tube.

457 *f.* On soude ordinairement au haut du tube un réservoir proportionné à la grosseur de la boule, & c'est le moyen le plus commode pour y introduire le mercure. Cependant on peut employer une autre espèce de

réservoir, qu'on fait en roulant sur le tuyau même, une bande de papier fin, de deux ou trois pouces de largeur. Il en résulte un tuyau, qu'on lie fortement par un bout à l'extrémité du tube, & la partie qui dépasse celui-ci sert de réservoir. On peut ôter & remettre ce tuyau de papier, suivant le besoin : on l'ôte par exemple, dans le commencement de la première opération dont je vais parler, & on le remet, quand il s'agit d'introduire le mercure. Je me contente d'indiquer cette ressource, on pourra l'employer au défaut du réservoir de verre, que je supposerai dans la suite.

457 *g.* Comme il est difficile de connoître si un tube capillaire est parfaitement net & sec, il faut toujours opérer comme s'il ne l'étoit pas. D'ailleurs l'air qui tapisse tous les corps, s'oppose à la liberté des mouvemens du mercure dans les tuyaux étroits, le moindre obstacle rompt sa colonne dans la descente. On doit encore éviter de laisser de l'air dans le tube, au moins en certaine quantité, parce qu'il décompose le mercure : il en réduit la surface en une poudre noirâtre, qui peu-à-peu salit le tube, au point de lui ôter sa transparence. Or le moyen de chasser l'air, est le même qui sert à nettoyer les tubes.

Manière de nettoyer le tube & d'en chasser l'air.

457 *h.* Il faut étendre sur une plaque de fer, ou dans une *cassolette* assez longue, ou sur des briques, un petit feu mêlé de cendres, de la longueur du tube, qu'on y fera chauffer dans toute son étendue en même tems, jusqu'à ce que sa chaleur soit insupportable à la main.

C'est en chauffant d'abord le tube seul.

Ce qui suppose qu'on emploiera un gant ou une pincette pour le manier sans se brûler. Dans cette première opération, il faut éviter d'échauffer la boule, on en verra bientôt la raison.

Et la boule ensuite.

457 *i.* L'effet de la chaleur communiquée au tube, est de dilater l'air qu'il renferme, de faire évaporer l'humidité qu'on y introduit le plus souvent en soufflant la boule, & de consumer de petites saletés imperceptibles qui peuvent s'y trouver. Pendant que l'air est ainsi raréfié, & que les particules nuisibles aux mouvemens du mercure flottent en vapeurs dans le canal, il faut chauffer brusquement la boule,

Ce qui en chasse aussi l'air.

en redressant le tube. L'air qu'elle renferme se dilatant aussi-tôt, chasse devant lui toutes ces impuretés, & laisse le tube aussi net & aussi vuide d'air qu'il est besoin.

Manière d'introduire le mercure dans le réservoir,

457 *k.* Quand la boule est fortement échauffée, il faut verser du mercure dans le petit réservoir soudé au haut du tube. J'emploie, pour l'y introduire, le petit cornet de papier, qui sert en même tems à nettoyer le mercure. On peut, pour plus de commodité, arrêter sa révolution extérieure avec de la cire à cacheter.

Et dans la boule.

457 *l.* Quand le réservoir est à-peu-près plein, on retire la boule de dessus le feu. L'air s'y condense alors, & l'espace qu'il abandonne, est bientôt occupé par le mercure. On sait comment, en échauffant & refroidissant alternativement la boule, on parvient à la remplir presque totalement : ainsi je ne m'étendrai pas sur cette opération. Je dirai seulement qu'il faut, en remettant du mercure dans le

réservoir, s'il en est besoin, éviter qu'il ne se vuide entièrement : parce que si tout le mercure entre dans le Thermomètre, la pellicule & les autres saletés dont il se couvre toujours lorsqu'il est exposé à l'air, se rassemblant sur le dernier globule, sont entraînées dans le tube, & le salissent.

457 *m.* Quand la boule est à-peu-près remplie, il faut faire bouillir le mercure qu'elle contient, en la mettant sur des charbons ardens. L'air renfermé dans le mercure, & celui qui tapisse intérieurement la boule, se dilate & se rassemble entre le mercure & le verre, en une multitude de petites bulles, que les premiers bouillonnemens chassent hors du tube. Le mercure bout ensuite assez fortement, & s'élance dans le réservoir. Quand il en est sorti à-peu-près la sixième partie, on ôte la boule de dessus le feu. A l'instant le mercure se précipite dans la boule avec fracas.

C'est par cette opération qu'on acheve ordinairement de remplir le Thermomètre : mais j'y ai trouvé un inconvénient, que voici.

457 *n.* Le feu ne chasse l'air qu'en le dilatant; il ne peut donc entièrement l'exclurre, & il reste toujours au-dessus du mercure qui bout dans la boule, de l'air dilaté, qui se condense lorsqu'on ôte le Thermomètre de dessus le feu. Cet air se rassemble & forme une petite bulle, qui s'arrête presque toujours à la naissance du tube. Quand elle n'en occupe pas tout le diamètre, le mercure dans ses mouvemens glisse à côté d'elle sans la déplacer : en ce cas l'inconvénient est petit. Mais

dans les tuyaux capillaires, elle occupe le plus souvent toute la largeur du tube, ce qui fait qu'elle se meut avec le mercure, dont elle tient la colonne divisée. Et lorsqu'on a scellé le tube, cette bulle n'étant plus chargée du poids de l'air extérieur, se dilate & soulève le mercure. Elle se divise aussi quelquefois quand on transporte le Thermomètre, & sépare ainsi la colonne de mercure en plusieurs parties.

457 *o.* Pour éviter ces inconvéniens, il ne faut pas achever de remplir le Thermomètre par l'opération dont je viens de parler, il faut, au contraire, ôter le mercure qui reste dans le *réservoir*, un instant après qu'on a retiré le Thermomètre de dessus le feu. Le *réservoir* ne fournissant plus de mercure, toute la colonne descend dans le boule par la condensation de celui qu'elle contient, & le tube restant absolument libre, la petite bulle d'air s'échappe.

457 *p.* Je chauffe alors une seconde fois le tube dans toute sa longueur, mais successivement, en commençant depuis le bas, & en entretenant la chaleur de la boule, pour que le mercure l'occupe toujours toute entière, & que l'air n'y rentre plus. Il faut avoir du feu dans deux *cassolettes* de même hauteur. L'une sert à y faire passer le tube : le feu doit y être à l'un des bouts, soutenu par des cendres. L'autre est destinée à échauffer la boule, & presque uniquement par des cendres chaudes. Quand le tube est bien chaud auprès de la boule, j'échauffe un peu plus celle-ci. Le mercure, en se dilatant, remonte dans

le tube, & chasse, avec l'air qu'il renfermoit, l'humidité qui pouvoit s'y être introduite, & que le feu a réduite en vapeur. J'écarte peu-à-peu la *cassolette*, qui soutient la boule, pour que le tube passe successivement sur le feu de l'autre *cassolette*, & que la partie du tube qui se remplit de mercure, cesse de s'é-chauffer. Sans cette dernière précaution, le mercure pourroit bouillir dans le tube, ce qui rompt sa colonne. (Quand cela arrive, il faut en ôtant la boule de dessus le feu, y faire rentrer le mercure, pour qu'il se réunisse.) Pendant cette opération, je prends du mer-cure bien net dans mon entonnoir de papier, dont je tiens le bout pincé entre mes doigts, & dès que le mercure monté du Thermo-mètre, commence à paroître dans le réser-voir, je lâche celui du cornet, & j'en laisse couler plus qu'il n'en faut pour remplir le Thermomètre, que j'ôte aussi-tôt de dessus le feu. Le mercure qui est remonté du tube, & ce-lui qui est tombé du cornet, se réunissent & ren-trent ensemble dans le Thermomètre, qui se remplit totalement. On peut le laisser dans cet état aussi longtems qu'on le veut, sans crainte que l'air ni l'humidité y pénètrent.

457 *q.* Il ne reste plus alors qu'à faire sortir du Thermomètre le superflu du mercure, & à le sceller. Pour cet effet, j'échauffe d'a-bord la boule dans ma main, en tenant le Ther-momètre renversé : & quand la chaleur en a fait sortir une goute de mercure, je lui laisse reprendre la température de l'air. Par ce moyen, il reste au haut du tube un petit

Préparation
pour *sceller* le
Thermom.

eſpace vuide. Alors, avec un chalumeau & à la flamme d'une chandelle, je réduis l'extrémité du tube en une pointe déliée, & aſſez longue pour pouvoir au beſoin la rompre & la ſceller plus d'une fois.

457 *r*. Je mets enſuite le Thermomètre dans de l'eau bouillante, en l'y plongeant peu-à-peu, pour que le ſuperflu du mercure en ſorte lentement. Quand il n'en ſort plus, j'ôte le Thermomètre de l'eau bouillante, & l'eſſuyant promptement, je mets auſſi-tôt ſa boule ſur un petit feu, couvert de cendres, & préperé d'avance. La promptitude eſt néceſſaire, pour que le mercure n'ait pas le tems de ſe condenſer, & l'air de rentrer dans le tube. Je laiſſe échauffer le Thermomètre, juſqu'à ce qu'il en ſoit ſorti quelques gouttes de mercure, qui faſſent la valeur des 4 à 5 dégrés dont j'ai ſuppoſé que la longueur du tube excédoit celle de l'échelle qu'on doit y appliquer, je ſcelle alors le Thermomètre, en fondant ſeulement l'extrémité de ſa pointe, tandis que le mercure en eſt très-près, & je l'ôte au même inſtant de deſſus le feu.

457 *s*. Il faut ſavoir enſuite ſi l'on n'a point fait ſortir trop de mercure. On le connoît, en mettant le Thermomètre dans la *glace*, dont le point doit être un peu au-deſſous de la 5me. partie de la longueur du tube, ſi l'on veut 20 dégrés au-deſſous de *zéro*: on le connoît auſſi en mettant le Thermomètre à l'eau bouillante, dont le point ne doit être que peu abbaiſſé au-deſſous du ſommet, ſi l'on n'a pas de la longueur de reſte. Cette véri-

fication doit être faite avant d'accourcir la pointe, dont la longueur fert à ouvrir & fceller aifément le tube. Si la quantité du mercure eft fuffifante, il faut couper la pointe, en la fondant au chalumeau, pour que le Thermomètre foit fcellé folidement.

457 *t.* Si l'on a fait fortir trop de mercure, ce qui peut arriver à ceux qui ne font pas exercés, il faut en remettre: mais toujours en évitant que l'air ne rentre. C'eft le cas alors d'employer le réfervoir de papier dont j'ai parlé ci-devant (457 *f.*), en place du réfervoir de verre qu'on a ôté en *tirant* le bout du tube *en pointe.*

Lorfqu'on eft obligé d'en remettre, il faut éviter de laiffer rentrer l'air dans le tube.

457 *u.* Quand le tuyau de papier fera préparé, avec fa ligature pour le contenir, on échauffera la boule, jufqu'à ce que le mercure remonte vers le fommet du tube. Dès qu'il s'en approchera, on rompra l'extrémité de la pointe, & l'on mettra le tuyau de papier au bout du tube, pour qu'il y ferve de *réfervoir.* La pointe étant ouverte, & le Thermomètre placé auprès du feu, de manière qu'il conferve le même dégré de dilatation, il faut prendre du mercure bien net dans le cornet de papier, & communiquer un peu plus de chaleur à la boule. Le mercure s'élèvera & formera une petite goutte à l'extrémité de la pointe: dans le même inftant, on lâchera le mercure du cornet dans le réfervoir de papier, en ôtant la boule de deffus le feu. Un inftant fuffit pour remplacer la petite quantité de mercure qui manquoit. Il faut donc auffi-tôt, ôter ce qu'il en refte dans le ré-

Manière d'y procéder.

fervoir de papier, enlever ce réfervoir, remettre la boule fur le feu, fceller la pointe
à l'inftant où le mercure s'y préfente, & retirer le Thermomètre de deffus le feu.   Cette
opération demande un peu d'habitude, les Amateurs s'en feront un amufement, les Artiftes en
auront rarement befoin.

Avantage de la manière de remplir le Therm. qui vient d'être décrite.

457 *x*. Lorfqu'on remplit un Thermomètre
de la manière que je viens de décrire, le mercure eft dans le *vuide*, coule librement le
long du tuyau, à l'extrémité duquel il frappe
comme au fommet du Baromètre, & fa colonne n'eft point fujette à fe divifer par les
fecouffes les plus vives.   Il faut avoir foin
de rendre le verre affez épais au bout du
tube, quand on le fcelle, fans quoi la colonne de mercure peut le rompre en le frappant, lorfqu'on renverfe brufquement le Thermomètre.   Cet accident m'eft arrivé plus d'une
fois, lorfque je n'avois pas pris cette précaution.

Précautions néceffaires pour les Th. deftinés à mefurer de grandes chaleurs.

457 *y*. Les Thermomètres deftinés à mefurer de grandes chaleurs exigent des précautions particulières. Il faut fur-tout empêcher qu'il n'y ait aucune bulle d'air. La plus
petite *bulle* fuffiroit pour favorifer la formation des *vapeurs*, que le mercure tend à produire lorfqu'il eft extrêmement échauffé, &
dès qu'il fe forme des *vapeurs* dans la boule ou
dans le tube du Thermomètre, la colonne du
mercure eft irrégulièrement foulevée. J'ai déjà
parlé de cet effet, à l'occafion des Thermomètres d'efprit-de-vin (423 *k*.)

457 *z*. La première précaution qu'on doit
prendre

prendre pour prévenir cet inconvénient, c'est de faire bouillir plusieurs fois le mercure dans la boule, c'est-à-dire, jusqu'à ce qu'après s'y être précipité lorsqu'on le retire de dessus le feu (457 *m.*), on n'y apperçoive aucune *bulle*, excepté celle qui reste toujours engagée à la naissance du tube, & qu'on fait sortir comme je l'ai enseigné (457 *n. & suiv.*) Quelque petite que fût une *bulle* qui resteroit engagée entre le mercure & le verre, elle donneroit lieu à la formation des *vapeurs* mercurielles, lorsque le Thermomètre seroit exposée à la chaleur de l'huile bouillante, & la colonne de mercure seroit tout-à-coup soulevée.

457 *aa.* La seconde précaution nécessaire, est de ne jamais renverser ces Thermomètres quand ils sont scellés, *jamais* absolument. Car en laissant couler le mercure dans le tube, une seule fois, il laisse un espace vuide dans la boule, où l'air qui est resté engagé entre les particules du mercure, se jette aussi-tôt, & il s'y forme une petite *bulle*, qu'on ne peut en chasser à cause de sa petitesse même, & qui suffit cependant pour accélérer la production des *vapeurs*.

457 *bb.* Une troisiéme précaution convenable pour ces Thermomètres, est de laisser un peu d'air dans le haut de leur tube, pour qu'il retienne le mercure, s'il tendoit à s'élancer. Pour cet effet, on peut les sceller dans l'huile d'olive échauffée au point de s'enflammer; &, en donnant au tube une ou deux lignes de longueur au-delà du point où par

vient alors le mercure, il faut laisser cette partie pleine d'air. Quand le mercure sera condensé, cet air sera tellement dilaté, qu'il ne nuira point au Thermomètre, il ne s'insinuera point dans le mercure. Mais lorsque le mercure se dilatera de nouveau, jusqu'à s'approcher du sommet du tube, ce peu d'air se condensant, résistera à celui que renferme toujours le mercure, & l'empêchera de se rassembler pour former quelque *bulle*, capable de favoriser les *vapeurs*.

Quand on doit marquer les *term. fixes* sur le tube.

457 *cc*. Ce n'est qu'après avoir scellé le tube, qu'on doit y marquer les deux *termes fixes*. On les indique par des fils déliés, qu'on rend stables avec du vernis, ou simplement avec de l'eau gommée. Le premier point qu'on doit fixer est celui de *l'eau bouillante*, parce que dans cette opération, le fil qui marqueroit la température de la *glace qui fond* pourroit se déranger.

En les rapportant sur la monture, il faut *corriger* celui de *l'eau bouillante*.

457 *dd*. On rapporte ensuite ces deux points sur la monture, pour y tracer l'échelle : & c'est alors que, si le Baromètre a été sensiblement au-dessous ou au-dessus de 27 pouces pendant qu'on a pris le point de *l'eau bouillante*, on doit élever ou abbaisser ce point sur la monture, suivant la règle que j'ai indiquée (451 *f*, & *suiv*.).

De la Monture du Thermomètre.

458 *a*. Je vais finir ce qui regarde le Thermomètre, par quelques remarques sur sa *monture*.

Il convient, que la matière dont elle sera faite, soit toujours la même, pour que l'effet de sa dilatabilité par la chaleur soit égal sur tous les Thermomètres: que cette matière soit le moins dilatable qu'il est possible, pour qu'elle ne diminue pas l'effet de la dilatabilité du mercure: que l'humidité ne l'affecte pas d'une maniere sensible, pour qu'il n'y ait point d'altération dans le mouvement du Thermomètre, & qu'elle soit peu dense, pour qu'elle ne conserve pas longtems la température d'un lieu, en passant dans un autre.

Qualités que doit avoir la monture du Thermom.

458 *b.* Le *sapin*, pris dans le sens de sa longueur, remplit toutes ces conditions. C'est-pourquoi je l'ai toujours employé, tant pour le Baromètre, que pour le Thermomètre. Il peut servir de fond à la monture, lors même qu'on se propose de l'orner.

La matière la plus convenable est le sapin.

458 *c.* Il est nécessaire de prendre quelques précautions, pour que, dans les observations qui demandent de l'exactitude, on soit assuré de bien rapporter sur l'échelle l'extrémité de la colonne de mercure. C'est pour cela qu'on loge quelquefois le tube dans une rainure, où il est enfoncé jusqu'à niveau de son axe. Par ce moyen, on évite la parallaxe que produit la différence d'éloignement de la colonne de mercure & de l'échelle, relativement à l'œil, différence qui fait rapporter trop haut l'extrémité de la colonne, quand l'œil est trop bas, & réciproquement. Mais j'emploie un moyen plus commode, & par lequel encore, la colonne de mercure est plus distincte que dans une rainure.

Il faut quelque moyen de s'assurer qu'on rapporte bien la hauteur du mercure sur l'échelle.

Moyen ordinaire.

458 *d.* Ce moyen confiste fimplement à prolonger derrière le tube, fur la monture toure plate, les traits qui marquent les dégrés. Ces prolongemens, qu'on voit au travers du tube, font courbés par la réfraction, les uns vers le haut, les autres vers le bas ; un feul refte droit, c'eft celui qui eft vis-à-vis de l'œil. Or en élevant ou abbaiffant l'œil, jufqu'à ce que le trait qui eft auprès de l'extrémité de la colonne foit celui qui ne fouffre point de réfraction, on eft fûr de bien obferver.

458 *e.* Si l'on ne met qu'une feule échelle au Thermomètre, on peut mener les traits d'un côté à l'autre, fans interruption ; ce qui rend l'échelle plus aifée à faire. Mais fi l'on y veut deux échelles, il ne faut prolonger que les traits de la principale, & feulement un peu au-delà de l'axe du tube : un quart de ligne d'excédent fuffit, quand le tube n'a qu'un quart de ligne de diamètre intérieur. Ces excédens des traits étant réfléchis par le tube, produifent le même effet, que fi les traits paffoient tout au travers, & par conféquent ils fervent de même à diriger l'œil. Pour que cet effet ne foit point troublé, il faut que les traits de l'autre échelle s'arrêtent à une ligne tracée fur la monture, à la place où l'œil rapporte le côté voifin du tube, lorfqu'on fe tient vis-à-vis. Par ce moyen, les deux échelles paroiffent fe toucher de ce côté-là, & l'on peut les comparer très-exactement.

458 *f.* La maniere de placer la boule du Thermomètre dans la *monture*, dépend des ufages auquel il eft deftiné. Dans la plupart des

cas, il convient qu'elle foit ifolée autant qu'elle
peut l'être; afin qu'elle participe par une plus
grande furface, à la température du lieu où
le Thermomètre eft placé, & par une plus
petite à celle de la *monture*. Il fe conforme
ainfi plus promptement aux changemens de
température, foit dans un même lieu, foit
lorfqu'on le tranfporte d'un lieu dans un
autre. Il faut donc que l'enfoncement qui reçoit la boule foit très-grand, & qu'elle re-
pofe feulement fur fon fond, mais folidement,
pour que la pofition du tube fur l'échelle ne
puiffe pas changer.

458 *g.* Il eft des cas où la boule doit être plus 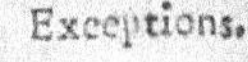

ifolée encore, & d'autres où elle doit l'être
moins. Les circonftances dirigeront dans ces
cas particuliers: on en trouvera des exemples
dans les divers ufages que j'ai faits de cet inftrument (490, 537.)

CHAPITRE TROISIEME.

Du Thermomètre d'esprit-de-vin, *accordé avec le* Thermomètre de Mercure, *pour l'usage du Public.*

Remarque sur le Ther. considéré comme un instrument de Physique.

458 *h.* JUSQU'ICI j'ai parlé du Thermomètre, comme d'un instrument à l'usage des Physiciens. C'est en l'envisageant sous ce point de vue, que je me suis attaché à le construire sur des principes sûrs & analogues à sa destination. Il falloit que les Physiciens pussent mesurer la *chaleur,* comme les Astronomes mesurent le *tems;* ou comme les Géomètres mesureroient l'*étendue,* si, accomplissant un beau vœu consacré sur le Monument de *Quito* (*a*), ils joignoient aux rapports qu'ils savent découvrir entre les parties de l'*étendue,* une première mesure commune, & indépendante de l'imitation.

Utilité de rapprocher les Therm. du Public de ceux des Physiciens.

Occupé de ce point de vue, uniquement physique, j'avois un peu négligé le Public. Mais près de publier cet Ouvrage, j'ai eu regret

---

(*a*) Entre plusieurs déterminations intéressantes que M. *de la Condamine* consacra sur un marbre à *Quito,* se trouve la longueur du *pendule à secondes* dans ce lieu, tracée sur une règle de bronze, au-dessous de laquelle on lit ces mots pleins de sens, & qui devroient avoir opéré une révolution dans les Mesures: *Mensuræ NATURALIS exemplar, UTINAM & UNIVERSALIS.*

de n'avoir pas fait quelques efforts pour remédier à cette confusion qu'on remarque presque toujours dans le langage des particuliers qui s'entretiennent de la chaleur ; duquel il résulte des désavantages réels. On apperçoit sur-tout cette confusion depuis que les bains domestiques sont devenus d'un si grand usage en Médecine. Les Médecins sont souvent très-embarrassés d'indiquer aux Malades le dégré de chaleur qu'ils doivent donner à leur bain. D'ailleurs, la Physique est privée de bien des observations utiles, qui pourroient être faites dans des lieux ou dans des momens particuliers, si les Thermomètres qui sont répandus dans le Public avoient un certain dégré d'exactitude.

Ces considérations m'ont fait examiner si l'on ne pourroit pas obtenir du commun des Artistes, ce dégré de régularité désirable, sans exiger d'eux plus de soin qu'ils ne peuvent en donner. J'ai cru voir que cela n'étoit pas impossible, quoique je sache bien que le moindre asservissement leur déplaît. Mais s'ils s'y sont soustraits jusqu'à présent, parce qu'ils trouvoient à débiter des Thermomètres faits au hazard, il n'en sera pas de même, lorsque le Public sera informé, qu'il y a dans la construction de ces instrumens des Règles aussi nécessaires que faciles à suivre.

Raison d'espérer qu'on pourra obtenir des Ouvriers qu'ils se conforment à quelque règle.

458 *i.* La première condition à laquelle je crois qu'il faut consentir, pour procurer au Public des Thermomètres passables ; c'est d'y conserver l'*esprit de-vin.* Car quoiqu'il soit plus difficile de faire un Thermomètre d'*esprit-de-*

Il faut consentir à conserver les Therm. d'esprit-de-vin au Public.

vin qu'un Thermomètre de *mercure*, lorsqu'on veut le régler par lui-même (423 *a* & *f.*), il est vrai cependant que, pour l'opération simple d'introduire le liquide dans son tube, l'*esprit de-vin* exige moins de tems & de soin. Il est d'ailleurs moins coûteux : & par cette raison, comme par la premiere, j'ai senti qu'on ne parviendroit jamais à le proscrire entièrement des Thermomètres. C'est un motif de plus pour chercher à l'y rendre utile.

Les Thermomètres d'*esprit-de-vin* ont d'ailleurs un avantage qui est de quelque importance pour l'usage ordinaire : c'est qu'on les observe plus aisément. Quand on est parvenu à l'âge où la vue s'affoiblit, ou lorsque le Thermomètre est placé dans un lieu qui ne reçoit que peu de lumière, ou encore lorsqu'on le met hors d'une fenêtre, pour l'observer au travers de la vître sans l'ouvrir, l'*esprit-de-vin* coloré est plus commode que le *mercure*.

458 *k*. En accordant aux Artistes de continuer à faire des Thermomètres d'*esprit-de-vin* pour le Public, on peu bien exiger d'eux une condition, qui ne sera ni difficile ni bien coûteuse ; c'est de n'employer que de bon *esprit-de-vin* dans ceux qu'ils voudront construire suivant la Règle dont je vais parler. Cependant, comme je donnerai à ces Thermomètres des *termes fixes* moins distans qu'aux Thermomètres de *mercure*, de petites différences dans la qualité de l'*esprit-de-vin*, seront peu sensibles (446 *a* & *f.*).

458 *l*. Une attention plus indispensable, que je demanderois des Artistes, seroit de calibrer

tous leurs Tubes, & de mettre à part ceux
qui seront de diamètre bien égal, pour n'employer que ceux-là aux Thermomètres dont
je parle. Les autres Tubes leur serviront à
mille usages pour lesquels l'égalité du diamètre est inutile, & même pour des Thermomètres qu'ils continueroient de vendre à ceux qui
ne regardent qu'au bon marché.

458 *m.* Ce ne seroit pas en exigeant des Artistes qu'ils fissent supporter aux Thermomètres d'*esprit-de-vin* la chaleur de l'*eau bouillante*, qu'on pourroit attendre d'eux de la régularité. Cette opération est trop longue, & quelquefois trop difficile, pour des ouvriers qui doivent vivre de l'emploi de leur tems, & dont l'ouvrage ne porte pas assez visiblement des indices du tems emploié. Il falloit donc chercher quelque point commun plus facile à saisir, & nous le trouverons dans la comparaison avec le Thermomètre de *mercure*.

Les Ther. d'esprit-de-vin ne devront pas être réglés à l'eau bouill.

Mais par comparaison avec le Ther. de mercure.

458 *n.* On remplira d'abord ces Thermomètres à la manière ordinaire; & après avoir tiré le bout du tube en pointe, on mettra la boule dans de l'eau, dont la chaleur soit à-peu-près à 60 *dégrés* du Thermomètre de *mercure*. Il faut que l'*esprit-de-vin*, dilaté par ce dégré de chaleur, remplisse le tube jusqu'à son sommet, qu'on scellera alors. On tiendra ensuite ces Thermomètres suspendus pendant vingt-quatre heures, pour laisser à l'air renfermé dans l'*esprit-de-vin* le tems de s'en dégager en montant au haut du tube. S'il formoit des bulles le long de la colonne, on les feroit sortir comme à

Remarques sur la manière de remplir ces Therm. d'esp.-de-vin.

l'ordinaire, en faisant tourner le Thermomètre
au bout d'une ficelle.

Étalon pour les Therm. d'esp.-de-vin.

458 *o*. L'opération suivante demande un
Thermomètre de *mercure* bien exact. Chaque
Artiste devra en avoir un, qui servira d'*Étalon* à tous ses Thermomètres d'*esprit-de-vin*. Je
ne parlerai pas de la manière de le construire;
je l'ai détaillée ci-devant. Je suppose donc ce
Thermomètre, & je dirai seulement, qu'il faut
que sa boule ait au moins 9 à 10 *lignes* de diamètre, pour qu'il ne soit pas trop *sensible*.

Le 40ᵉ. dé-gré du Ther. de mercure, choisi pour terme de comparaison avec les Th. d'esp.-de-vin.

Monture de l'Étalon.

458 *p*. On marquera sur son Tube le 40ᵉ. *dégré*, avec une soie très mince & fortement
liée, & l'on attachera ce Thermomètre sur
une espèce de *chassis* de bois, couvert d'un
vernis qui résiste à l'eau tiède, & de la forme
de celui qui est représenté dans la *Figure Iʳᵉ*. de
la *Planche* suivante. Ce *chassis* sera aussi destiné
à recevoir les Thermomètres d'*esprit de-vin*,
qu'on y retiendra par des fils, comme on le voit
dans la même *Figure*. J'y ai représenté par un
simple contour ponctué, un de ces Thermomètres à comparer à l'*Étalon*.

Opération pour déter-miner le 40ᵉ. dégré sur le Ther. d'esp.-de-vin.

458 *q*. Le Thermomètre d'*esprit-de-vin* étant
posé sur le *chassis*, on prendra un vâse qui ait
au moins 8 à 10 *pouces*, tant de diamètre que de
hauteur: plus il sera grand, plus l'opération
sera sûre. On remplira ce vâse d'eau assez
chaude pour faire monter le mercure dans
l'*Étalon* au-dessus du *fil* qui marquera le 40ᵉ.
dégré. On placera un autre *fil* sur le tube du
Thermomètre d'*esprit-de-vin*, vers le point où
l'on jugera que cette liqueur pourra s'abbaisser

quand le *mercure* parviendra au *fil* de l'autre Thermomètre. On agitera l'eau de tems en tems, pour que sa température soit égale autour des deux boules, & l'on abbaissera le *fil* du Thermomètre d'*esprit-de-vin*, de manière qu'il marque enfin exactement le point où se trouvera l'extrémité supérieure de sa colonne, au moment où celle de la colonne de *mercure* arrivera au *fil* du 40ᵉ. *dégré*. Il faudra alors arrêter le *fil* du Thermomètre d'*esprit-de-vin* avec un peu d'eau gommée, pour qu'il ne se dérange pas.

458 *r*. Le 40ᵉ. *dégré* étant marqué sur le Thermomètre d'*esprit-de-vin*, on le mettra dans de la *glace* pilée & disposée à fondre (438 *c*.), en l'y enfonçant jusqu'au point où l'*esprit de vin* s'arrêtera. On marquera aussi ce point par un *fil*, qu'on rendra fixe avec un peu d'eau gommée.

Fixation du point zéro dans la glace fondante.

458 *s*. Il s'agira ensuite de diviser l'intervalle des deux *fils* en 40 parties, correspondantes aux 40 *dégrés* du Thermomètre de *mercure*. C'est ce qu'on fera aisément par le moyen de l'*Echelle* représentée dans la *Figure* 2. de la *Planche* suivante. Mais pour l'intelligence de cette *Echelle*, il faut que je rappelle d'abord, que, par une expérience dont j'ai parlé ci-devant (418), j'ai déterminé les rapports des *marches* des Thermomètres de *mercure* & d'*esprit-de-vin*, dont j'ai donné une *Table* (415 *oo*.). Je préfère cependant à cette *Table*, celle que j'ai formée d'après la *Loi* à laquelle j'ai réduit la marche de l'*esprit-de-vin* (415 *ss*.); parce que, comme je l'ai

Rapports des marches des Therm. d'esp.-de-vin & de mercure.

dit (415 *tt.*) , je crois que les différences qui font entr'elles , font des défauts dans l'obfervation.

 458 *t.* Dans ces deux *Tables* , le 40ᵉ. *dégré* du Thermomètre de *mercure* , correfpond également à 35 , 1 fur le Thermomètre d'*efprit-de-vin* ; & dans la derniere , que je préfère , les *intervalles* du Thermomètre d'*efprit-de-vin* , correfpondans à ceux du Thermomètre de *mercure* de 5 en 5 *dégrés* , font 3. 9, 4. 0, 4. 2, 4. 3, 4. 5, 4. 6, 4. 7, 4. 9, dont la fomme eft 35. 1. Ainfi, faifant égal à 351 l'intervalle des deux *fils* , fur tout Thermomètre d'*efprit-de-vin* , & divifant cet intervalle en 8 parties inégales felon les nombres 39, 40, 42, 43, 45, 46, 47, 49, en commençant par le fil inférieur, on aura les points du Thermomètre d'*efprit-de-vin* , qui correfpondent aux points 0, 5, 10, 15, 20, 25, 30, 35, 40, du Thermomètre de *mercure*. Et divifant chacun de ces nouveaux intervalles en 5 parties égales (parce que les différences peuvent être négligées dans un fi petit efpace) , on aura l'*Echelle* du Thermometre d'*efprit-de-vin* , jufqu'au 40ᵉ *dégré* au-deffus de 0. En fuivant la même *Loi* pour la prolongation de l'*Echelle* au-deffous de ce point, c'eft-à-dire, en pofant de fuite, avec un compas, 38, 37, 36, 34 *parties* de la même *Echelle* , on aura fur le Thermometre d'*efprit-de-vin* , les points correfpondans à — 5, — 10, — 15, 20, du Thermometre de *mercure*.

Mais cette opération eft longue, & peut-être trop délicate pour la plupart des ouvriers en verre ; & c'eft à la rendre plus courte & plus aisée, que j'ai destiné l'*Echelle* dont je vais parler à présent.

458 *u.* Aux extrémités de la ligne o, o (*Figure* 2.) j'ai élevé les perpendiculaires inégales o, 1 & o, 100; l'une de 351 *parties* d'une certaine Echelle, l'autre d'un même nombre de *parties* d'une autre Echelle. J'ai supposé que la longueur de la ligne o, 1 étoit la plus petite distance des *fils* sur un Thermomètre d'*esprit-de-vin* (& en effet il ne conviendroit pas qu'elle fût moindre, parce que les *dégrés* du Thermomètre deviendroient trop petits), & que la longueur de la ligne o, 100 étoit la plus grande distance entre ces *fils* (il seroit superflu qu'elle le fût davantage). J'ai divisé ces deux lignes, & leurs prolongemens audessous de la ligne o, o, comme je viens de l'expliquer pour l'*Echelle* même des Thermomètres d'*esprit-de vin.* J'ai tiré ensuite des lignes droites, de chacun des points de la première de ces *Echelles*, aux points correspondans de l'autre *Echelle*, & j'ai tracé enfin toutes les *parallèles* numérotées 2, 3, 4, 5 &c. qui se terminent à la plus élevée & à la plus abbaissée des lignes *obliques.*

Je n'ai pas besoin de prouver que toutes ces *parallèles*, perpendiculaires à la ligne o, o, se trouvent ainsi divisées par les lignes *obliques*, dans les mêmes proportions que la première & la dernière dont j'ai parlé; & que par conséquent chacune de ces lignes *parallèles*, peut être l'*Echelle* d'un *Thermomètre* d'*esprit-de-vin.*

458 *x.* Je suppose à présent que l'on ait marqué par des *fils* sur un Thermomètre de cette

espèce, les points correspondans à o & à 40 sur le Thermomètre de *mercure*. On prendra la distance de ces *fils* avec un compas, & faisant parcourir à l'une de ses pointes la ligne o, o, on cherchera celle des lignes perpendiculaires à celle-là, qui s'élévera au-dessus d'elle de l'ouverture du compas, soit de la quantité dont les *fils* du *Thermomètre* se seront trouvés distans, & cette ligne sera l'*Echelle* cherchée. Je ne détaillerai pas la manière de tracer cette *Echelle* sur la *monture* du *Thermomètre*, & je me contenterai de dire, qu'il conviendra d'y marquer d'abord les points correspondans aux *fils*, & de placer ensuite les points intermédiaires, pris de suite sur les intersections de la ligne choisie avec les lignes *obliques*, de 5 en 5; mais il faudra le faire d'abord légèrement, afin qu'on puisse s'assurer, que les huit intervalles inégaux de 5 en 5 *dégrés*, occuperont exactement l'intervalle total de 40 *dégrés*. On prendra le même précaution pour la division en 5 parties égales de chacun de ces premiers intervalles.

Il arrivera sans doute très-souvent, qu'aucune de ces lignes perpendiculaires à la ligne o,o, ne se trouvera exactement de la grandeur cherchée. Mais on y suppléera aisément, en traçant sur la même *Figure* 2, au crayon ou avec une pointe, une nouvelle ligne, placée convenablement entre les deux plus approchantes, dont l'une se sera trouvée trop longue, & l'autre trop courte.

On voit donc qu'avec un *Etalon* bien fait, & un *Echelle* semblable à la *Figure* 2, ou cette

Figure elle-même, on pourra très-aisément construire des Thermomètres d'*esprit-de-vin*, suffisamment d'accord avec le *Thermomètre* de *mercure*, pour que tous ceux qui les emploieront s'entendent entr'eux, & que leurs observations puissent quelquefois être utiles aux Physiciens.

458 *y*. Il est vrai que la plupart des Ouvriers en verre, occupés de travaux fatiguans, & dont les mains sont presque toujours sales d'huile ou de noir de fumée, ne sont guères en état de faire eux-mêmes des Echelles exactes & propres. C'est ce qui leur fait employer le plus souvent ces Echelles imprimées, ou ces montures dont l'Echelle, tracée au hazard, est couverte de vernis. Or quelle exactitude peut-on attendre d'une pareille pratique! Je leur en conseillerois une, qui leur seroit presqu'aussi commode, en même tems qu'elle conviendroit bien mieux au Public.

Les jeunes-gens qui prennent du goût pour la Physique expérimentale, commencent presque toujours par s'occuper de Baromètres & de Thermomètres. A cet âge on est ordinairement borné dans ses moyens de dépense, & je suis convaincu qu'il s'en trouveroit toujours, qui, très capables de faire des *Echelles*, échangeroient volontiers ce travail, contre des verres soufflés suivant leurs besoins. Je conseille donc aux Artistes qui voudront s'acquérir la réputation de bien faire les Thermomètres, de ne point négliger ce moyen, s'ils ne sont pas en état d'y suppléer par eux-mêmes. Ou plutôt, je conseille aux jeunes-gens à qui cette petite ressource seroit utile, d'en faire comprendre l'avantage aux Ouvriers dont ils auront besoin.

Nécessité du concours du desir du Public & des soins des Physiciens, pour la réforme des Ther.

458 ז. Ce dernier conseil me donne lieu à une nouvelle réflexion. En écrivant sur la construction du Baromètre & du Thermomètre, dans l'intention que ces Instrumens, qui peuvent être si utiles à la Physique, le deviennent en effet, je n'ai pas espéré d'être lu par la plupart de ceux qui les fabriquent, & j'ai moins attendu encore de leur voir suivre mes conseils par leur propre mouvement. Cette fabrication est pour eux un métier, chaque métier a ses habitudes, & l'on a plus de gain à les suivre, qu'à chercher la perfection. Ce n'est donc que par le desir du Public, & par les soins des Physiciens, que ces Ouvriers pourront changer leurs habitudes.

Fin du Tome I, & de la II. Partie.

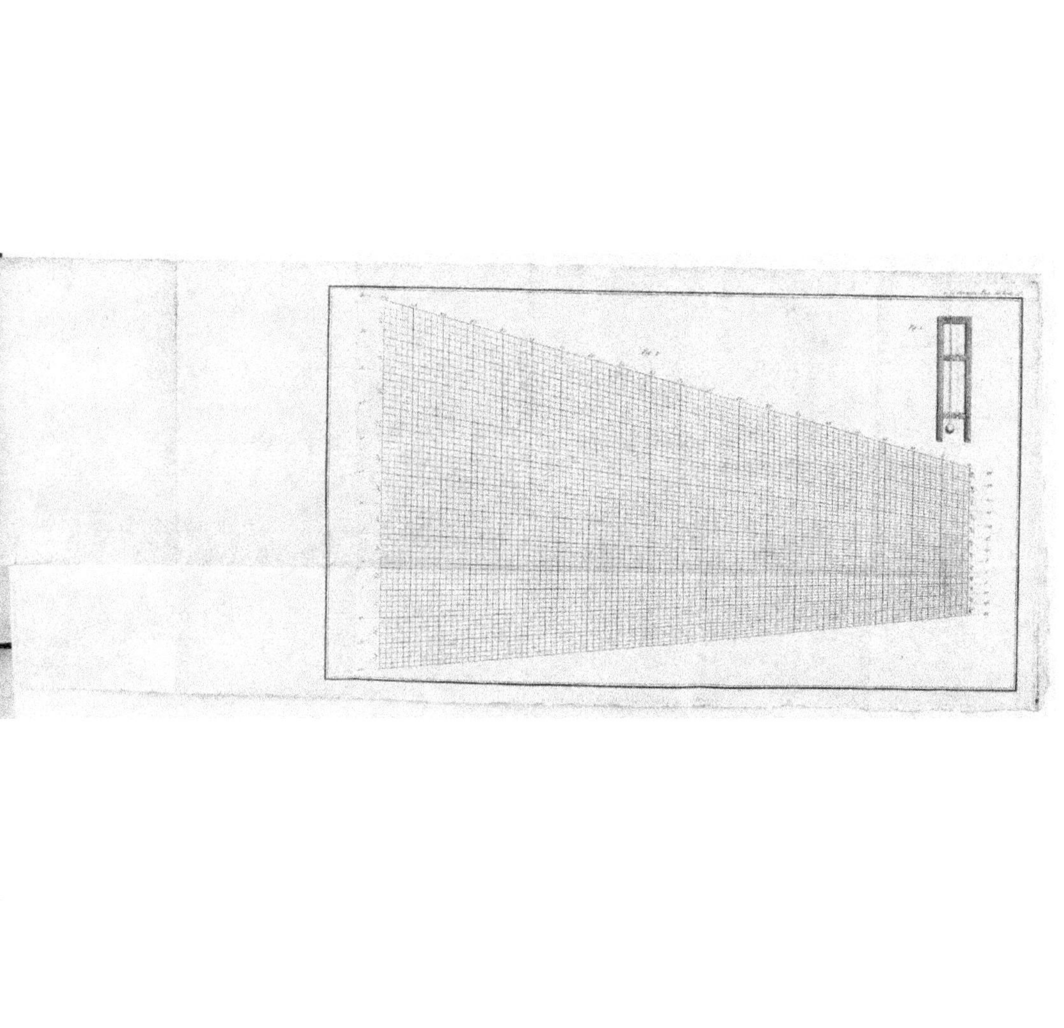

www.ingramcontent.com/pod-product-compliance
Lightning Source LLC
LaVergne TN
LVHW010747060726
842527LV00002B/403